Nikola Schwarzer

Was uns schmeckt
und was
dahinter steckt

Nikola Schwarzer

Was uns schmeckt
und was
dahinter steckt

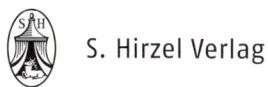
S. Hirzel Verlag

Ein Markenzeichen kann waren rechtlich
geschützt sein, auch wenn ein Hinweis
auf etwa bestehende Schutzrechte fehlt.

Bibliografische Information der
Deutschen Nationalbibliothek
Die Deutsche Nationalbibliothek verzeichnet
diese Publikation in der Deutschen National-
bibliografie; detaillierte bibliografische Daten
sind im Internet unter https://portal.dnb.de
abrufbar.

ISBN 978-3-7776-2724-3 (Print)
ISBN 978-3-7776-2765-6 (E-Book, PDF)

© 2018 S. Hirzel Verlag
Birkenwaldstraße 44, 70191 Stuttgart
Printed in Germany
Fotos und Illustrationen: Nikola Schwarzer
Einbandgestaltung: schreiberVIS, Seeheim
unter Verwendung von Bildern von
Nikola Schwarzer
Layout, Satz und Prepress: schreiberVIS,
Seeheim
Druck und Bindung: Druckerei Kohlhammer,
Stuttgart

www.hirzel.de

Inhalt

Wer liest denn schon ein Vorwort?

Genau das habe ich mich früher auch immer gefragt. Schließlich möchte man sofort mit dem neuen Buch loslegen, oder etwa nicht? Man möchte blättern, stöbern, lesen oder einfach nur schnell etwas nachschlagen. Und zwar ohne sich zuerst durch ein seitenlanges Vorwort zu quälen. Nun ja, offensichtlich habe ich meine Meinung zu diesem Thema geändert. Und wer hätte das gedacht – nachdem ich mich irgendwann dann doch auf das ein oder andere Vorwort eingelassen hatte, habe ich mich sogar zu einem wahren Fan gemausert. Immerhin erfährt man durch ein Vorwort mehr über die Person hinter dem meist eher unpersönlichen Text. Wer ist sie? Warum ist ihr genau dieses Thema wichtig? Und wie kam sie überhaupt darauf, ein Buch zu schreiben?

Für alle, denen es da ganz ähnlich geht wie mir: Hier die Antworten auf ein paar der Fragen, die mir während der Arbeit an diesem Buch am häufigsten begegnet sind.

Warum schreibst du überhaupt ein Buch?

Du bist doch Chemikerin! Und dann auch noch mit einer Promotion im Bereich Biochemie! Müsste man nach dieser langen und mühsamen Ausbildung jetzt nicht einen sehr gut bezahlten Job in der Pharmaindustrie annehmen und die Medikamente von morgen entwickeln?

Das könnte man sicher machen, nur ist das nun einmal nicht mein Weg. Verstehen Sie mich nicht falsch; mir haben Chemiestudium und Promotion (fast) immer Spaß gemacht und Wissenschaft begeistert mich noch heute. Allerdings wurde mir irgendwann klar, dass ich diese Begeisterung unbedingt mit meiner Leidenschaft fürs Schreiben, Fotografieren, Zeichnen und natürlich für süße Köstlichkeiten kombinieren möchte. Und dieses Buch ist genau diese Kombination.

Wie bist du eigentlich auf das Thema dieses Buches gekommen?

Es ist ja häufig so: Man denkt, ein Erfinder oder Autor habe sich eines Morgens im Bett aufgesetzt, am besten noch im Schlaf *die* zündende Idee gehabt, sie geradlinig umgesetzt und fertig war das neue Produkt oder Buch. Ich glaube, die Realität sieht fast immer anders aus. Das Projekt hat im Grunde genommen schon angefangen, als ich noch klein war. Zahnärzte (und nicht nur die) werden an dieser Stelle vermutlich die Hände über dem Kopf zusammenschlagen, aber als Kind – und eigentlich auch später noch – hätte ich mich am liebsten ausschließlich von Süßem ernährt. Noch dazu habe ich es geliebt zu backen. Deftige Gerichte waren für mich, bis auf wenige Ausnahmen, nur das notwendige Übel, um an den leckeren Nachtisch heranzukommen. Auch wenn sich meine Ernährung zum Glück geändert hat und ich sie inzwischen möglichst ausgewogen gestalte – meine Liebe zum Backen ist geblieben.

Eine weitere Leidenschaft von mir: Chemie. Und ganz ehrlich, eigentlich liegen Backen und Chemie gar nicht so weit auseinander. Rührt man nicht auch in der Küche irgendwelche Zutaten zusammen? Und wird dort nicht auch aus einer zuerst ziemlich unansehnlichen Masse wie durch ein Wunder etwas ganz Neues? Im Optimalfall ein wunderschöner, himmlisch duftender Kuchen?

Zu Anfang meines Studiums habe ich allerdings noch nicht geahnt, wie wunderbar sich süße Küche und Wissenschaft miteinander kombinieren lassen. Für diese Erkenntnis habe ich zunächst einen kleinen Anstoß gebraucht. Rückblickend war das wohl ein kurzer Film im Fernsehen: Dort war zu sehen, wie eine Frau einen riesengroßen Klumpen aus geschmolzenem Zucker knetete, auseinanderzog, formte und schließlich in einen Haufen wunderschöner Bonbons verwandelte. Meine Begeisterung war geweckt. So etwas wollte ich auch können. Gleich am nächsten Tag habe ich losgelegt. Doch wie das immer so ist, ging zunächst alles schief. Meine Bonbons zerbröselten oder klebten wahnsinnig. Und hier kam wieder die Wissenschaftlerin in mir ins Spiel: Was passierte bei der Bonbonkocherei eigentlich genau mit dem Zucker? Und *warum* passierte, was da passierte?

Als ich endlich die Antworten auf meine vielen Fragen zusammengesucht hatte, stand schon kurze Zeit später fest, dass ich dieses hochinteressante Wissen mit anderen teilen wollte. Mein Blog war geboren. Ich persönlich bin außerdem ein großer Fan gedruckter Bücher und möchte am liebsten in der Hand halten, knicken und vollkrümeln, was ich da gerade lese. Und so war der Weg zum Buch dann nicht mehr sonderlich weit.

Was bringt dieses Buch?

Zuerst einmal soll es natürlich Spaß machen. Außerdem sollen ganz alltägliche Dinge wie eben Lebens- und Genussmittel bewusster und mit anderen Augen wahrgenommen werden. Dabei merkt man nämlich schnell, dass auch das, was auf den ersten Blick ganz gewöhnlich erscheint, absolut faszinierend sein kann. Sei es mal kurz zwischendurch weggenaschte Tafel Schokolade, das gedankenverloren gelutschte Bonbon oder auf den ersten Blick etwas merkwürdig anmutende Rezeptvorschriften.

Ist dieses Buch ein Backbuch, Kochbuch oder Ernährungsratgeber?

Nein, nein und nein. Ehrlich gesagt waren die Abschnitte, in denen ich das Thema Ernährung angeschnitten habe, mit die schwersten. Eigentlich wollte ich Kommentare in diese Richtung komplett vermeiden, habe mich allerdings manchmal dazu hinreißen lassen, meine ganz persönliche Meinung niederzuschreiben.

Das Problem: Selbst wenn man an Fachliteratur gewöhnt ist, ist es sehr schwer, im Dschungel unzähliger Studien und Artikel den Durchblick zu behalten. Zumindest, wenn man sich davor nicht monatelang intensiv mit genau einem Thema auseinandergesetzt hat. Dann noch zu beurteilen, was wirklich richtig und falsch ist, ist fast schon unmöglich. Sei es, weil Ernährung nun einmal eine wahnsinnig komplexe Angelegenheit ist und kein Körper dem anderen gleicht, oder weil bei vielen Studien nicht leicht ersichtlich ist, in wessen Interesse da denn nun eigentlich geforscht wurde. Häufig werden zum Beispiel eher unpopuläre Fragestellungen überhaupt nicht genauer erörtert. Kurz: Zu diesen Themen in Stein gemeißelte Empfehlungen zu geben, ist kaum möglich.

Einen allgemeingültigen Rat gibt es allerdings doch: Es ist nie verkehrt, sich ausgewogen zu ernähren, möglichst viel selbst zu kochen und zu backen und dabei auf ausreichend Bewegung zu achten.

Dieses Buch ist also kein Backbuch. Kann man die Rezepte zu den ganzen Leckereien auf den Fotos dennoch irgendwo finden?

Ja, das kann man! Die Rezepte für einige der im Buch abgebildeten Köstlichkeiten gibt es auf meinem Blog (www.studieinsuess.de). Wem beim Anblick des Brotes (oder genauer gesagt der Hütten-Vinschgerl) auf den Seiten 25 und 40 das Wasser im Mund zusammengelaufen ist, dem sei zudem der Brotbackblog von Lutz Geißler ans Herz gelegt: www.ploetzblog.de.

Und wovon handelt das Buch nun?

Wenn Sie dieses Vorwort tatsächlich gelesen haben, ohne davor einen Blick ins Buch zu werfen, dann wird es spätestens jetzt allerhöchste Zeit dafür. Viel Freude dabei!

Mehl
Von Teig, Typen und Gluten

Wie beginnt man am besten ein Kapitel über ein nahezu geruchloses, geschmacklich wenig bemerkenswertes und auch sonst eher unscheinbares Pulver? Und zwar möglichst so, dass der Leser bei der Erwähnung des Begriffs „Mehl" nicht aus Furcht vor einem vermeintlich staubtrockenen Thema hastig weiterblättert?

An möglichen Einstiegen mangelt es ja eigentlich nicht. Da wäre zum Beispiel die historische Variante. Hier könnte man erwähnen, dass Getreide, oder besser gesagt dessen Früchte, schon seit mehreren Tausend Jahren von

 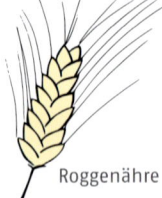 

Haferrispe   Roggenähre   Weizenähre

Weizen ist das mit Abstand am meisten angebaute Getreide weltweit. Das hat verschiedene Gründe: Zum einen ist Weizen relativ zäh und gedeiht nicht zuletzt dank spezieller Züchtungen auch unter ziemlich rauen Bedingungen, zum anderen eignet sich das Mehl wegen seiner besonderen Zusammensetzung außerordentlich gut für die Herstellung einer unglaublich großen Gebäckvielfalt.

Menschen zu Mehl, Brei und Brot verarbeitet werden und ebenso lange zu den Grundnahrungsmitteln zählen. Man könnte natürlich auch mit dem Herstellungsprozess beginnen und genauer darauf eingehen, wie die reifen Gräser geerntet, die Körner durch Dreschen von nicht essbaren Pflanzenteilen befreit werden und anschließend mehr oder weniger fein gemahlen den Weg in Bäckereien, Supermärkte und Küchen finden. Oder wie wäre es mit einer Auflistung all der verschiedenen Getreideprodukte wie Brot, Nudeln, Pfannkuchen, Pizza und Plätzchen, die uns tagtäglich begegnen? Und die wir vermutlich genau aus diesem Grund keines aufmerksamen Blickes mehr würdigen?

Letzten Endes habe ich mich aber doch für einen anderen Einstieg entschieden. Ich möchte in diesem Kapitel ja schließlich klären, was es mit diesem Mehl eigentlich genau auf sich hat. Warum schon zwei bis drei Zutaten, nämlich Mehl, Wasser und eventuell noch eine kleine Prise Salz, ausreichen, um ein geschmackvolles Brot zu zaubern. Warum kleine Variationen der Zutaten und der Handhabung darüber entscheiden, ob der entstehende Teig bröselig, straff, geschmeidig, fluffig, elastisch oder flüssig wird. Warum Blätterteig blättrig ist und was hinter der knusprigen Kruste eines Brotes steckt. Warum man Mürbeteig für ein zart im Mund zerfallendes Plätzchen so wenig wie möglich bearbeiten sollte, während ein Pizzateig gut und gerne mal eine halbe Stunde ordentlich durchgeknetet werden darf. Statt mich in dieser Einleitung also mit der genauen Historie oder Herstellung von Mehl zu befassen, möchte ich vielmehr die einzelnen Inhaltsstoffe eines Weizenkorns genauer unter die Lupe nehmen. Warum nun aber ausgerechnet Weizen?

Wer sich beim Bäcker seines Vertrauens oder im nächsten Supermarkt einmal etwas genauer umschaut, wird feststellen, dass die Mehrzahl der angebotenen Teigwaren entweder vollständig oder zumindest teilweise aus Weizenmehl hergestellt wurde. Zudem möchte ich behaupten, dass die meisten Hobbybäcker stets ein Paket des klassischen Weizenmehls Type 405 vorrätig haben, während es hinsichtlich anderer Getreidesorten eher mau aussehen dürfte. Dabei ist es ja nicht so, als gäbe es keine Alternativen. Auch Roggen, Gerste, Hafer, Hirse oder Mais gehören wie Weizen zur Pflanzenfamilie der Süßgräser und lassen sich ebenfalls zu Mehl und Teig verarbeiten. Und doch wird keine andere Getreideart so großflächig angebaut oder ist aus der Welt der Backwaren so wenig wegzudenken wie Weizen. Ein Grund dafür sind ganz klar die herausragenden Backeigenschaften seines Mehls.[1] Doch weshalb ist das so?

Vielseitigkeitsmeister Weizenmehl

Eine Erklärung für die Allgegenwärtigkeit von Weizen liefert ein genauerer Blick auf die Zusammensetzung eines Weizenkorns. Die Früchte der meisten Süßgrasarten bestehen aus einem Keimling und einem Mehlkörper, die zusammen von einer aus mehreren Lagen bestehenden festen Schale umschlossen werden.[2] Damit ein Samenkorn zu einer Pflanze heranwachsen kann, benötigt es ein Starterset an Nährstoffen, bis schließlich Wurzeln und Photosynthese die Versorgung des Keimlings gewährleisten.

Die Energie liefern dabei Kohlenhydrate in Form von Stärke, die im Fall von Weizen mit 70–75 % den Hauptbestandteil des Korns ausmacht.[1] Zudem stellen sogenannte Speicherproteine alle wichtigen Aminosäuren und damit die Bausteine für die Bildung neuer Eiweiße bereit. Und nicht nur das. Ein bestimmter Teil dieser Speicherproteine, nämlich die Glutenproteine, besitzt die Eigenschaft, nach Zugabe von Wasser und nach kurzem Kneten ein dreidimensionales Netzwerk auszubilden – das Gluten. Das verleiht Teig nicht nur Stabilität, Elastizität und Formbarkeit, sondern bewirkt darüber hinaus, dass eingeknetete Luft und Gase besonders gut an Ort und Stelle gehalten werden.[3] Somit sorgt Gluten nicht nur für einen zusammenhängenden und formbaren Teig, sondern nach dem Backen auch für ein wunderbar luftig-lockeres Gebäckstück.

Glutenproteine – Eiweiße mit Schlüsselrolle

Die Schlüsselrolle bei der Ausbildung dieses dreidimensionalen Netzwerks spielen die sogenannten Glutenproteine, zu denen 80–85 % aller im Weizen vorkommenden Speicherproteine zählen.[1] Der Plural verrät es bereits: Bei den Glutenproteinen handelt es sich nicht um ein bestimmtes einzelnes Eiweiß und auch (noch) nicht um *das* Gluten, sondern um eine komplexe Mischung Hunderter verschiedener Proteine.[4] Diese werden allgemein in zwei

Nur Roggen, Weizen und Dinkel werden zu den sogenannten Brotgetreiden gezählt, denn nur aus dem Mehl dieser Getreidearten kann ein zusammenhängender elastischer Teig hergestellt und somit ein formstabiler Brotlaib geformt werden.

Gruppen unterteilt. Da wären zum Einen die großen komplexen und aus verschiedenen Untereinheiten zusammengesetzten **Glutenine**, die übrigens zu den größten natürlich vorkommenden Proteinkomplexen zählen, und die deutlich kleineren, aus nur einer Untereinheit bestehenden **Gliadine**.[1]

An dieser Stelle möchte ich nicht allzu weit in die Untiefen der Biochemie abschweifen, aber es ist wichtig zu wissen, dass alle Protei-

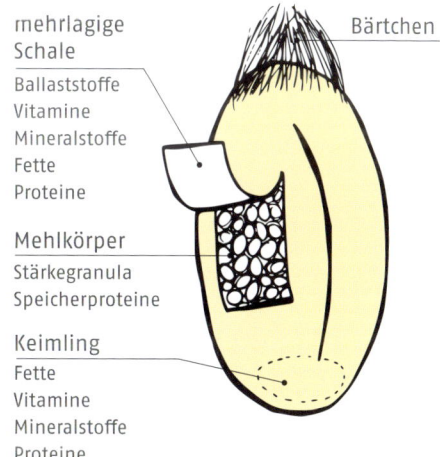

● Schematische Darstellung des Aufbaus eines Weizenkorns

mehrlagige Schale
Ballaststoffe
Vitamine
Mineralstoffe
Fette
Proteine

Bärtchen

Mehlkörper
Stärkegranula
Speicherproteine

Keimling
Fette
Vitamine
Mineralstoffe
Proteine

ne aus vielen verschiedenen miteinander verknüpften Aminosäuren bestehen. Durch deren Reihenfolge sowie Wechselwirkungen untereinander besitzt jedes Protein eine ganz bestimmte dreidimensionale Faltung. Die ist aber nicht beliebig stabil. Äußere Einflüsse wie hohe Temperaturen, Säuren oder eben auch mechanische Einwirkungen wie Kneten und kräftiges Rühren können dazu führen, dass Proteine sich auseinanderfalten und entweder verklumpen oder sich auf eine andere Art und Weise wieder neu zusammenlagern. Doch welche Rolle spielt das alles in der Küche?

Verrührt man Weizenmehl und Wasser, so nehmen zunächst sowohl die Gliadine als auch die Glutenine ein Vielfaches ihres Eigengewichtes an Wasser auf. Schon allein wegen dieses Quellvorganges verändern die Proteine ihre dreidimensionale Struktur. Durch anschließendes Kneten falten sich noch dazu mehr und mehr dieser Eiweiße auseinander, verknüpfen sich untereinander neu und bilden dabei eine Art natürlichen Zweikomponentenkleber – das

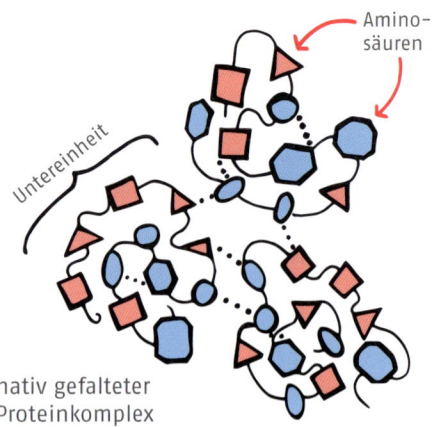

Aminosäuren

Untereinheit

nativ gefalteter Proteinkomplex

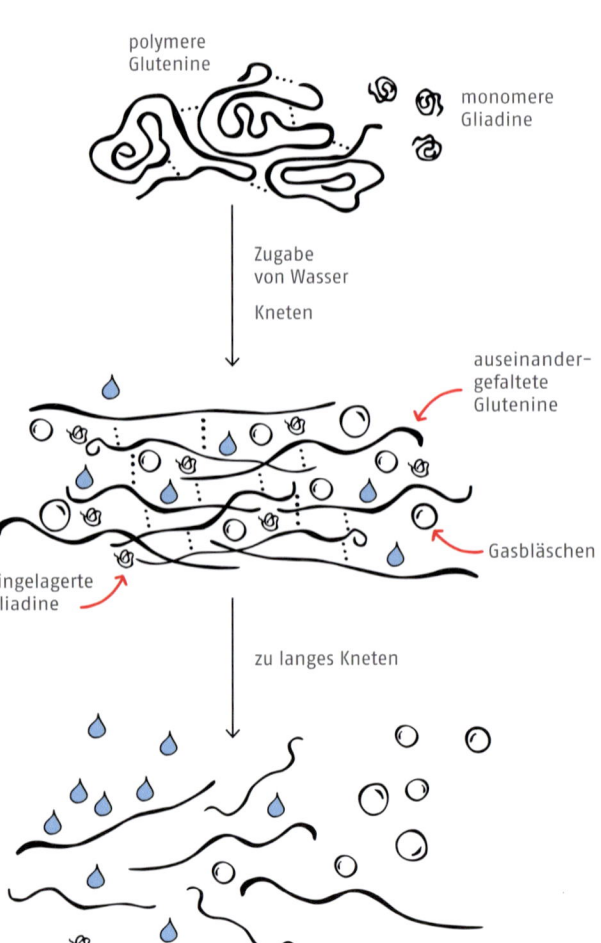

polymere Glutenine

monomere Gliadine

Zugabe von Wasser

Kneten

auseinandergefaltete Glutenine

eingelagerte Gliadine

Gasbläschen

zu langes Kneten

● Vereinfachte Darstellung des Aufbaus eines Proteinkomplexes aus drei Untereinheiten. Proteine sind aus gerade einmal 21 verschiedenen Aminosäuren aufgebaute Wunderwerke, die in allen lebenden Organismen unzählige Funktionen übernehmen und dadurch die Existenz von Leben überhaupt erst ermöglichen. Jedes Protein und jeder Proteinkomplex erhält durch die Reihenfolge der miteinander verknüpften und wechselwirkenden Aminosäuren eine ganz bestimmte dreidimensionale Faltung.

Gluten.[5] Die hochmolekularen Glutenine stellen dabei die Basis dar und verleihen dem Teig seine Struktur und Dehnfestigkeit. Die kleineren Gliadine dagegen übernehmen eher die Rolle des Weichmachers.[5, 6] Letztlich entsteht also durch das Auseinanderfalten und erneute Vernetzen von Glutenproteinen ein zusammenhängender elastischer Teig. Wird dieser jedoch zu lange und zu intensiv geknetet, kann das Glutennetzwerk wieder auseinanderbrechen und der Teig seine Struktur und Formbarkeit verlieren. Das zuvor im Proteingerüst ge-

● Durch die Bindung von Flüssigkeit und die Einwirkung mechanischer Kräfte verändern die Glutenproteine des Mehls ihre Struktur und bilden ein elastisches Netzwerk. Durch zu langes und zu intensives Kneten kann dieses aber wieder auseinanderbrechen.

bundene Wasser wird dann wieder freigegeben, der Teig beginnt feucht zu glänzen; er wurde „überknetet".

Welches Mehl für welches Gebäck?

So viel also zu den Grundlagen von Teig. Doch Weizenmehl ist keinesfalls gleich Weizenmehl. Je nach Art, Klima, Bodenbeschaffenheit und weiteren Faktoren variiert nicht nur die Menge der im Getreide und damit im Mehl enthaltenen Proteine, sondern auch deren genaue Zusammensetzung (zum Beispiel das Verhältnis von Gliadinen zu Gluteninen). Aus diesem Grund können sogar Weizenmehle der gleichen Type unterschiedliche Backeigenschaften besitzen und sich Teige bzw. Gebäck trotz vermeintlich gleicher Zutaten und Zubereitung voneinander unterscheiden. Das alles lässt sich jedoch sinnvoll nutzen.

Ganz allgemein sollten Plätzchen, Kekse, Kuchen und Co. dem Genießer ja keinen zähen, sondern vielmehr einen angenehm zarten oder luftig-lockeren Genuss bescheren. Somit eignen sich für derartige Backwaren besonders Mehle mit einem niedrigeren Proteingehalt, die nur schwache Glutennetzwerke ausbilden. Der Teig von Brot- und Hefegebäck dagegen ist vergleichsweise schwer und verlangt daher nach einem entsprechend stabilen Teiggerüst. Hier sind also eher Mehle mit einem hohen Proteingehalt gefragt.[7]

Im Fall von Weizen sorgt der hohe Anteil von Glutenproteinen zusammen mit einem optimalen 1:1-Verhältnis von Gliadinen zu Gluteninen dafür, dass sich das Mehl außerordentlich gut für eine riesengroße Bandbreite verschiedener Gebäcksorten eignet. Nicht alle Getreidearten produzieren Früchte oder Samenkörner mit solch einer vorteilhaften Proteinzusammensetzung. Die Körner von Mais, Hirse oder Hafer zum Beispiel gelten als glutenfrei, ebenso wie die Früchte sogenannter Pseudogetreidearten wie Amaranth, Buchweizen oder Quinoa. Die Bezeichnung „Pseudoge-

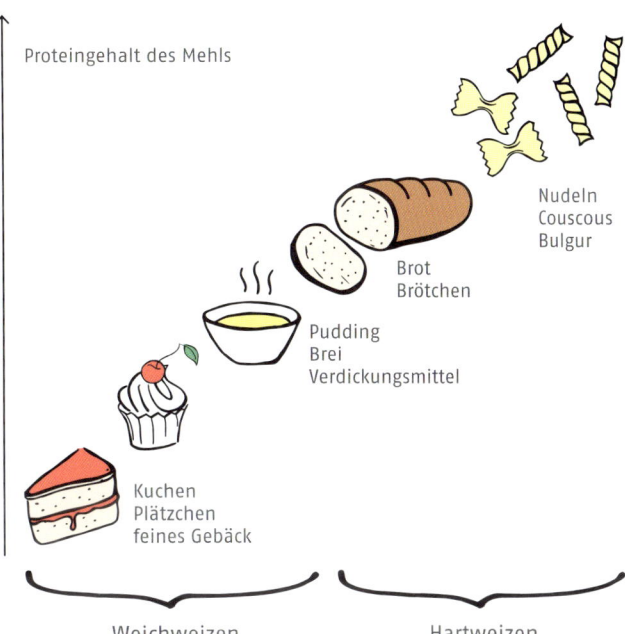

Proteingehalt des Mehls

Nudeln
Couscous
Bulgur

Brot
Brötchen

Pudding
Brei
Verdickungsmittel

Kuchen
Plätzchen
feines Gebäck

Weichweizen

Hartweizen

● Verschiedene Mehlsorten eignen sich aufgrund des unterschiedlichen Proteingehaltes für unterschiedliche Zwecke. So verwendet man Weichweizen eher für lockeres Gebäck wie Kuchen, Plätzchen oder feine Backwaren, während aus Hartweizen vorwiegend Brot und Nudeln hergestellt werden.

treide" rührt übrigens daher, dass die Pflanzen zwar nicht zu der Familie der Süßgräser gehören, ihre Samen jedoch wie die von Weizen, Dinkel und Roggen zu Mehl verarbeitet und ähnlich eingesetzt werden können.

Verwendet man beim Backen ausschließlich glutenfreie Mehlsorten, so entsteht auch durch das ausgiebigste Kneten kein elastischer, zusammenhängender Teig. Und trotzdem – selbst wenn man glutenfreie Backwaren in Sachen knuspriger Kruste und Mundgefühl nicht wirklich mit Weizenprodukten vergleichen kann – ist das Backen ohne Glutenproteine durchaus möglich. Doch wie funktioniert das?

Salz erfüllt in einem glutenhaltigen Teig übrigens nicht nur eine geschmackliche Rolle. Studien haben gezeigt, dass Salz Gluten und damit das Teiggerüst zusätzlich stärkt.[8]

• In einem Stärkekorn wechseln sich hochgeord-
nete (kristalline) Schichten mit ungeordneten
(amorphen) Schichten ab.[1] Stärke besteht vorwiegend aus hochverzweigtem Amylopektin
und leicht verzweigter Amylose. Der Grundbaustein beider Verbindungen ist Glukose.

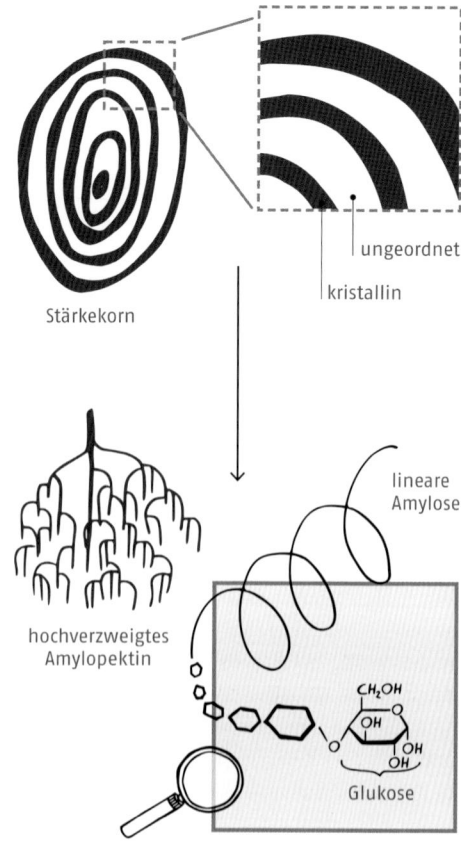

Stärkekorn

ungeordnet

kristallin

hochverzweigtes
Amylopektin

lineare
Amylose

Glukose

Die Stärken der Stärke

An dieser Stelle kommt nun der Hauptbestandteil des Weizens ins Spiel: die Stärke. Während
wir Menschen überschüssige Kohlenhydrate
in Form von Glykogen vorwiegend in Mus-
keln und Leber speichern, lagern viele Pflanzen
Stärke als wichtigen Energielieferanten in Form
kleiner Kügelchen, den Granula, in Wurzelknol-
len, Stämmen, Früchten oder Blättern ein. Auf
diese Weise wappnen sie sich für Hungerphasen
oder stellen bei einem Samen die Nährstoffversorgung während des Keimvorganges sicher.[9]

Stärke besteht aus Hunderten bis Millionen
auf unterschiedliche Weise miteinander verknüpften Einheiten eines Kohlenhydrates, das
wir auch als Traubenzucker kennen – Glukose.
Je nach Art der Verknüpfung und dem Grad
der Verzweigung unterscheidet man zwei Komponenten: die aus gerade einmal 500–6000
nur leicht verzweigten Glukoseeinheiten aufgebaute Amylose sowie das weitaus komplexere
Amylopektin. Dabei handelt es sich um ein aus
30 000 – 3 000 000 Zuckereinheiten bestehendes
hochvernetztes Polymer.[1] Amylose und Amylopektin lagern sich zu den schon erwähnten
kugelförmigen Granula zusammen, in denen
sich fest gepackte Schichten hochgeordneter
und ungeordneter Zuckerketten abwechseln.

Warum backt es sich mit Vollkornmehl eigentlich so
anders? Wie der Name schon sagt, wird bei Vollkornmehl das ganze Korn vermahlen. Die kleinen Schalenteile sorgen nicht nur für die typisch dunkle Farbe, den
typischen Geschmack sowie wichtige Nähr- und Ballaststoffe, sie stören auch die Ausbildung des für einen
elastischen Teig so wichtigen Glutens. Vollkornprodukte haben daher eine andere, oftmals nicht ganz so saftige und lockere Textur.

Die kleinen Kügelchen werden daher als teil-
kristallin bezeichnet.

Abgesehen davon, dass ein Weizenkorn zu
70–75 % aus diesem komplexen Kohlenhydrat besteht[1], begegnet uns Stärke wegen ihrer
äußerst vielseitigen Einsetzbarkeit im tagtäg-
lichen Leben sogar noch häufiger als Weizen-
mehlprodukte: Als Verdickungsmittel in Soßen
und Pudding, als Geliermittel in Süßwaren, als
Kleber in Wellpappe, als Tapetenkleister und
vieles mehr. Der Grund für diese Vielseitigkeit
und auch für die Unabdingbarkeit von Stärke
in jeder Art von Gebäck ist ihr außergewöhn-
liches Quellverhalten.

Aufgrund ihres dicht gepackten molekularen
Aufbaus sind Stärkegranula in kaltem Wasser so
gut wie unlöslich. Zwar wird eine dünne Schicht

von Wassermolekülen an ihrer Oberfläche gebunden, wirklich in die Kügelchen eindringen kann die Flüssigkeit jedoch nicht. Das ändert sich mit steigender Temperatur: Die molekulare Struktur lockert immer mehr auf und Wasser gelangt zwischen die Zuckerketten. Dabei quellen die Kügelchen zunächst und platzen schließlich teilweise auf – die Stärke verkleistert.[1] Verdampft der Großteil der Feuchtigkeit, zum Beispiel durch die hohen Temperaturen in einem Ofen, so härtet die verkleisterte Stärke aus und stabilisiert auf diese Weise das Gebäck.[10]

Sowohl der Vernetzungsgrad als auch die Länge der Kohlenhydratketten von Amylose und Amylopektin variieren je nach Pflanzensorte, Klima oder Bodenbeschaffenheit und haben Einfluss auf das Quell-, Verkleisterungs- und Backverhalten der Stärke. Das gilt natürlich umso mehr für die Herstellung glutenfreier Backwaren, bei denen fast ausschließlich der Stärkeanteil für die Teigstruktur verantwortlich ist.

Was geht eigentlich vor sich in …

… Mürbeteig
Egal ob in Form von mit Marmelade bestrichenen oder in Schokolade getunkten Plätzchen, mit Früchten gefüllten Tartes oder deftigen Quiches – Mürbeteig ist ein vielseitiger und nicht zuletzt dank seines hohen Fettanteils ganz besonders köstlicher Klassiker. Damit das Gebäckstück jedoch später auch wirklich die typisch zarte Textur besitzt, müssen ein paar Dinge beachtet werden. Aber wieso eigentlich?

Mehl   Fett   Wasser   Salz

Die Zubereitung eines jeden Mürbeteiggebäcks beginnt damit, dass Mehl je nach Rezept mit Zucker, Salz oder Gewürzen vermengt und auf einer möglichst kühlen Arbeitsfläche aufgehäuft wird. Anschließend wird die kalte (!) Butter mit Hilfe von Messern oder Teigkarten grob und vor allem zügig eingearbeitet, sodass eine bröselige Masse entsteht.

Wozu die Kälte und die Eile?
Die Schlüsselrolle bei der besonderen Struktur von Mürbeteig spielen die Glutenproteine des Mehls, die durch die Zugabe von Wasser und durch Kneten ein dreidimensionales Netzwerk bilden (siehe Seite 11 f.). Im Gegensatz zu Brot-

● Stärke besitzt ein interessantes Quellverhalten. Die in kaltem Wasser unlöslichen Körnchen beginnen ab etwa 60 °C (für Weizenstärke) zu quellen, platzen später teilweise auf und verkleistern.[10]

die Stärke verkleistert

Stärkekörner in kaltem Wasser

60 °C   steigende Wassertemperatur

Kleines Experiment

Gluten zum Anfassen

Auf den vorherigen Seiten war immer wieder die Rede von Gluten und elastischen Protein-netzwerken. Und auch wenn wohl jeder weiß, wie wunderbar weich und elastisch sich ein einfacher Teig aus Mehl und Wasser anfühlt, so ist die Entwicklung von Gluten häufig doch ein bisschen abstrakt. Tatsächlich kann man dieses faszinierende Teiggerüst durch ein klei-nes Experiment ganz einfach sichtbar machen.

Hier wurde das Standard-Weizenmehl Type 405 verwendet. Der Versuch lässt sich zum Vergleich jedoch auch wunderbar mit anderen Mehlsorten und Mehltypen wiederholen.

Benötigt werden:
▶ etwa 50 g glutenhaltiges Mehl (z. B. Weizenmehl Type 405)
▶ Wasser
▶ ein mittelgroßes Sieb
▶ eine dazu passende Schüssel

1. Mehl und Wasser ganz kurz (!) zu einem zusammenhängenden Teig verkneten. Wie viel Wasser genau benötigt wird, hängt stark von der Mehlsorte ab. Für 50 g Weizenmehl Type 405 reichen etwa 25 – 30 g Wasser.
2. Die Schüssel mit kaltem Wasser füllen und das Sieb hineinhängen. Den Teig halbieren. Eine Hälfte in das Sieb legen und mit den Händen durch ständiges Kneten und Aus-einanderziehen gründlich auswaschen. Das Wasser in der Schüssel mehrmals wechseln, bis es nahezu klar bleibt.

  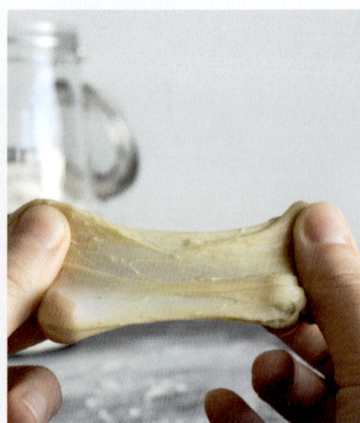

● Direkt nach dem Kneten und Auswaschen zerreißt das Gluten leicht beim Auseinanderziehen.

● Lässt man das Gluten einige Minuten ruhen, so ent-wickelt es sich weiter und wird deutlich zugfester.

● Schon nach 20 Minuten Ruhe lässt sich das Gluten dünn zwischen den Fin-gern aufspannen.

3. Das Aussehen und die Struktur der wenigen zurückbleibenden Klümpchen untersuchen und diese anschließend entsorgen.
4. Die zweite Hälfte des Teiges 3 – 5 Minuten ausgiebig zu einem glatten Teig verkneten und diesen ebenfalls in kaltem Wasser auswaschen. Die zurückbleibenden Klumpen aus dem Sieb nehmen und mit den Händen fest zusammenpressen. Die Struktur und die Elastizität der Masse durch Auseinanderziehen untersuchen (erstes Foto).
5. Die Masse zu einer Kugel formen, abgedeckt 20 – 30 Minuten ruhen lassen und alle 10 Minuten mit den Fingern auseinanderziehen (zweites und drittes Foto).

Was ist passiert?

Durch das Waschen werden Stärke und andere Stoffe aus dem Teig geschwemmt. Übrig bleibt nur das im Wasser unlösliche Gluten. Das sieht zwar zugegebenermaßen nicht gerade appetitlich aus, eignet sich dafür aber hervorragend als Forschungsobjekt.

Man sieht deutlich, wie Menge, Struktur und Elastizität des entstehenden Glutens von der Knetdauer und der Länge der Teigruhe abhängen. In dem kurz gekneteten Teig entsteht nur sehr wenig Gluten. In dem etwas länger gekneteten Teig dagegen hat sich bereits eine größere Menge gebildet. Dieses Gluten reißt direkt nach dem Kneten und dem Auswaschen noch leicht auseinander. Lässt man es jedoch ruhen, so entwickelt es sich weiter und verändert seine Zugfestigkeit und Elastizität. Bereits nach 20 – 30 Minuten lässt sich das Gluten hauchdünn zwischen den Fingern aufspannen. Und siehe da: Die in vielen Rezepten angegebene Teigruhe macht durchaus Sinn.

oder Hefeteigen ist für ein angenehm im Mund zerfallendes Mürbeteiggebäck jedoch wichtig, dass sich eben *kein* stabiles Proteingerüst durch den gesamten Teig zieht. Es würde das Gebäck zäh machen und dafür sorgen, dass sich die sorgfältig ausgestochenen Plätzchen beim Backen zusammenziehen.

Durch das Verreiben von Butter und Mehl entstehen unregelmäßig große, von einer dünnen Fettschicht umhüllte Mehlklümpchen. Das Fett erschwert bei der späteren Zugabe von Wasser nicht nur die Benetzung des Mehls und damit die Ausbildung von Gluten. Es schirmt außerdem die Mehlpartikel voneinander ab und verhindert so, dass diese sich fest miteinander verbinden können. Da Butter zu etwa 15 % aus Wasser besteht, ist schon bei diesem ersten Schritt weniger (kneten) mehr. Aber: Ganz ohne Gluten geht es dann auch wieder nicht. Verwendet man zu warmes und damit zu flüssiges Fett oder gar Öl, umhüllt dieses die Mehlpartikel fast vollständig. Das Resultat ist ein nicht gut zusammenhängender und nur schwer formbarer Teig.

Doch zurück zu dem Gemisch aus Mehl und Butter. Im nächsten Schritt wird nun genau so viel Wasser hinzugegeben und gerade so lange geknetet, bis ein zusammenhängender Teig entsteht. Dieser wird zu einer Kugel geformt und geruchsdicht verpackt für mindestens 30 Minuten in den Kühlschrank gelegt. Während dieser Ruhezeit verfestigt sich das Fett, die Flüssigkeit verteilt sich gleichmäßig und der Teig wird dadurch geschmeidig. Nun kann er auf einer dünn bemehlten Arbeitsfläche ausgerollt und zu himmlisch leckerem Gebäck weiterverarbeitet werden. Das Wasser kann je nach Rezept auch durch Eier ersetzt werden. Die bringen neben Flüssigkeit, Proteinen und weiteren Inhaltsstoffen Geschmack und Farbe ins Gebäck.

… Biskuitteig

Genau wie Mürbeteiggebäck zählt der luftig-lockere Biskuit unumstritten zu den Klassikern. Er lässt sich zu einer Rolle formen, zur Torte stapeln, mit allen möglichen Arten von Sahnecremes bestreichen und ist aus keiner Konditorei wegzudenken. Er ist schnell hergestellt, kann einen jedoch mit seiner Tendenz, beim Backen entweder erst gar nicht richtig aufzugehen oder bei dem kleinsten kühlen Lufthauch wieder in sich zusammenzufallen, zur Weißglut treiben.

Für die schwammartige Struktur des Biskuits sorgt eine zwar eher unscheinbare, zugleich aber ganz entscheidende Zutat: Luft. Um möglichst viel davon in den Teig zu bekommen und vor allem dort zu halten, werden zunächst einmal Eier benötigt. Sowohl Eigelb als auch Eiklar enthalten neben viel Wasser und weiteren Inhaltsstoffen Proteine. Die wiederum besitzen wasserliebende (hydrophile) und wasserfürchtende (hydrophobe) Bereiche. Werden Eier zum Beispiel mit einem Schneebesen kräftig aufgeschlagen, so gelangt nicht nur viel Luft hinein, die mechanischen Kräfte sorgen auch dafür, dass die Proteine sich auseinanderfalten. Um nicht mit Wasser in Kontakt zu kommen, orientieren sich die wasserfürchtenden Regionen dabei in Richtung Luft, die wasserliebenden Bereiche in Richtung Flüssigkeit. Auf diese Weise entstehen immer mehr und immer kleinere Bläschen, die von einem dünnen Proteinfilm umschlossen werden. Mehr Details zu Eiern und Schäumen gibt es auf Seite 48 – 68.

| Ei | Zucker | Mehl | Salz |

Egal ob man Eiklar und Eigelb getrennt oder gemeinsam aufschlägt, das Ziel bleibt das gleiche: ein feinporiger und möglichst stabiler Schaum. Ein paar Spritzer Säure, etwas Weinsteinpulver oder wenige Esslöffel heißen Wassers verstärken dabei übrigens die Denaturierung der Proteine und stabilisieren so den Eischaum.

Neben Luft und Eiern enthält ein Biskuit aber auch Zucker und Mehl. Während der Zucker schon am Anfang zu den Eiern gegeben wird, damit er sich in deren Wasseranteil auflöst und nicht in Form schwerer Kristalle den mühsam erarbeiteten Eischaum zerstört, wird Mehl aus dem gleichen Grund fein gesiebt und

erst zum Schluss vorsichtig untergehoben. Ist der Biskuit schließlich im Ofen, dehnt sich die Luft in den kleinen Bläschen beim Erwärmen aus, der Biskuit geht auf und der Teig verfestigt sich nach und nach. Wird der Ofen allerdings währenddessen geöffnet, zieht sich die Luft durch die eindringende Kälte abrupt zusammen und das noch weiche Teiggerüst stürzt ein – genau wie der eben noch so voluminöse Biskuit.

... Hefeteig

Ob backen, frittieren, in Wasserdampf garen, süß oder herzhaft füllen, flechten, zum Laib formen oder hauchdünn ausgerollt mit Tomaten und Mozzarella belegen – es gibt eigentlich

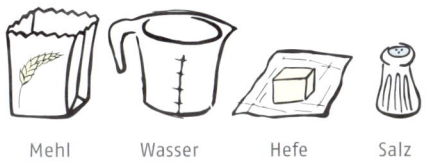

| Mehl | Wasser | Hefe | Salz |

kaum etwas, das man mit einem Teig aus Wasser, Mehl und Hefe nicht machen könnte. Diese Vielseitigkeit rührt dabei nicht nur von all den möglichen zusätzlichen Zutaten wie Zucker, Milch, Fett oder Eiern her. Auch die genaue Teigführung, also die Art und Weise des Knetens, die Dauer des Gehenlassens (der sogenannte Gare) oder die Umgebungstemperatur spielen eine entscheidende Rolle. Bei all diesen Variablen ist es kein Wunder, dass das Arbeiten mit Hefeteig einer kleinen Wissenschaft gleicht.

Das Grundprinzip ist dabei stets dasselbe: Durch das Verkneten von Mehl und Wasser entsteht aus den Glutenproteinen des Mehls wie am Anfang dieses Kapitels beschrieben ein elastisches Netzwerk, das dem Teig seine typische Struktur verleiht. Von der eingearbeiteten Hefe ausgeschüttete sowie natürlich im Mehl vorkommende Enzyme zerlegen die enthaltene Stärke in einzelne Zuckerbausteine. Die wiederum können die Hefen anschließend zur Energiegewinnung nutzen, wobei viele verschiedene Stoffwechselprodukte entstehen wie Wasser, Ethanol (Alkohol) oder Aromastoffe – und gasförmiges Kohlenstoffdioxid. Da Letzteres unter anderem durch Gluten im Teig festgehalten wird, legt dieser bereits vor dem eigentlichen Backen deutlich an Volumen zu.

Das klingt zunächst relativ simpel, doch variieren die Aktivität und der genaue Stoffwechsel der Hefezellen mit der Temperatur, dem pH-Wert, der Menge verfügbarer Nährstoffe, dem Sauerstoffgehalt oder weiteren Zutaten. So entzieht beispielsweise Salz den Hefezellen Wasser, wodurch deren Aktivität abnimmt. Durch gelegentliches Stoßen, Dehnen und Falten werden Nährstoffe sowie Abbauprodukte wieder gleichmäßig im Teig verteilt. Der Einsatz von Vorteigen dient der Aktivierung und Vermehrung der Hefe. Vor allem wenn diese später besonders schweren, also fett- oder zuckerreichen Teigen zu mehr Lockerheit verhelfen soll.

Zudem hat natürlich auch die Menge der eingesetzten Hefe einen entscheidenden Einfluss auf das spätere Gebäck, nicht nur wegen ihres charakteristischen und meist ungewollten Eigengeschmacks. Allgemein haben Backwaren ein besseres Aroma und eine längere Haltbarkeit, wenn sie mit weniger Hefe zubereitet wurden. Der Haken: In diesem Fall verlängert sich nicht nur die Zeit, die der Teig zur Volumenverdoppelung benötigt; manche mehleigenen Enzyme bauen während der Gare langsam, aber stetig das strukturgebende Glutengerüst des Teiges ab – mit unangenehmen Folgen für die Textur von Hefezopf und Co.

Man sieht also: Hefeteig ist eine wahnsinnig komplexe Angelegenheit und eine fein auf die Zutaten abgestimmte Handhabung entscheidet maßgeblich über die Qualität der späteren Backwaren. So verwundert es nicht, dass es so unglaublich viele verschiedene Rezepte für Hefeteige gibt und man möchte vor den Bäckermeistern, die bei all diesen Variablen den Überblick behalten, einfach nur den Hut ziehen. Mehr zum Thema Hefe gibt's auf Seite 37 ff.

… Blätterteig

Beim allseits bekannten Blätterteig ist der Name Programm. Und auch wenn man angesichts der vielen hauchdünnen Teigschichten meinen könnte, diese Art von Gebäck sei eine eher trockene Angelegenheit, so liegt man ziemlich falsch. Denn mal ganz abgesehen davon, dass Blätterteig meist mit allerlei süßen wie herzhaften Köstlichkeiten gefüllt wird, kommen nach dem Deutschen Lebensmittelbuch bei Blätterteig auf 100 kg Getreideerzeugnisse mindestens 62 kg Fett.

Wen die Grundzutaten Mehl, Wasser und Fett an Mürbeteig erinnert, der liegt absolut richtig – es sind die gleichen. Dennoch liegen Welten zwischen Croissants und Weihnachts-

| Mehl | Fett | Wasser | Salz |

plätzchen, nicht nur wegen der unterschiedlichen Verhältnisse der einzelnen Zutaten. Auch die grundverschiedenen Herstellungsweisen der beiden klassischen Gebäcksorten spielen eine sehr wichtige Rolle.

Während beim Mürbeteig alles daran gesetzt wird, die Ausbildung eines starken Glutennetzwerkes zu verhindern, wird bei Blätterteig zunächst aus Wasser und Mehl ein sehr fester Teig geknetet. Die Art und Weise, wie anschließend das Fett eingearbeitet wird, macht dabei den alles entscheidenden Unterschied: Statt es einfach einzukneten, wird es in sage und schreibe 243 Schichten „eingezogen". Dieser Prozess ist nicht nur deshalb sehr zeitaufwändig, weil dabei ein Sandwich aus Teig und Fett insgesamt fünf Mal auf bestimmte Weise gefaltet und wieder ausgerollt werden muss, sondern vor allem, weil das Fett dabei nicht zu weich werden darf. Es würde sich mit dem Teig verbinden und die immer dünner werdenden

Teigschichten nicht mehr voneinander trennen. Genau das ist jedoch entscheidend, damit das Gebäck später so typisch blättrig wird. Und so muss der Teig immer wieder für längere Zeit in den Kühlschrank. In der Industrie wird das Problem übrigens mit speziellem „Ziehfett" umgangen. Dieses wird beim Bearbeiten nicht so schnell weich wie Butter.

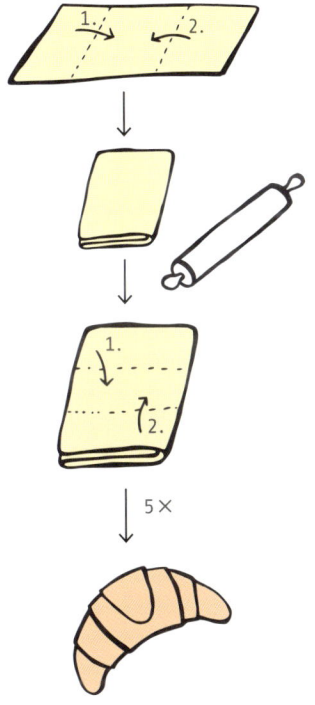

Marmor-, Rotwein- und all den anderen Kuchen ist die Reihenfolge dabei aber dennoch nicht so ganz unwichtig. Denn je nachdem ob das Gebäck später luftig leicht oder doch eher kompakt wie ein Brownie werden soll, muss mehr oder weniger Luft in den Teig eingearbeitet werden. Diese dehnt sich nämlich später beim Backen aus und das Teiggerüst, das bei Rührteig vor allem aus verkleisternder Stärke, verklumpenden Proteinen der Eier sowie Gluten besteht, verfestigt sich um die immer größer werdenden Bläschen.

… Rührteig

Genau wie bei Blätterteig ist auch bei Rührteig der Name Programm. Bei diesem wohl unkompliziertesten aller Teigvertreter werden verschiedenste Zutaten wie Eier, Mehl, Fett, Zucker, Milch, aber auch Kakao, Schokoladenstückchen oder Zitronenschalen schlicht zusammengerührt. Für ein gutes Gelingen von

| Ei | Mehl | Wasser | Fett | Zucker | Salz |

Die Luft kann auf unterschiedliche Weise in den Teig gelangen: durch die Zugabe von Backtriebmitteln wie Backpulver, durch getrenntes Aufschlagen des Eiweißes, durch Belüften von Fett und Zucker oder durch eine Kombination aus alledem. Wie beim Biskuit wird der Mehl- oder Stärkeanteil erst am Ende untergehoben

> Plunderteig wird übrigens genau wie Blätterteig hergestellt, bei dem Grundteig handelt es sich allerdings um einen Hefeteig.

... Brandteig

Sollte es irgendwo Menschen geben, die keine Windbeutel mögen, dann habe ich noch nie von ihnen gehört. Kein Wunder, denn wer sollte diesem luftigen, mit Sahne, Eis, Früchten und ähnlichen Köstlichkeiten gefüllten Gebäck schon widerstehen können? Meine persönliche Faszination für Brandmasse begann bereits, als ich noch ein Kind war. Fest entschlossen, Windbeutel selber zu machen, las ich beim Aufschlagen des Backbuches als erstes den Begriff „Brandteig". Das klang nach Nervenkitzel und Gefahr – diese Art von Teig schien definitiv etwas Besonderes zu sein. Auch wenn sich das mit dem Nervenkitzel letztlich nicht so ganz bewahrheitete, hat es tatsächlich etwas Magisches, wie sich ein ziemlich feuchter und noch so ganz und gar nicht luftiger Teigklumpen im Ofen zu einem riesigen Windbeutel aufbläht.

Wasser · Mehl · Ei

Fett · Salz

Der Schlüssel zu dieser Magie liegt wie so oft in der Chemie der einzelnen Zutaten. Zu Anfang einer jeden Brandmasse werden Fett und Flüssigkeit zusammen aufgekocht, das Mehl in einem Schwung dazugegeben und kräftig umgerührt. Auf diese Weise entsteht zunächst ein zäher Kloß, der anschließend bei starker Hitze im Topf „abgebrannt" wird. Unschwer zu erahnen: Von dieser Prozedur stammt der Name dieses Teiges. Doch was passiert dabei genau?

Beginnen wir mit dem Fett. Das sorgt nämlich nicht nur für einen intensiven Geschmack, es verhindert auch ähnlich wie beim Mürbeteig die Ausbildung eines starken und somit zähen

und der Teig anschließend in verschiedenste Formen gegossen.

Übrigens kann beim Rührteig durch Variation des Verhältnisses von Stärke und Mehl Einfluss auf die Textur der Kruste genommen werden. Während Mehl durch das beim Rühren entstehende Glutengerüst die Kruste fester werden lässt, sorgt ein höherer Stärkeanteil für jene feinere, bröseligere Textur, die dem Sandkuchen seinen Namen gegeben hat.

Glutennetzwerkes. Die wichtigste Rolle spielt aber der Stärkeanteil des Mehls, denn Weizenstärke kann bei Temperaturen von über 60 °C ein Vielfaches ihres Eigengewichts an Wasser binden. Dabei verliert sie ihre dreidimensionale Ordnung und verkleistert (siehe Seite 14 f.). Was bei anderem Gebäck jedoch erst im Ofen abläuft, geschieht beim Brandteig schon im Topf. Das gesamte Mehl wird auf einmal zum heißen Wasser oder zur heißen Milch gegeben, damit die enthaltene Stärke die Flüssigkeit gleichmäßig aufnehmen kann. Durch das Abbrennen wird anschließend sichergestellt, dass das Wasser vollständig gebunden wurde. Dabei löst sich der Teig vom Boden des Topfes und hinterlässt dort eine dünne Schicht aus verkleisterter Stärke und denaturierten Proteinen.

Sobald der Teig etwas abgekühlt ist, können die Eier nacheinander untergerührt werden. Sie sollen schließlich erst im Ofen gerinnen und dabei das aufgehende Gebäck stabilisieren. Neben Geschmack sorgen die Eier außerdem für noch mehr Feuchtigkeit, und die spielt später eine entscheidende Rolle. Im heißen Ofen bildet sich auf der Oberfläche des Teiges nämlich sofort eine feste Schicht aus Stärke, denaturiertem Ei und Gluten. Die Feuchtigkeit im Teig verdampft, kann jedoch nicht so einfach entweichen – dadurch entstehen riesengroße Hohlräume und das Gebäck geht auf (siehe Seite 37). Aber Achtung: Wird der Ofen geöffnet, bevor das Protein- und Stärkegerüst ausreichend ausgehärtet ist, fallen die luftigen Köstlichkeiten unschön in sich zusammen!

Kryptische Zahlen
Das steckt hinter Typennummern

Anders als oftmals angenommen, gibt die drei- bis vierstellige Typennummer nicht die Feinheit, sondern den groben Mineralstoffgehalt der Brotmehle Weizen, Dinkel und Roggen an. Um den zu bestimmen, wird das Mehl in einem speziellen Ofen auf etwa 900 °C erhitzt. Im Gegensatz zu organischen Verbindungen wie Kohlenhydraten und Proteinen verbrennen Mineralstoffe dabei nicht, so dass deren Gehalt über das Gewicht der zurückbleibenden Asche bestimmt werden kann. 100 g des gängigsten Weizenmehls Type 405 enthalten gemäß DIN 10355 beispielsweise 0 – 500 mg Mineralstoffe.

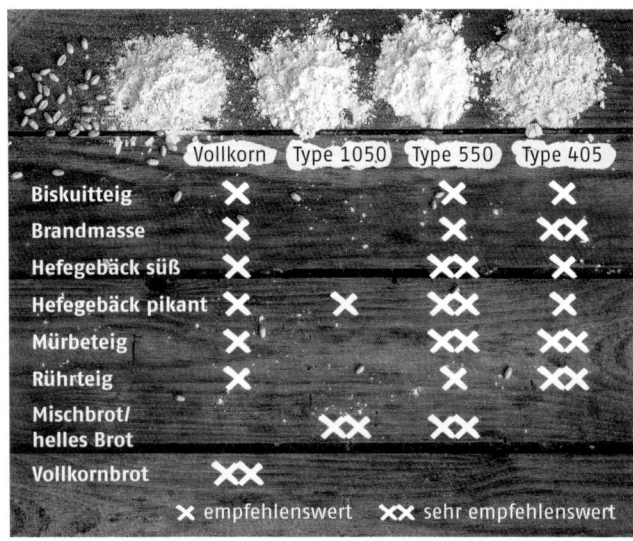

	Vollkorn	Type 1050	Type 550	Type 405
Biskuitteig	✕		✕	✕
Brandmasse			✕✕	✕✕
Hefegebäck süß	✕		✕✕	✕✕
Hefegebäck pikant	✕	✕	✕✕	✕✕
Mürbeteig	✕		✕	✕✕
Rührteig	✕		✕	✕✕
Mischbrot/ helles Brot		✕✕	✕✕	
Vollkornbrot	✕✕			

✕ empfehlenswert ✕✕ sehr empfehlenswert

Da sich bei einem Getreidekorn nicht nur die Vitamine und Ballaststoffe, sondern auch die Mineralstoffe größtenteils in der Schale befinden, gilt allgemein: Je höher die Typennummer eines Mehls, desto höher dessen Mineralstoffgehalt, desto mehr Schalenbestandteile sind enthalten und desto dunkler ist das Mehl. Da die Schalenteile in einem Teig unter anderem Einfluss auf die Ausbildung des Glutennetzwerkes haben, besitzen unterschiedliche Mehltypen unterschiedliche Backeigenschaften. Aus diesem Grund wird in vielen Rezepten die Verwendung einer ganz bestimmten Type empfohlen.

Vollkornprodukte werden übrigens nicht typisiert, da der Mineralstoffgehalt wegen wechselnden Wetters oder der Bodenbeschaffenheit natürlichen Schwankungen unterliegt.

Andere Länder, anderes Mehl

Wer schon einmal außerhalb von Deutschland sein vermeintlich gelingsicheres Lieblingsrezept nachbacken wollte, der wird vermutlich vom Ergebnis überrascht gewesen sein. Die in anderen Ländern gebräuchlichen Mehlsorten unterscheiden sich nämlich teilweise erheblich von unseren. Ein kleines Beispiel: Dem deutschen Standardweizenmehl Type 405 kommt das US-amerikanische *all-purpose flour* wohl am nächsten. Bei diesem Allzweckmehl handelt es sich aber um eine Mischung aus Hartweizen- und Weichweizenmehl, abgestimmt auf die backtechnischen Vorlieben der lokalen Bevölkerung. Dort wo die Kuchenliebhaber überwiegen, ist der Anteil an Weichweizenmehl größer. Dieses entwickelt beim Kneten ein weniger starkes Glutennetzwerk und eignet sich daher vor allem für zartes Gebäck. In Regionen, wo für das Backen von Brot oder die Herstellung von Pasta ein sehr stabiles Teiggerüst gefragt ist, überwiegt dagegen der Anteil an proteinreichem Hartweizenmehl. Es kann sich also im Ausland lohnen, sich mit den genauen Eigenschaften der gebräuchlichen Mehlsorten vertraut zu machen.

Warum ist Roggenbrot so saftig?

Roggen zählt zwar wie Weizen und Dinkel zu den Brotgetreiden, sein Mehl stellt jedoch aufgrund seiner besonderen Zusammensetzung und Backeigenschaften einen Sonderfall dar. So enthält Roggenmehl nicht nur vergleichsweise wenig Stärke und Glutenproteine, sondern besitzt noch dazu einen hohen Anteil von Pentosanen. Diese sogenannten Schleimstoffe hemmen die Entwicklung von elastischem Gluten, können dafür aber ein Vielfaches ihres Eigengewichts an Wasser binden. Das stabilisiert nicht nur das Teiggerüst, es macht Roggenbrote auch ganz besonders saftig. Aber: Erst durch die Zugabe von Sauerteig wird Roggenmehl überhaupt backfähig. Die Säuerung macht das Brot nicht nur aromatischer, lockerer und länger haltbar, der niedrigere pH-Wert verbessert auch die Wasseraufnahmefähigkeit der Pentosane und hemmt die Aktivität stärkeabbauender Enzyme wie Amylase. Die ist normalerweise nämlich genau in dem Temperaturbereich am aktivsten, in dem die im Roggenmehl enthaltenen Stärkekörnchen im Ofen aufplatzen und verkleistern – und dadurch für die abbauenden Enzyme noch besser zugänglich wären. Die zerlegte Stärke könnte aber nur noch wenig Wasser binden und die frei werdende Feuchtigkeit würde die Brotkrume nass und schwer machen.[11] Mehr zu diesem Thema gibt es auf Seite 42.

Das Geheimnis einer knusprigen Kruste

Die einen mögen sie gut gebräunt, aromatisch und knusprig und halten sie ohne Zweifel für den mit Abstand besten Teil von Brot oder Brötchen. Die anderen wiederum würden sie am liebsten großzügig wegschneiden und auf dem Teller zurücklassen. Unschwer zu erraten: Es geht natürlich um die Kruste. Ganz egal ob man sie nun liebt oder hasst, ihre Entstehung fördern oder so gut es eben geht verhindern möchte, ein Blick hinein in den Backofen und unter die Oberfläche von Brot, Brötchen und Co. hilft in jedem Fall.

Die Krustenbildung hat nämlich einen erstaunlich großen Einfluss darauf, ob Backwaren locker und fluffig oder eher schwer und matschig werden. *Ob* und *wie* diese Kruste entsteht, ob sie nun dick und fest oder dünn und knusprig wird, das wiederum hängt nicht nur vom Teig selbst, sondern auch stark von der im Backofen herrschenden Luftfeuchtigkeit ab. Wie genau das alles zusammenhängt, weshalb zum Beispiel eine dünne Kruste länger knusprig bleibt als eine dicke, darum geht es im folgenden Abschnitt.

Beginnen wir zuerst mit einer kleinen Begriffserklärung und arbeiten uns dafür von der Mitte eines frisch gebackenen Brotes nach außen. Im Inneren befindet sich die sogenannte

Krume. Mit mehr oder weniger großen Löchern durchsetzt, mal trocken, mal saftig, mal schwer und kompakt, besteht sie vor allem aus Stärke, Gluten und – ganz wichtig – Luft. Was Stärke und Gluten genau sind und welche Rolle sie in einem Teig spielen, das wurde in diesem Kapitel bereits ausführlich beschrieben. Daher an dieser Stelle nur die Kurzfassung: Knetet man Wasser und glutenhaltiges Mehl zusammen, so bildet sich dadurch ein dreidimensionales Netzwerk aus bestimmten Proteinen, das dem Teig sowohl Stabilität als auch Elastizität verleiht – das Gluten. Wird ein solcher Teig gebacken, verdampft bei den hohen Temperaturen im Ofen der Großteil des gebundenen Wassers, die einzelnen Proteinketten kommen sich immer näher und verbinden sich schließlich fest miteinander. Die zuvor noch so elastische und verformbare Masse härtet aus. Der beim Backen entstehende Wasserdampf sowie die durch He-

fen oder andere Backtriebmittel eingebrachten Gase dehnen sich aus, blähen das sie umhüllende Netzwerk aus Stärke und Proteinen auf und es entsteht ein mehr oder weniger grobporiges Netz aus gehärtetem Teig und Luft: die Krume.

Doch nicht nur Gluten ist wichtig, auch Stärke spielt für die Struktur, Stabilität und

Kruste

Krume

nicht zuletzt für die Saftigkeit von Gebäck eine wichtige Rolle. Die kleinen in Weizen, Gerste oder Buchweizen enthaltenen Stärkekörnchen binden in einem Teig Wasser an ihrer Ober-

fläche. Bei den hohen Temperaturen im Ofen quellen die Körnchen mehr und mehr auf, zerplatzen und verkleistern schließlich (siehe auch Seite 14 f.). Verdampft anschließend der Großteil des Wassers, so härtet die Stärke aus und stabilisiert auf diese Weise das Gebäck.

Nun endlich zur Kruste. Schiebt man einen Laib aus Brotteig in einen heißen Ofen, so erwärmt er sich. Dabei gibt es jedoch große Unterschiede zwischen der Oberfläche und dem Inneren des Teiges. Während das Innere noch eine ganze Weile sehr viel Wasser enthält und dadurch zunächst nicht viel heißer werden kann als 100 °C, trocknet die äußere Schicht innerhalb kürzester Zeit aus. Dadurch nimmt sie nicht nur sehr schnell die Umgebungstemperatur von meist weit über 200 °C an, auch Stärke und Gluten verkleistern bzw. verfestigen sich in entsprechendem Tempo – und bilden somit eine

immer dicker werdende Kruste. Im Inneren des Brotes steigt die Temperatur zwar langsamer, aber dennoch stetig an. Auch hier wird die gebundene Feuchtigkeit schließlich gasförmig und dehnt sich, zusammen mit den anderen zuvor in den Teig eingearbeiteten Gasen, aus.

Ist die Kruste des Brotes zu diesem Zeitpunkt bereits stabil, aber noch nicht allzu fest, so gibt sie irgendwann dem immer größer werdenden Druck aus dem Inneren nach und reißt an einigen Schwachstellen auf. Der nun nicht mehr eingeengte Teig kann weiter an Volumen zulegen und schließlich um unzählige Gasblasen aushärten – es entsteht eine lockere Krume. Würde die Kruste eines Brotes im Ofen jedoch zu schnell zu dick und zu fest, könnte der entstehende Wasserdampf nur schlecht entweichen und das Resultat wäre ein schweres, außen hartes und innen matschiges Gebäck.

Wenn sich dagegen gar keine Kruste bilden würde, könnten der Wasserdampf und die restlichen im Teig verteilten Gase viel zu leicht entweichen, ohne zuvor Gluten- und Stärkenetzwerk zu einer grobporigen Krume aufzuspannen. Auch in diesem Fall bekäme man ein hartes, trockenes und ganz und gar nicht lockeres Backwerk.

Kurz: Um ein schmackhaftes Brot mit lockerer Krume und knuspriger Kruste zu backen, müssen der Wassergehalt des Teiges, die Festigkeit des Stärke- und Glutennetzwerkes sowie die Ofentemperatur genau aufeinander abgestimmt werden. Doch das sind noch nicht alle Stellschrauben auf dem Weg zum perfekten Gebäck. Da wäre nämlich außerdem noch die Luftfeuchtigkeit im Ofen.

Backt man Gebäck wie Brot oder Brötchen in den ersten Minuten „mit Dampf", indem man zum Beispiel eine im Ofen vorgeheizte Metallschale mit Wasser füllt, so kondensiert die entstehende Feuchtigkeit an dem anfangs noch recht kühlen Teig. Schon das verlangsamt die Krustenbildung. Denn durch die Feuchtigkeit trocknet die Außenseite des Teiges langsamer aus, ihre Temperatur steigt langsamer an und die Oberfläche bleibt länger flexibel. Dadurch kann sich das Innere des Gebäcks in Ruhe ausdehnen, ohne dabei von einer allzu festen Kruste eingeengt zu werden – das Brot wird lockerer. Zugleich verkürzt sich die Zeit, in der sich eine Kruste bilden kann, so dass diese insgesamt dünner wird. Die nach dem Backen im heißen Brot zurückbleibende Feuchtigkeit kann leichter verdampfen, das Innere wird nicht so schnell matschig und die Kruste nicht so schnell wieder aufgeweicht.

Sollte man dann also einfach immer mit Dampf backen? So simpel ist es leider auch wieder nicht. Denn wie sich ein Teig beim Backen genau verhält, kommt natürlich ebenso auf die darin enthaltenen Zutaten an. Manche von ihnen, zum Beispiel Zucker, Fett, Eier oder Milch, schwächen schon von vornherein das Glutennetzwerk eines Teiges oder verzögern das Verkleistern von Stärke und erschweren auf diese Weise die Entstehung einer knusprigen Kruste. Und das ist auch gut so. Man stelle sich nur einmal ein süßes Milchbrötchen mit der rustikalen Kruste eines Bauernbrotes vor. Fazit: Das Gebäck mit der absolut perfekten Kruste ist und bleibt, wie so oft, eine kleine Wissenschaft für sich.

Warum Knuspriges mit der Zeit zäh und ledrig wird

Wer kennt das nicht: Die gestern noch so schön knusprige Kruste ist ledrig, die ehemals lockere Krume gummiartig und weder Geruch noch Geschmack lassen sich wirklich als lecker bezeichnen. Oftmals wandert solch altbackenes Brot direkt in den Müll, obwohl es im Grunde genommen gar nicht verdorben ist.

Hinter dem zunächst recht simpel erscheinenden Phänomen, dass auch das saftigste Brot irgendwann zäh und schließlich trocken wird, steckt tatsächlich eine Reihe komplexer chemischer und physikalischer Vorgänge, die bis heute noch nicht vollständig aufgeklärt werden konnten. Dabei sind die Bemühungen groß; allein im Zeitraum von 2003 bis 2014 sind über 300 Fachartikel zum Thema Altbackenwerden von Brot erschienen.[12] Und das nicht ohne Grund, denn schließlich werden tagtäglich Unmengen leicht gealterter aber eigentlich noch genießbarer Backwaren weggeworfen. Doch warum das alles?

Klar, ein Brot mit Kruste ist nun einmal am Anfang innen feucht und außen knusprig und dieser Feuchtigkeitsunterschied wird im Lauf der Zeit immer kleiner. Über die immer weicher werdende Kruste verdampft Flüssigkeit, das Brot wird trocken. Wenn das aber schon alles wäre, dann müsste es ja eigentlich ausreichen, das Brot einfach luftdicht zu verpacken, oder nicht? Mal abgesehen davon, dass so eingepacktes Gebäck schneller schimmelt, ahnt man bereits: Der Feuchtigkeitsverlust ist noch nicht alles. Inzwischen ist sich die Wissenschaft weitgehend einig, dass die sogenannte „Retrogradation" von Amylopektin (einem Bestandteil von Stärke) zu den Hauptursachen für das Altbackenwerden von Brot zählt. Hinter diesem eher sperrigen Begriff steckt Folgendes: Das beim Backen verkleisterte Kohlenhydrat Amylopektin kristallisiert im Lauf der Zeit wieder aus und verursacht dabei unliebsame Veränderungen der Gebäcktextur.[13] Was dabei auf molekularer Ebene genau abläuft und welche Rolle Gluten oder weitere Komponenten wie Fette, Zucker oder Salz beim Altbackenwerden genau spielen, wird weiterhin diskutiert. Ebenso, wie man die Haltbarkeit von Backwaren durch spezielle Enzyme, modifizierte Stärke, weitere Zusatzstoffe sowie eine angepasste Teigführung immer weiter optimieren kann.

Fest steht jedoch, dass die Retrogradation von Stärke bei Temperaturen um 4 °C am schnellsten und unterhalb von −18 °C am langsamsten verläuft und durch leichtes Erwärmen teilweise wieder rückgängig gemacht werden kann.[14] Das erklärt, warum man Brot nie im Kühlschrank lagern, sondern eher einfrieren sollte und warum kurzes Toasten nicht nur für angenehme Röstaromen, sondern auch für ein verbessertes Mundgefühl sorgen kann. Bei der empfohlenen Aufbewahrung von frischen Backwaren in Leinenbeuteln nimmt man letztlich einen gewissen Feuchtigkeitsverlust in Kauf, mindert aber gleichzeitig die Schimmelgefahr. Und ganz ehrlich – das sofortige Verputzen von ofenfrischem Gebäck hilft sowieso am allerbesten.

Wie lange ist Mehl haltbar?

Neben den genauen Lagerungsbedingungen hängt die Haltbarkeit von Mehl vor allem davon ab, wie vollständig die Getreidekörner vermahlen wurden. So begrenzen die im Keimling enthaltenen Fette die Haltbarkeit von Vollkornmehl und Vollkornschrot auf 3 – 4 Wochen, da sie an der Luft oxidieren und ranzig werden können. Dunkle Mehle ohne Keimling halten immerhin schon etwa 6 – 8, helle Mehle 12 – 18 Monate. Doch auch bei optimaler Lagerung, das heißt bei kühlen und trockenen 16 – 20 °C, werden die Backeigenschaften von Mehl mit der Zeit schlechter. Es sollte daher möglichst zügig verbraucht werden.

Denkanstöße ••

Ungeliebte Zusatzstoffe

Hand aufs Herz, wir Konsumenten erwarten von Brot und Brötchen stets eine optimale und vor allem gleichbleibende Qualität. Sie sollen knusprig, locker, saftig, lange haltbar, optisch ansprechend und natürlich lecker sein – aber bitte ohne Zusatzstoffe oder Hilfsmittel, denn Getreide und Mehl sind schließlich Naturprodukte. Genau aus diesem Grund unterliegen ihre Qualität und Backeigenschaften jedoch ganz natürlichen Schwankungen, schon allein wegen des unberechenbaren Wetters. Somit ist es eigentlich nur wenig verwunderlich, dass Knetbarkeit, Stabilität oder Gashaltefähigkeit von Teig durch den Einsatz einer Vielzahl verschiedener Mehlverbesserungsmittel und Enzyme optimiert werden.

Was bei den ohnehin eher unbeliebten Zusatzstoffen vermutlich für den größten Unmut sorgt, ist die etwas schwammige Kennzeichnungspflicht. Grundsätzlich müssen auf der Zutatenliste verpackter Lebensmittel alle enthaltenen Zutaten aufgeführt werden. Dabei gibt es jedoch einige Ausnahmen: Gelangt ein Lebensmittelzusatzstoff über eine Zutat wie das Weizenmehl selbst in das Endprodukt und hat dort keine technologische Wirksamkeit mehr, muss er nicht gekennzeichnet werden. Nehmen wir als Beispiel Ascorbinsäure (Vitamin C). Diese zählt zu den Mehlverbesserungsmitteln und muss auf einer Packung Mehl entsprechend deklariert werden. Wird Brot aber mit ascorbinsäurehaltigem Mehl hergestellt, so taucht dieser Zusatzstoff in der Zutatenliste meist nicht mehr auf. Er beeinflusst schließlich die Stabilität und Dehnfestigkeit des Teiges, nicht aber die des fertig gebackenen Produkts. Im Fall von Enzymen heißt das, dass diese nur aufgeführt werden müssen, wenn sie im Produkt noch enzymatisch aktiv sind. Das ist wegen der hohen Temperaturen beim Backen aber natürlich nicht der Fall.[15]

Verteufeltes Gluten

Es gibt zurzeit nur wenige Lebensmittelbestandteile, die einen ebenso schlechten Ruf besitzen wie Gluten. Allein der Begriff hat inzwischen einen schon fast ungesunden Beiklang und selbst auf Lebensmitteln, die von Natur aus nie auch nur eine Spur Gluten enthalten haben, wird mit dessen Abwesenheit geworben. Ja, wer seinem Körper wirklich etwas Gutes tun möchte, der verzichtet, so meint man, auf Gluten. Und das oftmals ohne medizinische Indikationen wie Zöliakie oder Weizensensitivität, bei denen eine derartige Diät tatsächlich angezeigt ist.

Was jedoch für an Zöliakie erkrankte Menschen gilt – bei ihnen können aufgrund einer genetischen Veranlagung schon kleinste Mengen bestimmter Glutenproteine Entzündungen der Darmschleimhaut und damit verbundene teils schwerwiegende Folgeerkrankungen auslösen –, kann nicht einfach auf Gesunde übertragen werden. So untersuchte eine im April 2017 veröffentlichte US-Studie die Langzeitauswirkungen einer glutenfreien Ernährung vor allem im Hinblick auf Herz-Kreislauf-Erkrankungen. Dabei stellten die Wissenschaft-

ler fest, dass der Konsum von Gluten das Risiko für derartige Erkrankungen nicht erhöht, sondern eher das Gegenteil der Fall ist. Menschen, die glutenhaltige Lebensmittel meiden, nehmen in der Regel weniger Vollkornprodukte zu sich. Diese enthalten aber wertvolle Ballaststoffe, B-Vitamine und Mineralstoffe wie Eisen, Magnesium und Zink und schützen nachgewiesenermaßen vor Herz-, Kreislauf-, Lungen- und Krebserkrankungen.[16,17]

Wer sich vielseitig ernährt und dabei auf die Zufuhr aller wichtigen Nährstoffe achtet, dem fehlt allein durch den Verzicht auf Gluten nichts. Allerdings nimmt er dabei auch nicht automatisch ab, wie ebenfalls vielfach angenommen wird. Zwar sind glutenhaltige Lebensmittel tatsächlich eher kohlenhydratreich, das gilt jedoch ebenso für die glutenfreien Entsprechungen. Und nicht nur das. Durch das fehlende Proteingerüst sind diese meist weniger saftig, was oft durch einen erhöhten Fett- und Zuckeranteil ausgeglichen wird. Wer also wirklich abnehmen möchte, der sollte nicht einfach nur auf Gluten verzichten, sondern sich ausgewogen ernähren und ausreichend bewegen.

Noch dazu ist glutenfreie Ernährung ein ziemlich teures „Vergnügen" und damit für die Hersteller derartiger Produkte ein Milliardenmarkt. Wirft man einen Blick auf die Inhaltsstoffe einer Packung glutenfreien Mehls, so stellt man fest, dass dieses vor allem aus Kartoffel-, Mais- und Reisstärke besteht – für einen fragwürdigen Preis von etwa 3 Euro pro Kilogramm.

Persönliches Fazit: Ohne medizinischen Grund auf glutenhaltige Lebensmittel zu verzichten, kann unter Umständen eher schaden als nützen. Wer vermutet, auf Bestandteile von Weizenmehl oder Gluten mit Unverträglichkeit zu reagieren, der sollte sowohl von einer Selbstdiagnose als auch von einer selbstauferlegten Diät absehen und den Verdacht ärztlich bestätigen lassen.

Zahlen und Fakten

- Aus **1 kg** Mehl kann man etwa **30** Brötchen herstellen.

- Deutschland hat eine Fläche von 357 409 km². Davon wurden im Jahr 2017 etwa **32 026 km²** für den Anbau von Weizen genutzt.[18]

- Im Jahr 2017 wurden in Deutschland rund **45,5 Millionen Tonnen** Getreide zur Körnergewinnung geerntet.[19]

- Im Wirtschaftsjahr 2015/2016 konsumierte jeder Einwohner Deutschlands rund **80 kg** Getreide.[20]

- Eine Weizenähre enthält **25 – 40** Körner.

- Im Wirtschaftsjahr 2016/2017 wurden weltweit **684 Millionen Tonnen** Getreide zu Lebensmitteln verarbeitet und konsumiert. **929 Millionen Tonnen** Getreide wurden dagegen als Futtermittel verwendet.[21]

- Deutscher Blätterteig enthält laut dem Deutschen Lebensmittelbuch **62 kg** Fett pro **100 kg** Getreideerzeugnisse.

- Seit dem Jahr **1958** ist das Bleichen von Mehl in Deutschland verboten.

- Im Vereinigten Königreich ist die Anreicherung von Weizenmehl mit den Nährstoffen Eisen, Vitamin B_1, Vitamin B_3 und Calciumcarbonat seit dem Jahre **1998** gesetzlich vorgeschrieben.[22]

- Der Durchmesser von Stärkegranula variiert je nach Pflanzensorte zwischen **0,001** und **0,1 mm**.[23]

- Die Pflanzenfamilie der Süßgräser umfasst etwa **12 000** verschiedene Arten. Dazu gehört neben allen Getreidearten auch der Bambus.[24]

- Die Type eines Mehls entspricht ungefähr dem Mineralstoffgehalt in mg von 100 g Mehl. Geschälter Weizen hat **Type 405**, geschälter Roggen dagegen **Type 815**.

- Ein europäisches Weizenkorn wiegt im Durchschnitt **55 mg**.[2]

Fluffig, luftig und locker
Alles über Backtriebmittel

Wer schon einmal wie ich selbst beim Rührkuchen das Backpulver vergessen, beim Pizzateig die Hefe weggelassen oder beim Biskuit die Eier nur kurz verrührt hat, statt sie richtig schön schaumig zu schlagen, der weiß, was die *wirklich* wichtigste Zutat des Backens ist. Denn egal auf welche Weise sie in den Teig gelangt, ob durch chemische Reaktionen wie beim Backpulver, durch die Arbeit von Milliarden kleiner Mikroorganismen wie bei Hefe und Sauerteig oder mechanisch, durch Aufschlagen einzelner Zutaten: Ohne Luft, bzw. Gase im Allgemeinen, gäbe es statt lockerer Backwaren nur dünne Teigfladen und schwer kaubare Teigklumpen.

Back-
pulver

Hefe

Sauerteig
und mehr

winzige,
mit Luft,
Flüssigkeit
und CO₂
gefüllte
Bläschen

Netzwerk
aus Stärke
und Gluten

backen

Luft: die unsichtbare Geheimzutat

Bevor wir uns mit den zahlreichen Möglichkeiten beschäftigen, wie Luft und andere Gase in einen Teig eingearbeitet werden können, möchte ich erst einmal klären, warum Gebäck durch diese unsichtbaren Zutaten überhaupt derart an Volumen gewinnen kann. Entscheidend dabei sind bestimmte physikalische Eigenschaften von Gasen. Diese bestehen aus unzähligen, kaum miteinander wechselwirkenden Atomen oder Molekülen, die sich frei und ungeordnet bewegen. Dabei füllen sie den ihnen zur Verfügung stehenden Raum gleichmäßig aus. Wird Energie zum Beispiel in Form von Wärme zugeführt, dann bewegen sich die Teilchen schneller und stärker, die Abstände zwischen ihnen vergrößern sich – das Gas dehnt sich aus. Gleiches geschieht übrigens mit den meisten Feststoffen und Flüssigkeiten, bei Gasen ist die Zunahme des Volumens mit steigender Temperatur jedoch mit Abstand am größten.

Damit ein Teig also beim Backen aufgehen kann, muss vorher Gas hinein. Aber auch Flüssigkeiten spielen bei der Teiglockerung eine wichtige Rolle. Bei den hohen Temperaturen

● Mechanisch eingearbeitete oder durch verschiedene Backtriebmittel eingebrachte Gase und Flüssigkeiten werden von einem Netzwerk aus Gluten und/oder Stärke im Teig gehalten. Während des Backens verdampfen die Flüssigkeiten, die Gase dehnen sich aus und man erhält luftig-lockeres Gebäck.

die Flüssigkeit ist
verdampft, die
Gase haben sich
ausgedehnt

ausgehärtetes
Netzwerk
aus Stärke
und Guten

im Ofen verdampfen Wasser, Alkohol und Co. und nehmen gasförmig ein Vielfaches ihres ursprünglichen Volumens ein. So werden beispielsweise aus einem einzigen Liter Wasser mehr als 1600 Liter Gas.

Gebäck kann allerdings nur dann aufgehen, wenn ein Teil der entstehenden und sich ausdehnenden Gase während des Backens auch darin bleibt. Dafür ist das auf Seite 11 f. beschriebene Netzwerk aus Gluten und verkleisternder Stärke entscheidend. Dieses kann Gas halten, sich selbst ausdehnen und am Ende der Backzeit in seiner neuen Form aushärten. So sorgen im Teig verteilte kleine Gasbläschen später zum Beispiel für die feinporige Krume von Brot. Dass sich Gase bei sinkenden Temperaturen schnell wieder zusammenziehen, erfährt man übrigens schmerzlich, wenn man während des Backens von Biskuitböden den Ofen aufreißt: Die gedehnten Protein- und Stärkenetzwerke sind noch nicht ausgehärtet und das empfindliche Gebäck quittiert die Ungeduld, indem es sofort in sich zusammenfällt.

So weit, so gut. Doch wie kommen Gase nun genau in einen Teig? Allgemein unterscheidet man zwischen chemischer, biologischer und physikalischer Teiglockerung.

Chemische Backtriebmittel

Backpulver und Natron

So gut wie jeder kennt das weiße Pulver, das gebrauchsfertig und in Form kleiner handlicher Papierbeutelchen überall im Handel zu finden ist und das beim kleinsten Flüssigkeitskontakt wild zu schäumen anfängt: Backpulver. Rein chemisch gesehen handelt es sich dabei um eine genau aufeinander abgestimmte Mischung aus Natrium- oder Kaliumhydrogencarbonat, einem Säurebildner sowie einem Trennmittel. Letzteres dient schlicht dazu, (Luft-)Feuchtigkeit zu binden. Das hat einen sehr guten Grund: Kommt Backpulver mit Wasser in Kontakt, entsteht aus dem Säurebildner Säure, die

wiederum mit dem Hydrogencarbonat zu Wasser und gasförmigem Kohlenstoffdioxid (CO_2) reagiert. Diese Reaktion ist innerhalb eines Teiges gewollt, denn ein Teil des frei werdenden Gases wird dort gehalten und dehnt sich später beim Backen aus – es entstehen luftig-lockere Leckerbissen. Kommt Backpulver jedoch vorher mit Wasser in Kontakt (zum Beispiel durch zu hohe Luftfeuchtigkeit), so reagiert es ab und verliert dadurch schon vor dem Einsatz seine Triebkraft.

Viel hilft viel? Fehlanzeige!

Die Verwendung von Backpulver erscheint zunächst einmal recht simpel: Packung auf, in den gewünschten Teig einrühren und fertig. Tatsächlich gibt es beim richtigen Umgang mit Backpulver durchaus ein paar Dinge zu beachten. Zumindest dann, wenn man nicht nur Wert auf lockeres Gebäck legt, sondern auch auf möglichst leckeres. Erstens reagiert Backpulver durch den bereits enthaltenen Säurebildner, sobald es mit Wasser in Kontakt kommt. Damit nicht der Großteil des frei werdenden Kohlenstoffdioxids wirkungslos verloren geht, sollte man dieses Triebmittel immer erst kurz vor dem Backen zum Teig geben. Zweitens gilt bei Backpulver keineswegs „viel hilft viel", denn es schwächt Gluten. Und das ist schließlich für die Textur und die Gashaltefähigkeit eines Teiges sehr wertvoll. Aus diesem Grund geht ein Kuchen mit zu viel Backpulver tatsächlich nicht mehr, sondern weniger stark auf. Mal ganz abgesehen davon, dass zu große Mengen des Backtriebmittels ein unangenehm stumpfes Gefühl auf den Zähnen hinterlassen können.

Mehr Farbe durch mehr Backpulver

Eine weitere Wirkung von Backpulver: Nicht umgesetztes Natriumhydrogencarbonat hebt den pH-Wert eines Teiges, macht ihn also basischer. Dadurch wird die für Bräunung und Geschmack verantwortliche Maillard-Reak-

● Hefegebäck, das vor dem Backen kurz in eine Natronlösung getaucht wurde, bräunt deutlich stärker als Gebäck ohne diese Behandlung (Mitte).

lauge sollte man jedoch keinesfalls mit **Natron** verwechseln und umgekehrt. Das auch unter der Bezeichnung **Backsoda** bekannte Natron kann zwar ebenfalls für die hauseigene Herstellung von „Laugengebäck" verwendet werden, es handelt sich dabei aber um nichts anderes als Natriumhydrogencarbonat, also den gasbildenden Teil von Backpulver. Der löst sich nur mäßig in Wasser und zersetzt sich ab etwa 50 °C zu Natriumcarbonat und CO_2. Kurz: Natron ist eine Komponente von Backpulver und muss mit Säure versetzt werden, um die gleiche Triebkraft zu entwickeln.

Würde man in einem Rezept also Backpulver durch Natron ersetzen, würde Letzte-

tion (siehe Seite 92 f.) nicht nur beschleunigt, sondern auch verstärkt. Ein Kuchen mit einem hohen Backpulver-Anteil bräunt daher stärker.

Der gleiche Effekt ist übrigens der Grund für die dunkle Farbe und den typischen Geschmack von Laugengebäck. Hier werden aus Hefeteig geformte Stangen, Brezeln oder Knoten vor dem Backen in verdünnte Natronlauge getaucht. Der pH-Wert auf der Oberfläche des Gebäcks steigt und es kommt beim Backen zur charakteristischen tiefen Bräunung. Natron-

● Backpulver ist eine Mischung aus Natrium- oder Kaliumhydrogenphosphat, Säurebildner und Trennmittel. Bei Kontakt mit Wasser entsteht Säure, die mit dem Hydrogencarbonat reagiert. Dabei wird gasförmiges Kohlenstoffdioxid (CO_2) frei. Ohne Säure zersetzt sich Natriumhydrogencarbonat (Natron) bei Temperaturen über 50 °C teilweise zu CO_2. Dabei bleibt seifig schmeckendes Natriumcarbonat übrig.

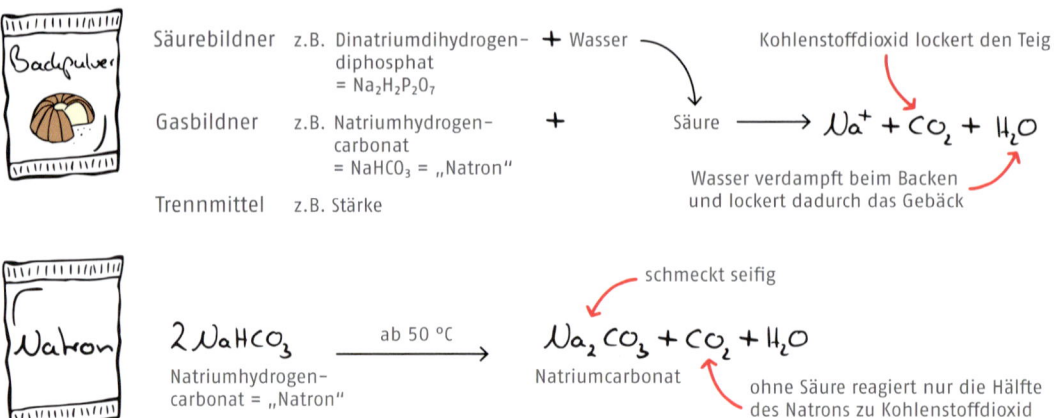

Dinatriumdihydrogendiphosphat

Weinstein

res sich zwar bei den hohen Temperaturen im Ofen thermisch zersetzen, dabei würde jedoch Natriumcarbonat übrig bleiben. Gleichzeitig würde weniger des für die Triebwirkung so entscheidenden Kohlenstoffdioxids frei werden. Durch die unvollständige Reaktion würde der Kuchen nicht nur weniger stark aufgehen, sondern auch noch unangenehm seifig schmecken. Kurz gesagt bedeutet das: **Man kann in einem Rezept zwar Natron durch Backpulver ersetzen, Backpulver jedoch nicht durch Natron.** Zu diesem müsste man nämlich eine zusätzliche saure Komponente wie Zitronensaft, Weinstein oder Ähnliches hinzufügen.

Weinsteinbackpulver

Weinsteinbackpulver gilt als die natürliche Variante des klassischen Backpulvers. Es enthält ebenfalls Natrium- oder Kaliumhydrogencarbonat und Trennmittel, bei der säurebildenden Komponente handelt es sich jedoch um Salze der Weinsäure (Weinstein) statt um Phosphatverbindungen. Auch wenn die genaue Geschwindigkeit der Gasbildung mit der Stärke und der Art der Säure variiert, ist die grundlegende Reaktion die gleiche wie die mit Backpulver.

Hirschhornsalz

Kaum ist die Zeit für Plätzchen, Lebkuchen und ähnliches Weihnachtsgebäck gekommen, wird das traditionelle Backtriebmittel Hirschhornsalz in die Regale vieler Supermärkte einsortiert. Seine etwas unappetitliche Bezeichnung verdankt dieser Vorläufer des heutigen Backpulvers seiner ursprünglichen Gewinnung

aus geraspeltem Hirschgeweih. Es besteht chemisch gesehen aus einer Mischung verschiedener Ammoniumsalze. Diese Verbindungen zersetzen sich bei Temperaturen von über 60 °C zu Ammoniak, Kohlenstoffdioxid und Wasser und entfalten ihre übrigens vergleichsweise starke Triebkraft nicht schon bei Wasserkontakt und somit bereits im Teig, sondern erst im Ofen. Aus diesem Grund eignet sich Hirschhornsalz sehr gut für Gebäck, das wie Lebkuchen vor dem Backen Tage, Wochen oder sogar Monate gelagert wird.

Da das im Ofen frei werdende Ammoniak nicht nur unangenehm beißend riecht und schmeckt, sondern auch gesundheitsschädlich ist, sollte Hirschhornsalz nur für flaches, eher trockenes Gebäck verwendet werden. Aus diesem kann das Gas schnell und vollständig entweichen.

Pottasche

Bei Pottasche handelt es sich wie bei Hirschhornsalz um ein altertümliches Backtriebmittel, dessen Bezeichnung auf die frühere Gewinnung aus Pflanzenasche unter Verwendung großer Eisentöpfe (Pötte) zurückgeht. Chemisch gesehen handelt es sich dabei um Kaliumcarbonat, das sich sowohl bei höheren Temperaturen als auch durch die Zugabe von Säuren zersetzt. Dabei entsteht Kohlenstoffdioxid.

Doch auch dieses Lockerungsmittel hat einen Haken: Damit sich die Pottasche im Teig gleichmäßig verteilt, wird sie zunächst in einer flüssigen Komponente wie Wasser oder Milch aufgelöst. Dabei bildet sich Kalilauge, die zum

Physikalische Teiglockerung
Luftig durch Muskelkraft

Eignet sich für ein bestimmtes Gebäck weder Hefe noch Sauerteig oder möchte man zwar auf chemische Backtriebmittel, nicht aber auf luftigen Genuss verzichten, so bleibt die Möglichkeit der physikalischen Teiglockerung. Dabei wird die ganze Luft, die sich später im Ofen ausdehnen und zur gewünschten Volumenzunahme führen soll, mit Hilfe von Küchenmaschine oder Schneebesen und Muskelkraft in den Teig eingebracht. Voraussetzung hierfür ist die Verwendung von Zutaten, in die sich Luft möglichst effektiv und vor allem dauerhaft einarbeiten lässt. Das wohl bekannteste Beispiel in diesem Zusammenhang sind Eier. Die lassen sich, wie auf Seite 52 – 58 ausführlich erklärt, zu dichtem und erstaunlich stabilem Schaum aufschlagen und lockern auf diese Weise Rührkuchen, Macarons oder Biskuitgebäck.

Neben Eiern eignet sich jedoch auch eher schwer und kompakt wirkendes Fett wie Butter oder Margarine für die physikalische Lockerung von Teig. Durch kräftiges Aufschlagen bilden sich darin viele winzige luftgefüllte Taschen und Hohlräume, die von einer dünnen Fettschicht umhüllt werden. Das funktioniert zwar auch ohne die Zugabe von Zucker, dieser macht das Ganze aber um ein Vielfaches effektiver. Der Grund: Die kleinen Zuckerkristalle schneiden beim Aufschlagen wie mikroskopisch kleine Messer durch das Fett und ziehen dabei an ihrer Oberfläche haftende Luft mit hinein. Puderzucker hat wegen seiner feinen Partikel eine noch größere Oberfläche, bindet also noch mehr Luft und sorgt so für noch schaumigeres Fett. Übrigens sollte man dieses immer aus dem Kühlschrank verwenden. Durch die Reibungswärme würde zimmerwarme Butter schnell schmelzen und die mühsam erarbeiteten Hohlräume würden in sich zusammenfallen.

Zu guter Letzt legt jeder Teig während des Backens auch durch seinen Feuchtigkeitsgehalt

einen zwar für einen charakteristischen Geschmack sorgt, gleichzeitig aber das den Teig stabilisierende Glutennetzwerk schwächt. Aus diesem Grund läuft mit Kaliumcarbonat versetzter Teig im Ofen leicht auseinander. Um diesen „Seitwärtstrieb" mit einem Trieb nach oben auszugleichen, werden Pottasche und Hirschhornsalz in vielen traditionellen Rezepten miteinander kombiniert. Dabei sollte man die beiden Backtriebmittel jedoch immer getrennt in etwas Flüssigkeit lösen und nacheinander in den Teig einarbeiten. Ansonsten würden die Verbindungen miteinander reagieren und ihre Triebkraft einbüßen.

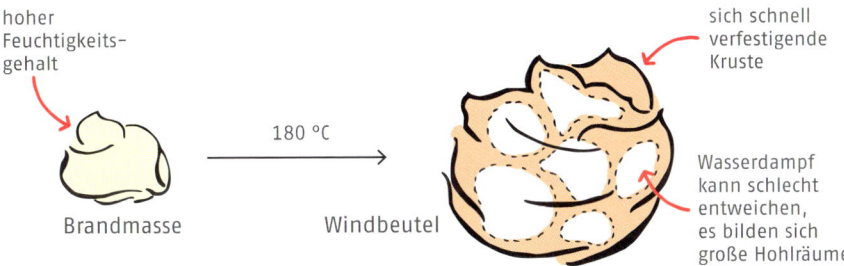

an Volumen zu. Ganz egal ob dieser von Wasser, Alkohol, Milch oder Saft ausgemacht wird. Die Flüssigkeit verdampft im Ofen, nimmt gasförmig ein Vielfaches ihres ursprünglichen Volumens ein und treibt auf diese Weise etwa Mürbe- oder Blätterteig in die Höhe. Sorgt dazu noch eine sich schnell verfestigende Kruste dafür, dass der Wasserdampf nur schlecht entweichen kann, entstehen wie beim Brandteig (siehe Seite 22 f.) große Hohlräume, die später mit Sahne, Eis und sonstigen Leckereien gefüllt werden können und Windbeuteln ihren Namen geben.

Biologische Backtriebmittel
Die Kraft der Mikroorganismen

Hefe

Egal ob vom Brauwesen oder Backen, Hefen kennt so gut wie jeder. Schon die alten Ägypter nutzten diese einzelligen Pilze, die durch ihre Fähigkeit, Zucker zu Wasser, Alkohol, Kohlenstoffdioxid und anderen Stoffwechselprodukten umzusetzen, unser ganz alltägliches Leben prägen. Bis heute sind mehrere Hundert verschiedene Hefearten bekannt, von denen manche geradezu domestiziert und für den Einsatz in der Biotechnologie, der industriellen Ethanolproduktion oder der Weinherstellung optimiert wurden.[1] Andere wiederum besiedeln Sauerteigstarter oder können Fäulnis und verderbende Lebensmittel verursachen. Hier an dieser Stelle soll es aber nur um die auch als Bäckerhefe bezeichnete Art *Saccharomyces cerevisiae*

und ihr herausragendes Talent als biologisches Backtriebmittel gehen.

Auf mich persönlich übt das Backen mit Hefe eine ganz besondere Faszination aus. Denn diese ist letztlich nicht einfach biologisches Backpulver, wo auf der einen Seite Zucker hinein- und auf der anderen Seite teiglockerndes Kohlenstoffdioxid wieder herauskommt. Nein, die Temperatur, weitere Zutaten, verfügbare Nährstoffe, Dauer der Gare, Menge der eingesetzten Hefe – all das beeinflusst den Stoffwechsel der faszinierenden Mikroorganismen und damit die Krume, die Textur, den Geschmack und die Haltbarkeit von Hefegebäck.

Aber von vorn. Verrührt man Hefe, Wasser und Mehl zu einem Teig, dann beginnen hefeeigene sowie im Mehl vorhandene Enzyme, das komplexe Kohlenhydrat Stärke in kleinere Zuckerbausteine zu zerlegen. Die können von den Hefezellen aufgenommen und, ähnlich wie bei uns Menschen, unter Verbrauch von Sauerstoff zur Energiegewinnung genutzt werden. Dabei entstehen vorwiegend Kohlenstoffdioxid und Wasser, die von Gluten und Stärke im Teig gehalten werden und diesen aufgehen lassen. Das ist aber noch lange nicht alles.

Auch Hefe hat gewisse Ansprüche

Im Gegensatz zu uns Menschen können Hefen zur Not ohne Sauerstoff auskommen. Das ist zum Beispiel dann nötig, wenn in der Mitte eines ruhenden Teiges der Sauerstoff durch die vielen arbeitenden Hefezellen verbraucht wurde. In dem Fall stellen diese ihren Stoff-

enzymatischer Aufbau

Stärke → verschiedene Zucker → Hefezelle → CO_2 / H_2O / Ethanol und mehr

- Wie kleine Fabriken setzen Hefen die von Enzymen in Zuckerbausteine zerlegte Stärke in Kohlenstoffdioxid, Wasser, Alkohol und weitere Stoffwechselprodukte um.

wechsel um und erzeugen durch Gärung noch immer Kohlenstoffdioxid, statt Wasser aber vorwiegend Ethanol (Alkohol). Der verdampft zwar beim Backen und trägt damit zur Teiglockerung bei, ist aber gleichzeitig auch toxisch für Hefen. Sie werden mit steigender Alkoholkonzentration immer langsamer und sterben irgendwann ab. Darüber hinaus mindert Alkohol die Flexibilität des Teiggerüstes, genau wie weitere während der Gärung entstehende Stoffwechselprodukte wie Succinyl- oder Essigsäure.[2] Damit sich diese Abfallprodukte an manchen Stellen nicht zu sehr ansammeln und Nährstoffe sowie Sauerstoff wieder gleichmäßig im Teig verteilt werden, sollte man diesen während der Gare in bestimmtem Abständen stoßen, dehnen und falten.

Aber nicht nur zu viel Alkohol schadet Hefen. Auch ein hoher Zuckergehalt mindert die Aktivität der Mikroorganismen. Das erscheint im ersten Moment widersprüchlich, denn immerhin ernähren sich Hefen doch von Zucker. Dieser entzieht den Zellen aber – ebenso wie Salz – Wasser; das können nur spezielle, soge-

nannte osmoresistente Hefen tolerieren. Auch Fett bremst eine effektive Fermentation, da es die Hefezellen umschließt und dadurch ihren Stoffwechsel behindert. Aus diesem Grund wird für besonders fett- und zuckerhaltiges Gebäck ein Vorteig aus Mehl, Wasser und Hefe angesetzt. In diesem können sich die Pilzkulturen eine Zeitlang ungehindert entwickeln und an die erschwerten Bedingungen gewöhnen, bevor sie in den schweren Hauptteig eingearbeitet werden.

Weniger ist mehr

Wer nun versucht, die Empfindlichkeit von Hefe einfach durch Zugabe möglichst großer Mengen davon auszugleichen, wird mit seinen Backwaren nur bedingt zufrieden sein. Zwar geht ein Teig mit mehr Hefe tatsächlich schneller auf, es bilden sich jedoch ungleichmäßig verteilte und teils große Lufttaschen. Dazu wird recht schnell der Zustand der sogenannten „Übergare" erreicht; alle Nährstoffe sind verbraucht, das Glutennetzwerk ist aufs äußerste gespannt, durch Alkohol und Übersäuerung geschwächt und der Teigling fällt bei der kleinsten Erschütterung in sich zusammen. Mal ganz abgesehen davon, dass Hefe einen sehr charakteristischen und nicht gerade beliebten Eigengeschmack besitzt. Nein, auch beim Backen gilt: Gut Ding will Weile haben. Je weniger Hefe verwendet wird, desto länger muss der Teig zwar gehen, desto mehr Zeit bleibt aber für die Entwicklung verschiedenster Aromaverbindungen und desto länger bleiben die fertigen Backwaren frisch.

Die Umwandlung organischer Stoffe durch Enzyme verschiedenster Mikroorganismen wird allgemein als Fermentation bezeichnet. Finden die Prozesse unter Ausschluss von Sauerstoff statt, spricht man von Gärung. Die genaue Bedeutung dieser Begriffe hat sich allerdings mit der Zeit verändert und sie werden manchmal nicht ganz einheitlich verwendet.

Letztlich gilt es auf dem Weg zu einem Hefegebäck mit möglichst optimaler Textur, leckerem Geschmack, angenehmem Mundgefühl und guter Haltbarkeit die Übersicht über eine außerordentlich große Zahl verschiedener Faktoren zu behalten. Die feine Abstimmung der eingesetzten Hefemenge, die Dauer der Gare, der Zeitpunkt der Zugabe weiterer Zutaten, die Temperatur sowie das Erkennen eines gut ausgereiften Teiges erfordern viel Erfahrung. Und das macht für mich die Magie, Faszination und Wissenschaft von Hefeteigen aus.

Sauerteig

Bakterien sind überall. Sie bevölkern in unserem Körper vor allem Schleimhäute, Darm und Haut, besiedeln, genau wie Pilze und Hefen, unsere gesamte Umwelt und finden sich nicht

✓ macht Roggenmehl backfähig
✓ lockert rustikale und süße Backwaren
✓ verleiht ein vielfältiges Aroma
✓ macht Mineralstoffe besser verwertbar
✓ hält Gebäck länger frisch
✓ beugt Schimmel vor

Sauerteig

zuletzt auch in Mehl oder Wasser. So merkwürdig sich dieser Gedanke erst einmal anfühlen mag – nur ein kleiner Teil aller Mikroorganismen hat den schlechten Ruf als Krankheitsverursacher wirklich verdient. Tatsächlich sind die meisten Arten dieser mikroskopisch kleinen Lebewesen äußerst nützlich und ein paar bestimmte Hefen und Bakterien lassen sich beim Backen mit Sauerteig sogar hautnah bei ihrer Arbeit beobachten. Ihr Stoffwechsel macht Roggenmehl backfähig, lockert sowohl rustikales Brot als auch süßes Gebäck, sorgt für vielfältige Aromen, besser verwertbare Nährstoffe und macht Backwaren nicht nur saftiger, sondern auch länger haltbar. Und das Beste

daran: Man kann sich seinen eigenen, ganz individuellen Sauerteigstarter ohne großen Aufwand züchten und damit nicht nur auf jegliche industriell hergestellte Backtriebmittel verzichten, sondern dem Gebäck auch eine ganz persönliche Note geben. Wie im „kleinen Experiment" auf Seite 43 – 46 beschrieben, muss man dafür lediglich Wasser und Mehl verrühren, das Ganze bei 20 – 30 °C stehen lassen, ab und zu füttern und sich etwa 3 – 5 Tage gedulden. Unter den richtigen Voraussetzungen und mit etwas Glück bildet sich dabei eine stabile Kultur aus natürlich vorkommenden Hefen und Milchsäurebakterien. Die ernähren sich von Mehlbestandteilen, profitieren voneinander und setzen sich durch diese Symbiose gegen andere Organismen wie Fäulnisbakterien oder Schimmelpilze durch. Zum Backen von Sauerteigprodukten benötigt man in der Regel nur einen kleinen Teil eines solchen aktiven Sauerteigstarters (auch Anstellgut genannt). Der Rest kann bei richtiger Handhabung jahrzehntelang im Kühlschrank gelagert werden. Dafür muss er lediglich durch regelmäßige Zugabe von Mehl und Wasser mit neuen Nährstoffen versorgt (aufgefrischt) werden.

> Bei Trockenhefe handelt es sich um Hefezellen, die durch den Entzug von Wasser inaktiviert wurden. Die in Deutschland erhältliche Trockenhefe entspricht dem, was in englischsprachigen Ländern als *instant* oder *rapid dry yeast* angeboten wird: Sie muss normalerweise nicht mehr mit Wasser angerührt werden, sondern kann aufgrund besonders feiner Granula und einer guten Löslichkeit direkt zu den restlichen Zutaten gegeben und dadurch aktiviert werden. Anders verhält es sich dagegen mit der sogenannten *active dry yeast*. Sie ist grobkörniger und sollte vor Gebrauch in warmem Wasser reaktiviert werden.
>
> Bei frischer Hefe handelt es sich, wie der Name schon sagt, um aktive Hefezellen, die flüssig oder in Würfel gepresst angeboten werden. Ihre Haltbarkeit ist begrenzt, da sie mit der Zeit austrocknet und die vorhandenen Nährstoffe nach und nach aufgebraucht werden. Gleichzeitig nehmen die für die Hefezellen teils toxischen Stoffwechselprodukte überhand – die Triebkraft nimmt ab. Daher sollte frische Hefe immer möglichst zügig aufgebraucht werden. Um sie vor dem Mülleimer oder Kompost zu bewahren kann man sie zwar kurzzeitig einfrieren, muss dabei aber mit Aktivitätseinbußen rechnen.

● Roggensauerteigbrot mit schöner Krume. Ohne den Sauerteig wäre ursprüngliches Roggenmehl nicht backfähig.

Was ist los im Sauerteig?

In einem Sauerteig setzen unterschiedliche Hefen (zum Beispiel wilde Bäckerhefe), wie schon auf Seite 37 f. beschrieben, die von Enzymen in kleinere Zuckerbausteine zerlegte Stärke in Kohlenstoffdioxid (CO_2), Alkohol, Wasser und weitere Stoffwechselprodukte um. Gleichzeitig nutzen verschiedene Arten von Milchsäurebakterien auch solche Zucker zur Energiegewinnung, die von Hefen nicht abgebaut werden können. Dabei entstehen vorwiegend organische Säuren wie Milch- oder Essigsäure und nur wenig CO_2. Aus diesem Grund sind für die Lockerung von Sauerteigen fast ausschließlich die enthaltenen Hefen verantwortlich – und die können zum Erreichen des gewünschten Teigvolumens je nach Art und Aktivität gern 8 bis 144 Stunden brauchen.[3] Diese vergleichsweise lange Zeit spannt die Geduld des Bäckers zwar auf die Folter, ermöglicht aber auch den Ablauf einer Vielzahl faszinierender biochemischer Prozesse, die Sauerteigprodukte später zu besonders aromatischen Leckerbissen machen.

Der pH-Wert macht den Unterschied

Durch die von den Milchsäurebakterien freigesetzten Säuren sinkt der pH-Wert eines Sauerteigs auf etwa 4. Zum Vergleich: Der pH-Wert von Haushaltsessig liegt bei etwa 2,5.[4] Dadurch entstehen optimale Bedingungen für bestimmte, teils bereits im Mehl vorhandene, teils aber auch von den Bakterien selbst ausgeschüttete Proteasen. Dabei handelt es sich um Enzyme, die andere Proteine in kleinere Bausteine und

Der pH-Wert einer wässrigen Lösung gibt an, ob diese sauer, neutral oder basisch (= alkalisch) ist. Die pH-Skala reicht von 0 bis 14. Eine exakt neutrale Lösung hat einen pH-Wert von 7. Lösungen mit einem niedrigeren Wert sind sauer, Lösungen mit einem höheren Wert dagegen basisch.

einzelne Aminosäuren zerlegen können. Der niedrige pH-Wert aktiviert manche dieser Proteasen nicht nur, er sorgt auch dafür, dass viele der abzubauenden Proteine besser löslich und damit besser zugänglich werden. Die entstehenden Proteinfragmente und Aminosäuren stellen dann nicht nur Nährstoffe für die Bakterien selbst dar, sie sind, wie das bekannte Glutamat, wichtige Aromen oder Aromavorstufen.[3] Tatsächlich sind Aminosäuren oder von ihnen abgeleitete Moleküle maßgeblich für den intensiven und vielfältigen Geschmack fermentierter Produkte wie Käse, Sojasoße oder eben Sauerteiggebäck verantwortlich.[5]

Zudem wird nicht nur die lange Haltbarkeit von Sauerteigprodukten auf den niedrigen pH-Wert und die gesteigerte Aktivität verschiedener Proteasen im Teig zurückgeführt; viele in Sauerteiggebäck enthaltene Nährstoffe sind für uns Menschen besser verwertbar. Auch hierbei spielt ein Enzym die entscheidende Rolle: die Phytase. Vollkornprodukte enthalten viele wichtige Spurenelemente wie Kalium, Magnesium, Eisen und Zink, aber auch eine nicht unerhebliche Menge von Phytat. Dieses Molekül bildet mit den erwähnten Mineralstoffen feste Komplexe, die von unserem Darm nicht oder nur sehr schlecht aufgenommen werden können. Das Enzym Phytase, das ebenfalls in Getreidesamen und damit im entsprechenden Mehl vorkommt, kann Phytat aufspalten, arbeitet in einem normalen Teig allerdings sehr langsam. Unter den sauren Bedingungen eines Sauerteiges ist das Enzym aber besonders aktiv und baut daher das vorhandene Phytat nahezu vollständig ab. Auf diese Weise werden die wertvollen Mineralstoffe besser zugänglich.[6]

● In einem Sauerteig tragen Hefen durch die Produktion von Kohlenstoffdioxid und Wasser maßgeblich zur Teiglockerung bei. Milchsäurebakterien senken den pH-Wert des Teiges und verbessern dadurch unter anderem dessen Backeigenschaften, Aroma und Haltbarkeit.

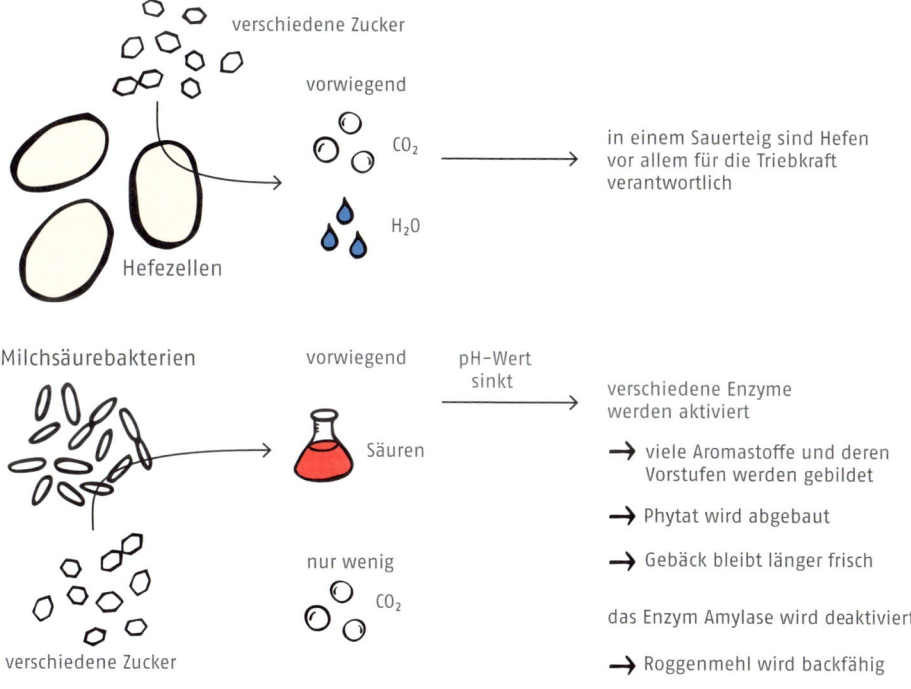

Säuerung macht Roggenmehl erst backfähig

Und noch etwas bewirkt der niedrige pH-Wert von Sauerteig: Durch ihn wird Roggenmehl überhaupt erst backfähig. In diesem Mehl stört nämlich ein hoher Gehalt sogenannter Schleimstoffe (Pentosane) die Ausbildung eines stabilen Glutennetzwerkes (siehe auch Seite 11 f.). Verschiedene Amylasen (mehleigene Enzyme) bauen die durch das Fehlen von stabilisierendem Gluten umso wichtigere Stärke ab und sind im Fall von Roggen bei Temperaturen von etwa 50–52 °C am aktivsten. Bei ganz ähnlichen Temperaturen beginnen jedoch ausgerechnet auch die Stärkekörnchen des Roggens aufzuplatzen, zu verkleistern und dadurch für abbauende Enzyme besonders gut zugänglich zu werden. Wird dieser kritische Temperaturbereich von 55–68 °C beim Backen von Roggenteig durchlaufen, wird die verkleisternde Stärke also enzymatisch zerlegt. Sie verliert dadurch ihre Fähigkeit Wasser zu binden, und die Krume des Gebäcks wird nass, matschig und schwer.

Die für diesen unliebsamen Effekt verantwortlichen Amylasen werden jedoch zum Glück durch saure Bedingungen inaktiviert – dem Genuss von saftig-lockerem Roggensauerteigbrot steht nichts mehr im Wege. Übrigens ist der Titel dieses Abschnittes nicht ausnahmslos richtig: Inzwischen gibt es tatsächlich besonders enzymarm gezüchtete Roggensorten, die ohne Säuerung verbacken werden können.

Sauerteig – stets ein kleines Abenteuer

Zusammengefasst kann man sagen, dass das Backen mit Sauerteig einem komplexen, gleichzeitig aber faszinierenden und absolut lohnenswerten Abenteuer gleicht. Vor allem auch deshalb, weil man bei einem selbstgezüchteten Anstellgut nie so genau weiß, welche Mikroorganismen sich in welchem Verhältnis und mit welcher Aktivität darin tummeln. Im Optimalfall ist der Stoffwechsel der enthaltenen Hefen und Milchsäurebakterien ähnlich schnell, denn dann werden sowohl die maximale Triebkraft als auch die maximale Aromavielfalt zur gleichen Zeit erreicht. Das spätere Gebäck wird schmackhaft und locker. Bei ungleichen Aktivitäten oder Verhältnissen kann es jedoch vorkommen, dass ein Teig zwar schnell aufgeht, in dieser kurzen Zeitspanne aber noch nicht genügend Aromastoffe gebildet wurden. Würde man einen solchen Teig des guten Geschmacks wegen noch länger reifen lassen, würden die für die Triebkraft verantwortlichen Hefen ihr Aktivitätsmaximum überschreiten, alle verfügbaren Nährstoffe verbrauchen und ihren Stoffwechsel herunterfahren – oder gar absterben. In solch einem Fall müsste man die Hefen zwischendurch wieder mit weiteren Nährstoffen versorgen und/oder die Aktivität bestimmter Milchsäurebakterien durch bestimmte Temperaturen gezielt fördern.

Fazit: Genau wie bei Hefeteig müssen bei der Führung von Sauerteig viele verschiedene Dinge wie Temperaturen, Verhältnisse der Zutaten oder Menge des Anstellgutes genau aufeinander abgestimmt werden. Für die Herstellung eines perfekten Sauerteiggebäcks ist daher viel Erfahrung nötig. Ich persönlich finde aber, seinen eigenen Sauerteigstarter in Aktion zu erleben, das Ergebnis zu bestaunen, zu genießen und beim nächsten Backen ein wenig an den vielen möglichen Stellschrauben zu drehen, ist viel spannender als Perfektion. Wer allerdings gerne backt, dabei aber auf das Herumprobieren lieber verzichten möchte, der kann sich natürlich auch einfach eine fertige Sauerteigkultur kaufen. Diese wird durch die Impfung mit Kulturen bekannter und aufeinander abgestimmter Aktivität hergestellt und garantiert gleichbleibende Qualität ohne Überraschungen.

Kleines Experiment

Faszination Sauerteig

Um sich von der Magie von Sauerteig begeistern zu lassen, muss man nicht unbedingt Liebhaber von würzigem rustikalem Brot sein. Auch mildes Gebäck wie Donuts, süße Brötchen, Zimtschnecken und dergleichen lassen sich mit Hilfe von Sauerteig zaubern. Daher empfehle ich wirklich jedem Backbegeisterten, sich unbedingt einmal an einer eigenen Sauerteigkultur zu versuchen.

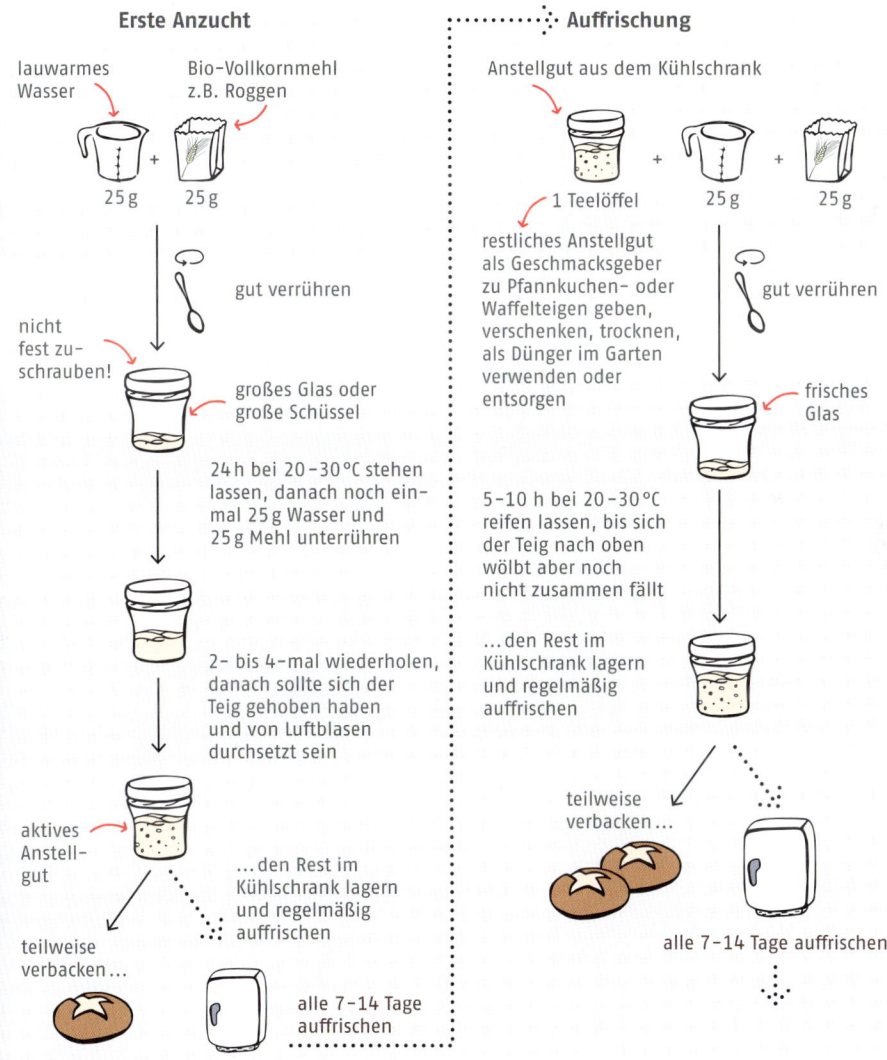

Erste Anzucht

lauwarmes Wasser — Bio-Vollkornmehl z.B. Roggen

25 g + 25 g

gut verrühren

nicht fest zuschrauben!

großes Glas oder große Schüssel

24 h bei 20–30 °C stehen lassen, danach noch einmal 25 g Wasser und 25 g Mehl unterrühren

2- bis 4-mal wiederholen, danach sollte sich der Teig gehoben haben und von Luftblasen durchsetzt sein

aktives Anstellgut

teilweise verbacken…

…den Rest im Kühlschrank lagern und regelmäßig auffrischen

alle 7–14 Tage auffrischen

Auffrischung

Anstellgut aus dem Kühlschrank

1 Teelöffel + 25 g + 25 g

restliches Anstellgut als Geschmacksgeber zu Pfannkuchen- oder Waffelteigen geben, verschenken, trocknen, als Dünger im Garten verwenden oder entsorgen

gut verrühren

frisches Glas

5–10 h bei 20–30 °C reifen lassen, bis sich der Teig nach oben wölbt aber noch nicht zusammen fällt

…den Rest im Kühlschrank lagern und regelmäßig auffrischen

teilweise verbacken…

alle 7–14 Tage auffrischen

● Aktiver Sauerteigstarter direkt nach der Auffrischung

● Nach 4 Stunden hat sich das Anstellgut deutlich gehoben.

Was braucht man?

Trotz des auf den ersten Blick so komplexen Sauerteigs ist die Liste der nötigen Zutaten kurz. Alles was man zum Züchten eines aktiven Anstellguts braucht, sind **Wasser, Mehl und etwas Geduld.** Die Abbildung auf Seite 43 zeigt schematisch, wie man dabei vorgehen muss.

Helfen Joghurt, Milch und Bäckerhefe?

Manche Rezepte empfehlen zur Anzucht von Sauerteigkulturen die Zugabe von Milch, Joghurt oder Bäckerhefe. Die Absicht dahinter ist klar – die darin enthaltenen Mikroorganismen sollen sich im Anstellgut ansiedeln und dieses in Schuss bringen. Aber oftmals erreicht man dadurch genau das Gegenteil.

Milchprodukte enthalten meist Spuren verschiedener Antibiotika gegen Eutererkrankungen, auf die wilde Milchsäurebakterien sehr empfindlich reagieren und absterben können. Die im Supermarkt angebotene Bäckerhefe wurde jahrzehntelang für den Einsatz als Triebmittel optimiert und gezüchtet, verträgt aber die sauren Bedingungen, die normalerweise in Sauerteigkulturen herrschen, nicht besonders gut. Daher stirbt industrielle Hefe entweder ab oder verdrängt, wenn sie überlebt, sowohl die wilden Hefen als auch die so wichtigen Milchsäurebakterien.[7]

Welches Mehl sollte man verwenden?

Prinzipiell kann man jedes stärke- und proteinhaltige Mehl zur Anzucht eines Sauerteigstarters verwenden. Aufgrund der unterschiedlichen Zusammensetzung verschiedener Getreidesamen eignen sich jedoch manche Sorten besser als andere. Wegen der an die verfügbaren Nährstoffe angepassten Stoffwechselprozesse können sich Aroma und Triebkraft verschiedener Starterkulturen stark unterscheiden.

Allgemein eignet sich Roggenmehl am besten für die Anzucht einer Sauerteigkultur, dicht gefolgt von Weizen- und Dinkelmehl. Weizensauerteige sind gewöhnlich deutlich milder und weniger sauer als die würzig-intensiven Roggensauerteige. So werden erstere vor allem für süßes Gebäck, französisches Baguette, Ciabatta oder die traditionellen italienischen Panettone verwendet, während aus Roggensauerteig vorwiegend rustikale Backwaren hergestellt werden. Aber auch mit Mais-, Reis-, Buchweizen- oder Gerstenmehl kann ein aktiver Sauerteigstarter entstehen. Unabhängig von der genauen Getreidesorte sollte man immer Vollkornmehl oder Mehl mit hohen Typennummern aus biologischem Anbau verwenden. So stellt man sicher, dass das Mehl nicht mikrobiell tot ist und durch die vermahlenen Schalenteile genügend wilde Hefen und Bakterien ins Anstellgut gelangen können.

Wie lange hält sich so ein Sauerteigstarter?

Beim Anstellgut für einen Sauerteig handelt es sich um eine komplexe symbiotische Lebensgemeinschaft verschiedener Mikroorganismen, die unter anderem durch den hohen Säuregehalt erstaunlich stabil gegen ungewünschte Fremdverkeimung ist. Ein gut eingestelltes Anstellgut, das regelmäßig mit neuen Nährstoffen versorgt und unter geeigneten Bedingungen gehalten wird, kann tatsächlich jahrzehntelang gehegt, gepflegt und genutzt werden. Generell hat eine Sauerteigkultur aus Roggenmehl einen höheren Säuregehalt und hält sich deshalb besser als entsprechende Kulturen aus Weizenmehl.

Wie erkennt man verdorbenes Anstellgut?

Jedes Anstellgut kann je nach aktiven Mikroorganismen und deren Stoffwechsel stark in seiner Erscheinung variieren. Es kann mild oder fruchtig, aber auch nach Essigsäure oder Alkohol riechen – alles kein Grund zur Beunruhigung. Erinnert der Geruch der Sauerteigkultur aber an verfaulte Eier oder machen sich schon Schimmelpilze darauf breit, sollte man sie im Hausmüll oder auf dem Kompost entsorgen und noch einmal von vorn anfangen.

● Getrockneter Sauerteigstarter hält sich mehrere Monate ohne Pflege und kann bei Bedarf wieder aktiviert werden.

Was tun mit übrig gebliebenem Sauerteigstarter?

Möchte man nicht mehrmals pro Woche das Anstellgut verbacken, muss der regelmäßig anfallende Rest natürlich irgendwo hin. Übriger Sauerteigstarter kann verschenkt, als reiner Geschmacksgeber in

Rührkuchen-, Waffel- oder Pfannkuchenteige eingerührt, als mikrobieller Dünger im Garten verwendet oder im Hausmüll, besser noch auf dem Kompost, entsorgt werden. Zudem lässt sich der Sauerteigstarter auch sehr einfach trocknen und kann in dieser Form mehrere Monate ohne Pflege gelagert werden.

Dafür das Anstellgut wie gewohnt auffrischen und reifen lassen. Anschließend mit einem großen Messer auf einem Backpapier oder einer Silikonmatte so dünn wie möglich ausstreichen und über Nacht komplett austrocknen lassen. Mit einer Teigrolle in kleine Flocken brechen und gut verschlossen kühl und trocken lagern. Um die getrocknete Kultur zu reaktivieren, einfach einen Esslöffel der Flocken mit einem Esslöffel Wasser vermischen und 15 Minuten quellen lassen. Anschließend gründlich mit 20 g lauwarmem Wasser sowie 20 g Mehl verrühren und 12 Stunden ruhen lassen, am besten bei 25 – 30 °C. Danach noch einmal 20 g Mehl und Wasser unterrühren und weitere 12 Stunden warten. Den letzten Schritt gegebenenfalls noch einmal wiederholen. Das Anstellgut sollte nun wieder aktiv sein und kann verbacken oder wie gewohnt gelagert und regelmäßig aufgefrischt werden.

Zahlen und Fakten

- Das älteste gesäuerte Brot ist über **5000** Jahre alt; es wurde bei Ausgrabungen in der Schweiz gefunden.[8]

- Erst im Jahr **1857** erklärte der französische Chemiker Louis Pasteur die biochemischen Vorgänge in mikrobiell gesäuertem Brot.[8]

- Im Jahr **1680** beobachtete der niederländische Naturforscher Antoni van Leeuwenhoek erstmals Hefezellen aus Bier unter einem primitiven Lichtmikroskop.[9]

- Backpulver wurde von dem US-amerikanischen Wissenschaftler Eben Norton Horsford erfunden. Um es zu produzieren und zu verkaufen, gründete er im Jahr **1854** die Firma Rumford Chemical Works.

- Der erste kommerzielle Reinzuchtsauerteigstarter war um das Jahr **1910** erhältlich und ermöglichte Bäckern eine gleichbleibende Qualität ihrer Sauerteigprodukte.[10]

- Im Jahr **1996** wurde das komplette Erbgut von Bäckerhefe (*Saccharomyces cerevisiae*) entschlüsselt. An der internationalen Arbeit waren **600 Wissenschaftler** beteiligt.[11]

- Hefe wurde früher nur von Bäckern verkauft. Sie erhielten diese in 500-Gramm-Blöcken, die sie in 12 gleich große handliche Stücke schnitten. Daher wiegt ein Würfel Hefe auch heute noch 500/12 = **42 g**.

- Eine Hefezelle hat einen Durchmesser von etwa **0,008 mm**.[12]

- Manche Bäckereien in San Francisco behaupten, Anstellgut für Sauerteig zu verwenden, das über **150 Jahre** alt ist.[8]

- Der pH-Wert eines Roggenbrotes liegt bei etwa **4,5**.

Eier
Wunderwerke der Natur

Es gibt sie in Weiß, Braun und manchmal sogar in Blau, in groß, mittel oder klein, bunt eingefärbt, wachsweich oder hart gekocht. Sie bereichern unseren Frühstückstisch als Ganzes oder als Omelette, binden Soßen, sind eine wichtige Zutat vieler Kuchen und verstecken sich nicht nur in Speiseeis, sondern auch in vielen anderen Lebensmitteln. Kurz: (Hühner-)Eier sind ebenso allgegenwärtig wie selbstverständlich und aus einer Vielzahl an Gerichten nur schwer wegzudenken. Tag für Tag werden die kleinen Kombipakete aus Eiklar und Eidotter aufgeschlagen, getrennt, verrührt und gebraten, ohne dass ihnen dabei besondere Aufmerksamkeit zuteilwürde. Dabei hätten Eier diese mehr als verdient: Sie sind nicht nur sehr nahrhaft und in der Küche extrem nützlich, sondern noch dazu ein hochkomplexes und wahrhaft faszinierendes Wunderwerk der Natur.

● Komplexes Wunderwerk: Abwehrmaschinerie gegen eindringende Keime, Nährstoffdepot oder Luftversorgung – jeder einzelne Bestandteil eines Eis erfüllt ganz bestimmte Aufgaben.

Ein kurzer Blick unter die dünne Schale

Eine nur wenige Millimeter dünne aber erstaunlich stabile Schale aus Kalk und Proteinen umhüllt bei einem Hühnerei alles, was ein potenziell heranwachsendes Küken während der etwa 21 Tage bis zum Schlupf benötigt: Wasser, Fette, Mineralstoffe, Proteine und Vitamine, alles auf ausgeklügelte Art und Weise auf Eidotter und Eiklar verteilt. Während der Dotter drei Viertel der Kalorien und den Großteil des Vitamin A, B_1 und des Eisens enthält und damit vor allem der Nährstoffversorgung des Embryos dient, erfüllt das Eiklar andere, aber nicht weniger wichtige Aufgaben. Es schützt die auf der Oberfläche des Eidotters liegende Keimscheibe – sie enthält die Erbinformationen des Kükens – davor, gegen die feste Schale zu stoßen und dabei Schaden zu nehmen. Das ist aber noch lange nicht alles. Eiklar besteht zwar zu fast 90 % aus Wasser, die restlichen, vorwiegend aus Proteinen bestehenden Prozente haben es jedoch in sich.

Während manche Proteine des Eiklars die Aktivität verschiedener abbauender Enzyme hemmen, binden andere so fest an Vitamine

Eiklar
→ schützt Dotter und Keimscheibe
→ verhindert das Eindringen und die Vermehrung von Keimen

Die darin enthaltenen Proteine
→ hemmen Verdauungsenzyme
→ machen Nährstoffe für Räuber schlechter verwertbar
→ zersetzen die Zellwände eindringender Bakterien

Eidotter
→ enthält die Erbinformationen für das heranwachsende Küken
→ enthält den Großteil der Kalorien sowie viele Mineralstoffe und Vitamine

Cuticula
→ verschließt die poröse Kalkschale für knapp 3 Wochen
→ schützt das Innere des Eis vor Keimen und vor dem Austrocknen

Hagelschnüre
→ halten das Eigelb in Position

Luftkammer
→ befindet sich zwischen den beiden Schalenmembranen
→ versorgt das heranwachsende Küken mit Sauerstoff
→ wird im Lauf der Zeit größer

Schalenmembran
→ schützt das Innere des Eis vor Keimen und dem Austrocknen

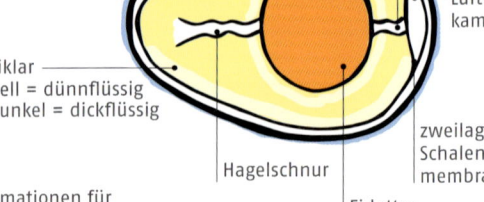

Kalkschale
Cuticula
Keimscheibe
Hagelschnur
Luft-kammer
zweilagige Schalen-membran
Eidotter
Hagelschnur
Eiklar
hell = dünnflüssig
dunkel = dickflüssig

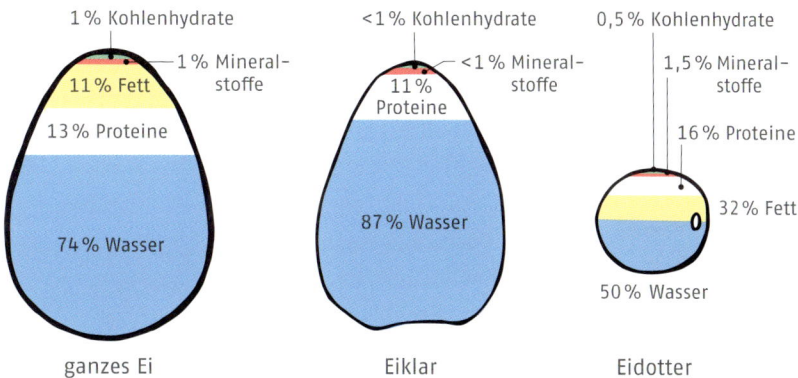

● Schematische Darstellung der durchschnittlichen Zusammensetzung eines ganzen Eis, eines Eiklars und eines Eidotters. Überraschend: Prozentual gesehen enthält das Eigelb einen höheren Proteinanteil als das Eiklar. Dennoch werden Proteine oft als Eiweiße bezeichnet und tragen damit den Namen des proteinärmeren Teils eines Eis.

ganzes Ei
1% Kohlenhydrate
1% Mineralstoffe
11% Fett
13% Proteine
74% Wasser

Eiklar
<1% Kohlenhydrate
<1% Mineralstoffe
11% Proteine
87% Wasser

Eidotter
0,5% Kohlenhydrate
1,5% Mineralstoffe
16% Proteine
32% Fett
50% Wasser

und Eisen, dass diese wichtigen Nährstoffe sowohl für Bakterien als auch für Tiere und Menschen schwerer verwertbar sind. Die mundgerechte und eigentlich so nahrhafte Portion Ei wird damit für potenzielle Räuber zumindest ein kleines bisschen unattraktiver – zumindest, wenn diese Räuber wie etwa der Fuchs nicht in der Lage sind, das Ei zu erhitzen und die Nährstoffe dadurch von ihrer biochemischen Umklammerung zu befreien.

Wieder andere Proteine des Eiklars dicken es ein und erschweren damit die Ausbreitung von Viren oder zersetzen die Zellwände eindringender Bakterien. Alles in allem sorgt eine wahre Abwehrmaschinerie zusammen mit mehreren schützenden Membranen dafür, dass ein intaktes Ei tatsächlich mehrere Wochen lang genießbar bleibt. Und das, obwohl dessen Inneres wegen des hohen Wassergehaltes und der Fülle an verschiedenen Nährstoffen ein wahres Paradies für hungrige Mikroorganismen darstellt.

Aber es geht noch weiter. Perfekt auf die sich mit der Zeit verändernden Bedürfnisse des sich (vermeintlich) entwickelnden Kükens ausgelegt, wandelt sich die Beschaffenheit und die Zusammensetzung des ovalen Wunderwerks. Die bei uns ungeliebten Anzeichen für ein alterndes und schließlich ungenießbares Ei sind für das heranwachsende Huhn lebens-

wichtig. Um das Innere des Eis vor dem Austrocknen und vor dem Eindringen von Keimen zu schützen, trägt die Henne kurz vor dessen Ablage eine dünne undurchlässige Haut auf die Kalkschale auf. Diese sogenannte Cuticula wird mit der Zeit immer dünner und gibt nach etwa zwei Wochen Zehntausende winzige Poren in der Eierschale frei. Das Auflösen dieser dünnen Haut ist übrigens der Grund, warum man ein Ei nach spätestens 18 Tagen nur noch gekühlt lagern sollte. Doch dazu mehr auf Seite 64. Durch die Poren in der Schale wird das Küken stets ausreichend mit Sauerstoff versorgt, gleichzeitig verlässt gasförmiges Kohlenstoffdioxid (CO_2) das Ei. Da das CO_2 vorher in Form von Kohlensäure gelöst war, wird das Innere des Eis durch dessen Austritt basischer, also weniger sauer. Es wird vermutet, dass der steigende pH-Wert potenziellen Krankheitskeimen das Wachstum zusätzlich erschwert und das Küken dadurch besser geschützt wird.

Zudem verlässt mit der Zeit mehr und mehr Feuchtigkeit das Ei und die am stumpfen Ende liegende Luftblase wird größer. Dadurch steht dem Küken für seine ersten Atemzüge mehr Luft zur Verfügung. Gleichzeitig zersetzt sich im Eiklar nach und nach ein Netzwerk aus Proteinen, das für seine dickflüssige Konsistenz verantwortlich ist. Man vermutet, dass das Verflüssigen des Eiklars dem Küken ermöglicht,

Altert ein Ei, so werden die Membranen um Dotter und Eiklar immer dünner und instabiler. Was für ein Küken vorteilhaft ist – schließlich muss es sich später selbst aus dem Ei befreien – kann Köchen und Bäckern durchaus Frust bereiten. Beim für viele Gerichte notwendigen sauberen Trennen von Eiklar und Eigelb reißt Letzteres mit der Zeit nämlich immer leichter auf.

näher an die Schale und damit an Sauerstoff und Calcium heranzukommen.

Der Blick unter die dünne Schale eines Eis verrät also: Dieses stellt für das heranwachsende Küken eine Art Rundum-sorglos-Paket dar, ernährt es, beschützt es und passt sich perfekt an die Bedürfnisse des jungen Huhnes an. Die Herstellung jedes dieser hochfunktionellen Gebilde ist für eine Henne jedoch ein wahrer Kraftakt. Sie benötigt etwa 25 Stunden und viel Energie um den Dotter mit mehreren Schichten Eiklar, zwei Membranen, der Kalkschale und schließlich mit der schützenden Cuticula zu versehen. Kein Wunder also, dass moderne „Hochleistungslegehennen", die laut dem statistischen Bundesamt etwa 0,8 Eier pro Tag legen, diese kräftezehrende Prozedur nur ein bis maximal zwei Jahre durchhalten und ihre Eiproduktion danach stark zurückfahren oder für eine Weile ganz einstellen.

Ovale Alleskönner

Wie auf den vorangegangenen Seiten beschrieben, handelt es sich bei Eiern um ausgetüftelte Rundum-sorglos-Pakete für heranwachsende Küken, um Haltbarkeitswunder, reich an gut verwertbarem Eiweiß, Vitaminen, Mineralstoffen und dergleichen mehr. Doch der Grund, warum sie aus Baiser, Pasta, Mayonnaise, verschiedensten Soßen, Mousse au Chocolat, Eis und zahlreichen anderen Köstlichkeiten kaum wegzudenken sind, liegt nicht bloß an ihrem hohen Nährwert. Eine Vielzahl faszinierender und in der Küche äußerst nützlicher Eigenschaften sind der Hauptgrund, warum in Deutschland jedes Jahr pro Kopf etwa 230 Eier schaumig geschlagen, untergehoben, verba-

cken, verrührt oder als Ganzes gekocht und verzehrt werden.[1] Im Folgenden möchte ich daher den facettenreichen Anwendungsmöglichkeiten von Eiern ein bisschen genauer auf den Grund gehen.

Von der Kunst, ein Ei zu kochen

Dass eine glibberige Masse wie Ei allein durch Hitze zunächst leicht andickt, dann wachsweich, später hart und schließlich – meist ungewollt – bröselig wird, entlockt vermutlich nur wenigen Menschen einen Ausruf der erstaunten Begeisterung. Dabei verdient diese einzigartige Verwandlung viel mehr als nur ein müdes Achselzucken. Tatsächlich ist das Garen von Ei eine Wissenschaft für sich. Egal ob sich dieses dabei noch in der Schale befindet oder aufgeschlagen, verquirlt und mit anderen Zutaten kombiniert wurde. Während man beim Kochen eines intakten Eis für das Erreichen der gewünschten Konsistenz viele Parameter wie Alter, Größe, Ei- und Wassertemperatur berücksichtigen muss, gilt es bei eihaltigen Gerichten auch noch die Wechselwirkungen mit den anderen Zutaten wie Salz oder Säuren zu beachten. Doch warum ist das alles eigentlich so kompliziert?

Die größte Rolle beim Garverhalten von Eiern spielen Proteine. Bei diesen Makromolekülen handelt es sich um lange Ketten verschiedener Aminosäuren, die in einer ganz bestimmten Reihenfolge miteinander verknüpft sind. Jede Aminosäure hat unterschiedliche Eigenschaften und kann zum Beispiel mit anderen mehr oder weniger starke Bindungen eingehen oder ist in Wasser mehr oder weniger gut löslich. Je nach Aminosäuresequenz winden und falten sich die langen Ketten und geben auf diese Weise jedem Protein eine sehr charakteristische dreidimensionale Struktur. Wasserfürchtende (hydrophobe) Aminosäuren werden beispielsweise im Kern eines Proteins vom umgebenden Wasser abgeschirmt, während an dessen Oberfläche fast ausschließlich

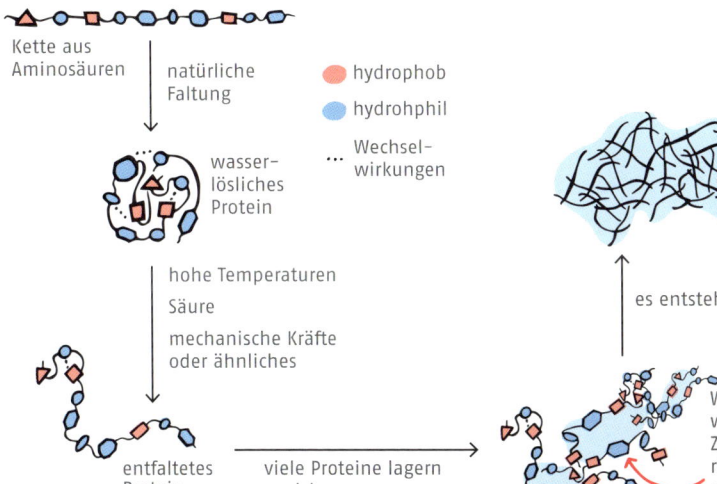

Kette aus
Aminosäuren

natürliche
Faltung

● hydrophob
● hydrohphil

··· Wechsel-
wirkungen

wasser-
lösliches
Protein

hohe Temperaturen
Säure
mechanische Kräfte
oder ähnliches

es entsteht ein Gel

Wasser
wird in den
Zwischen-
räumen
gebunden

entfaltetes
Protein

viele Proteine lagern
sich zusammen

● Proteine bestehen aus vielen
verschiedenen, in einer bestimmten Reihenfolge aneinandergereihten Aminosäuren,
die sich je nach ihren Eigenschaften zu einer bestimmten
dreidimensionalen Struktur
auffalten. Werden Proteine
Hitze, Säure oder mechanischen Kräften ausgesetzt, so
entfalten sie sich und lagern
sich neu zusammen. Wird
dabei Flüssigkeit eingeschlossen, entsteht ein Gel.

wasserliebende (hydrophile) Aminosäuren zu finden sind. Damit sich nicht alle im wässrigen Eiklar umherschwimmenden Proteine zusammenlagern und aneinander binden, sind ihre Oberflächen außerdem so geladen, dass sie sich voneinander abstoßen und gegenseitig auf Abstand halten.

Werden Proteine erhitzt oder anderen harschen Bedingungen wie einem extremen pH-Wert, hohen Salzkonzentrationen oder mechanischen Kräften ausgesetzt, so falten sie sich auseinander und denaturieren. Dabei werden unter anderem wasserunlösliche Bereiche freigelegt, die sich, um mit möglichst wenig Wasser in Kontakt zu kommen, mit ähnlichen Regionen anderer Proteine zusammenlagern. Teilwei-

se oder vollständig denaturierte Proteine stoßen sich nun nicht mehr ab, sondern beginnen miteinander zu wechselwirken und sich untereinander zu vernetzen. Solch ein Proteinnetzwerk kann in seinen Zwischenräumen eine beträchtliche Menge Wasser binden – ein Gel entsteht. Je stärker dieses erhitzt wird – je mehr Proteine also denaturieren und sich immer fester miteinander verbinden –, desto mehr Wasser wird aus den immer kleiner werdenden Räumen zwischen den Proteinen verdrängt. Das Ei wird immer fester, verliert immer mehr Feuchtigkeit und wird irgendwann ledrig und trocken.

Eigelb und Eiklar enthalten nun aber nicht nur eine Sorte von Proteinen, sondern viele verschiedene. Durch deren unterschiedliche Zu-

Anteil aller Proteine des Eiklars	[%]	Eigenschaften
Ovalbumin	54	denaturiert ab 80 °C
Ovotransferrin	12	denaturiert ab 60 °C oder durch Aufschäumen
Ovomucoid	11	hitzestabil
Globuline	8	gute Schaumbildner
Lysozym	3,5	denaturiert ab 75 °C, stabilisiert Schäume
Ovomucin	1,5	hitzestabil, stabilisiert Schäume
Andere	10	

● Übersicht der verschiedenen
im Eiklar enthaltenen Proteine mit ihren in der Küche
relevanten Eigenschaften

genaue Zubereiten von reinem Ei eine hohe Kunst darstellt. Wie verhält es sich dann erst, wenn weitere Zutaten mit ins Spiel kommen?

Wunderbar zart durch Sahne und Milch

Oft verfeinert man Rührei mit einem Schuss Wasser, Sahne oder Milch. Klar, Milch und vor allem Sahne enthalten Fett, und das gibt schließlich Geschmack. Die verschiedenen Flüssigkeiten haben jedoch noch einen weiteren Effekt: Sie verdünnen die im Ei enthaltenen Proteine, entfernen sie voneinander und erschweren so, dass sie aneinanderstoßen und sich fest miteinander vernetzen können. Kleine Fettkügelchen und die Milchproteine, die bei hohen Temperaturen nicht denaturieren, stören das Gerinnen zusätzlich. Das Resultat: Das Ei bekommt eine zartere Konsistenz.

Auch andere gängige Zutaten wie Salze oder Säuren beeinflussen das Garverhalten von Eiern. Sie überdecken durch die geladenen Teilchen wie Protonen, Natrium- oder Chlorid-Ionen, die sie in das Gericht einbringen, die Oberflächenladung der enthaltenen Proteine.[2] Das wiederum beeinflusst nicht nur die Stabilität der komplexen Makromoleküle, sondern auch, wie diese miteinander wechselwirken. So kann schon ein einfaches Omelette zum äußerst komplexen biochemischen Experiment werden.

Eiklar
Ein talentierter Schaumschläger

Wann immer ich für die Lockerung eines Kuchens, eines Desserts, für Baisers oder Macarons Eiklar steif schlage, bin ich fasziniert. Denn in einem geradezu magisch anmutenden Prozess wird allein durch etwas Muskelkraft (oder eben durch die Kraft aus der Steckdose) aus einer durchsichtigen, grün-gelblichen und vor allem sehr glibberigen Masse ein formstabiler, weißer und seidig glänzender Schaum, der gut und gerne das sechs- bis achtfache Volumen wie das Ausgangsmaterial einnehmen

sammensetzung und dreidimensionale Struktur besitzen sie unterschiedliche Eigenschaften wie eine mehr oder weniger gute Stabilität gegenüber hohen Temperaturen oder anderen äußeren Einflüssen. Das Protein Ovotransferrin beispielsweise, das etwa 12 % aller im Eiklar enthaltenen Proteine ausmacht, denaturiert bereits ab etwa 60 °C. Das weitaus häufigere Ovalbumin hält dagegen ganze 20 °C mehr aus. Aus diesem Grund beginnt Eiklar schon bei relativ milden 60 °C einzudicken und wird oberhalb von 80 °C noch einmal deutlich fester.

Als ob die zahlreichen verschiedenen Proteine von Eiklar und Eigelb das Kochen eines Eis nicht schon kompliziert genug machen würden, verändert sich im Lauf der Zeit auch noch dessen Inneres von ganz allein: Der pH-Wert steigt, Proteinkomplexe zerfallen, das Eiklar wird dadurch immer dünnflüssiger und gleichzeitig verdampft Wasser – viele weitere Faktoren also, die die Garzeit eines Eis beeinflussen. Betrachten wir zum Beispiel erneut das Protein Ovalbumin. Dieses ist bei höheren pH-Werten hitzestabiler, so dass ein älteres Ei länger kochen muss als ein frisches. In Anbetracht dieser überaus zahlreichen Parameter wundert es daher wenig, dass schon das punkt-

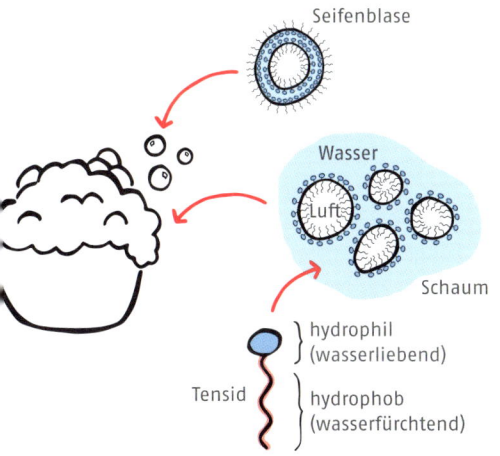

Seifenblase

Wasser

Luft

Schaum

hydrophil
(wasserliebend)

Tensid

hydrophob
(wasserfürchtend)

kann. Vorausgesetzt natürlich, man macht alles richtig. Denn während man für den meiner Meinung nach schönsten aller Schäume gerade einmal zwei Zutaten braucht – nämlich Eiklar und Luft –, sollte man bei dessen Herstellung ein paar Dinge beachten.

Um zu verstehen, warum Rezepte für das perfekte Aufschlagen von Eiklar eine so unglaublich große Vielfalt verschiedener Vorgehensweisen, Techniken oder Ratschlägen bereithalten, hilft wie immer ein Blick hinter die Kulissen. Oder, besser gesagt, ein Blick hinein in die unzähligen kleinen Luftbläschen, die Eischnee überhaupt zu einem Schaum machen.

Unter einem Schaum versteht man kleine gasgefüllte Bläschen, die fein verteilt in einer mehr oder weniger flüssigen, später eventuell aushärtenden Komponente vorliegen. Damit sich eine wässrige Flüssigkeit überhaupt aufschäumen lässt, muss sie oberflächenaktive Moleküle wie Tenside enthalten. Derartige Verbindungen besitzen einen wasserliebenden (hydrophilen) und einen wasserfürchtenden (hydrophoben) Teil und richten sich dadurch stets so aus, dass sie

möglichst nur mit der jeweils bevorzugten oder zumindest mit einer nicht ganz so sehr „gefürchteten" Substanz in Kontakt kommen. In ihrem Bestreben, dem Wasser zu entkommen, orientieren sich die hydrophoben Bereiche solcher Moleküle daher lieber in Richtung Luft und umschließen diese dabei in Form kleiner Bläschen.

Im Fall von Eiklar, oder besser gesagt Eischnee, übernehmen Proteine die Rolle der oberflächenaktiven Substanz – wenn auch nicht gleich von Anfang an. Denn zwar besitzen die

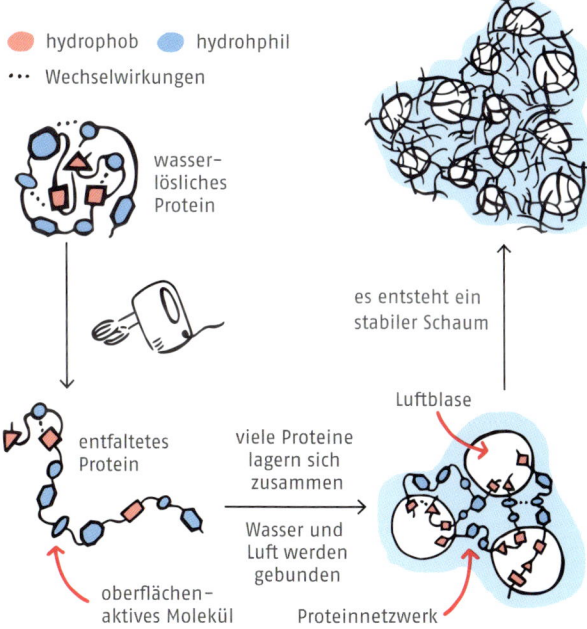

● hydrophob   ● hydrohphil
••• Wechselwirkungen

wasserlösliches Protein

entfaltetes Protein

oberflächenaktives Molekül

viele Proteine lagern sich zusammen

Wasser und Luft werden gebunden

Proteinnetzwerk

es entsteht ein stabiler Schaum

Luftblase

Der Durchmesser der in Eischnee verteilten Luftbläschen ist etwa so groß wie die Wellenlänge von sichtbarem Licht, nämlich um 400 bis 700 nm (0,0004 bis 0,0007 mm). Das Licht kann daher die Masse nicht durchdringen, sondern wird nahezu vollständig reflektiert – der Eischnee erscheint weiß.

Riesenmoleküle ebenfalls hydrophobe und hydrophile Bereiche, sie nehmen im nativen (ursprünglichen) Zustand aber stets eine ganz bestimmte dreidimensionale Struktur ein. In dieser zeigen hydrophobe Regionen ins Innere des Proteins und werden auf diese Weise vom umgebenden Wasser abgeschirmt. Wirken nun aber mechanische Kräfte, zum Beispiel ein mit einer hohen Geschwindigkeit durch das Eiklar fahrender Schneebesen, auf diese Makromoleküle, so denaturieren die Instabileren unter ihnen. Dabei geben sie ihre dreidimensionale Ordnung auf und werden durch die nun frei liegenden hydrophoben Bereiche zu einem oberflächenaktiven Molekül.

Wird wie beim Schlagen mit einem Schneebesen nun auch noch Luft in die Proteinlösung hineingezogen, so ordnen sich die denaturierten Proteine an der Grenzfläche zwischen Luft und Flüssigkeit an. So können die wasserfürchtenden Teile aus dem Wasser herausragen. Während des Schlagens entfalten sich mehr und mehr Proteine, beginnen untereinander zu wechselwirken und legen sich wie eine Art Netz um die eingebrachten Luftbläschen – es entsteht ein formstabiler Schaum.

Stärkung für schwächelnden Schaum

Man kennt das: Steif geschlagenes Eiklar behält seine Form leider nicht ewig. Ohne stabilisierende Zutaten wie Mehl, Stärke oder Gelatine verliert die Masse mit der Zeit sowohl Volumen als auch Geschmeidigkeit und bekommt ein unschönes klumpiges Aussehen. Glücklicherweise kann Eischnee aber auf unterschiedliche Weisen stabilisiert werden.

Die erste naheliegende Möglichkeit ist der Backofen. Dass Eischnee bei höheren Temperaturen fester und stabiler wird, liegt jedoch nicht allein daran, dass der Großteil des Wassers verdampft. Ein weiterer Grund ist, dass sich nicht alle im Eiklar enthaltenen Proteine durch das Einwirken von Schneebesen oder Handmixer entfalten. Ovalbumin zum Beispiel, das immerhin mehr als die Hälfte aller im Eiklar enthaltenen Proteine ausmacht, lässt sich durch mechanische Kräfte nicht so leicht aus der Form bringen. Temperaturen von über 80 °C können ihm dagegen sehr wohl etwas anhaben. Diese Temperaturen führen noch nicht zum (in der Regel ungewollten) Bräunen von Meringuen und Baisers. Der um die feinen Luftbläschen liegende Proteinfilm wird durch mildes Backen jedoch durch weitere denaturierende Proteine verstärkt und damit stabilisiert.

Darüber hinaus lässt sich Eischnee auch durch die Zugabe von Zucker eine dauerhaftere Form geben. Die süße Zutat bindet Feuchtigkeit und verhindert damit, dass Wasser das Netzwerk aus Proteinen verlässt – der Eischnee bleibt stabil, aber geschmeidig. Wichtig ist allerdings der richtige Zeitpunkt der Zugabe. Gibt man den Zucker von Anfang an zum Eiklar, so konkurriert er mit den Proteinen um Wasser und es kann kein luftiger Schaum, sondern nur eine sirupartige dichte Masse ent-

Eischnee mit Zucker

Eischnee ohne Zucker

stehen. Gibt man den Zucker zu, wenn der Eischnee seine optimale Festigkeit bereits erreicht hat, beschädigen die scharfen Zuckerkristalle die wertvollen Bläschen und bringen sie zum Platzen. Richtig ist es daher, den Zucker löffelweise zum bereits sehr schaumigen, aber noch immer leicht flüssigen Eischnee zu geben. Hier kann er sich im Wasser lösen, den Schaum stabilisieren und diesem darüber hinaus zu einem seidigen Glanz verhelfen.

Zusätzliches Wasser stabilisiert Eischnee dagegen nicht. Es macht die weiße Masse zwar lockerer und weicher, verlässt den Schaum aber leider recht schnell wieder. Das Resultat ist eine leicht zusammenfallende Masse, die auf einer Wasserpfütze schwimmt. Aus diesem Grund sollte man für das Schlagen von Eiklar stets eine trockene Schüssel verwenden.

● Versetzt man Eiweiß beim Aufschlagen mit etwas Zucker, so bekommt der entstehende Eischnee nicht nur mehr Halt, sondern auch einen seidigen Glanz.

Aufhören, wenn es am schönsten ist

Beim Steifschlagen von Eiklar bringt man also Luft in eine wässrige Proteinlösung ein und sorgt durch das schnelle Schlagen mit einem Schneebesen dafür, dass sich die enthaltenen Proteine auseinanderfalten und wie ein Netz um immer kleiner werdende Luftbläschen legen. Was sollte also schon schiefgehen, wenn man Eischnee immer weiter und weiter schlägt? Sollten nicht einfach mehr und mehr Proteine denaturieren und die Luftbläschen an Ort und Stelle halten? Und somit der Eischnee immer fester und stabiler werden?

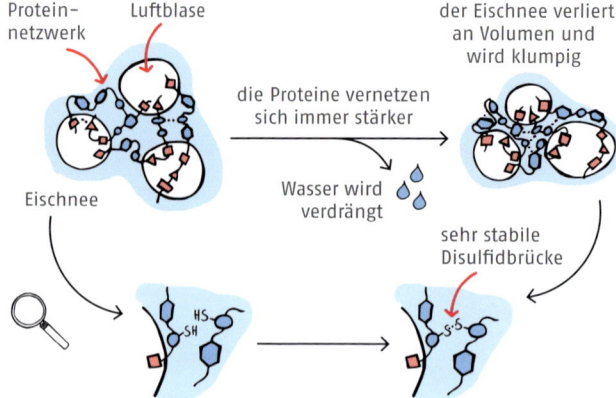

Protein-netzwerk

Luftblase

der Eischnee verliert an Volumen und wird klumpig

die Proteine vernetzen sich immer stärker

Eischnee

Wasser wird verdrängt

sehr stabile Disulfidbrücke

HS-SH

S-S

• Schlägt man Eischnee zu lange, so vernetzen sich die enthaltenen Proteine zu fest miteinander und bilden unter anderem stabile Disulfidbrücken untereinander aus. Dadurch wird Flüssigkeit aus den Bereichen zwischen den Proteinen herausgedrückt, der Schaum verliert an Volumen und wird klumpig.

Man ahnt es bereits – so einfach ist das leider nicht. Ähnlich wie bei der Schraube, bei der es sprichwörtlich heißt: „Nach fest kommt ab", gilt für den Eischnee: „Nach fest kommt klumpig." Der Grund, warum es so wichtig ist, den richtigen Zeitpunkt zum Aufhören zu erkennen und vor allem auch zu nutzen, ist folgender: Schlägt man Eischnee, der bereits am Limit seiner Gashaltefähigkeit angelangt ist, immer weiter, so wird der ohnehin schon dünne Film aus Proteinen und Wasser, der jede einzelne Luftblase umgibt, schlicht zu dünn. Die Proteine beginnen, sich zu fest miteinander zu vernetzen, stabile Bindungen wie Disulfidbrücken auszubilden und zu verklumpen. Das Wasser, das vorher von dem Netz aus Proteinen gehalten wurde und die Masse geschmeidig machte, wird dabei buchstäblich herausgedrückt. Der noch ein paar Sekunden zuvor so schön glatte Eischnee ist nun matt und körnig und schwimmt auf dem ausgetretenen Wasser umher.

Wie erkennt man fertigen Eischnee?

Bei der Herstellung von Eischnee unterscheidet man zwischen weichen und festen Spitzen. Um diese Stadien zu unterscheiden, hilft ein einfacher Test: Während des Steifschlagens den Schneebesen oder Handrührer immer wieder aus der Schüssel herausnehmen und senkrecht nach oben halten. Bleiben die Spitzen kurz aufrecht stehen, verschmelzen danach aber schnell wieder mit dem Rest der Masse, wurde das Eiklar – man ahnt es bereits – zu weichen Spitzen geschlagen. Längeres Schlagen führt dazu, dass der Schaum beim gleichen Test in festen Spitzen aufrecht stehen bleibt, ohne sich wieder nach unten zu neigen. Wenn das Rezept nach sehr steif geschlagenem Eiweiß verlangt, sollte man spätestens jetzt aufhören.

So verhindert man klumpigen Eischnee

Wer sich den Frust eines zu steif geschlagenen klumpigen Eischnees ersparen möchte, der kann zu verschiedenen Hilfsmitteln greifen.

Säure: Ein gleich zu Beginn des Aufschlagens zugegebener halber Teelöffel Zitronensäure oder eine kleine Messerspitze Weinsteinpulver pro Eiklar wirken Wunder. Durch den entstehenden niedrigeren pH-Wert wird die Bildung von stabilen Disulfidbrücken zwischen den auseinandergefalteten Proteinen erschwert und die Entstehung von flockigem Eischnee verhindert.

Kupfer: Auch eine Schüssel aus unbeschichtetem Kupfer verhindert das Verklumpen von Eischnee. Das von der Schüssel in kleinen Mengen an das Eiklar abgegebene Metall verhindert ebenso wie Säure das Entstehen störender Disulfidbrücken. Obwohl sich die jeweiligen chemischen Mechanismen von Säure und Kupfer unterscheiden, das Resultat ist das gleiche: ein effektiver Schutz gegen zu steif geschlagenen Eischnee. Das Metall hat darüber hinaus noch einen weiteren Effekt – Spuren davon binden an das Protein Ovotransferrin, welches dem Schaum daraufhin einen goldenen Farbton verleiht.

Des Eischnees größte Feinde

Die ersten Dinge, die in so gut wie jedem Backbuch nachdrücklich als die größten Feinde eines schönen stabilen Eischnees genannt werden, sind Seife und Fett. Mit gutem Grund übrigens, um das kurz vorwegzunehmen. Aber erscheint das bei etwas genauerem Nachdenken nicht ein wenig paradox? Besteht Sahne nicht zu immerhin 30 % aus Fett und lässt sich dennoch ohne Probleme steif schlagen? Oder nehmen wir Seife: Schäumt die nicht auch? Und das nicht zu knapp?

Was Seife jedoch für Eischnee so problematisch macht, ist tatsächlich genau die gerade erwähnte Eigenschaft: Sie ist selbst ein hervorragender Schaumbildner. Die darin enthaltenen oberflächenaktiven Tenside konkurrieren daher mit den Proteinen des Eiklars um einen Platz am Rand der Luftblase, bilden aber untereinander kein Netzwerk aus. Die mühsam erarbeiteten Luftbläschen verlieren ihre stabilisierende Hülle und platzen. Aus diesem Grund ist auch der beim Spülen von Tellern entstehende Schaum weder besonders formstabil noch von langer Lebensdauer.

Die fatale Wirkung von Fett ist ähnlich: Es ist nicht in Wasser löslich und strebt, damit es so wenig wie möglich mit diesem ungeliebten Element in Kontakt kommt, einen Platz an der Grenzfläche von Luft und Wasser an – selbst wenn es sich bei dieser Luft nur um ein winziges Bläschen handelt. So stört Fett genau wie Seife das stabilisierende Proteinnetzwerk und verhindert damit die Entstehung eines zufriedenstellenden Eischnees. Eigelb enthält nicht nur etwa 6 % Fett, es ist auch noch reich an Lecithinen. Diese Verbindungen sind natürliche Tenside und haben daher die gleichen fatalen Auswirkungen auf die Stabilität von Eischnee wie Seife. Bereits kleinste Mengen Dotter kön

nen beim Aufschlagen von Eiklar daher große Probleme machen. Und so führt an feinsäuberlichem Trennen von Dotter und Eiklar sowie an der Verwendung einer sauberen und trockenen Schüssel kein Weg vorbei.

Für schönes Volumen und guten Halt

Temperatur: Je höher die Temperatur, desto niedriger ist die Oberflächenspannung von Wasser. Da es sich bei Eiklar um eine wässrige Proteinlösung handelt, sinkt auch dessen Oberflächenspannung mit zunehmender Temperatur. Warmes Eiklar lässt sich daher leichter aufschlagen und kann zudem ein größeres Volumen erreichen als gekühltes. Da sich Eiklar und Dotter aber bei niedrigeren Temperaturen leichter trennen lassen, sollte man ein gekühltes Ei erst trennen und anschließend das Eiklar auf Raumtemperatur erwärmen lassen. Oder Letzteres gleich über einem lauwarmen Wasserbad aufschlagen.

● Eine der vielen Köstlichkeiten, die man aus Eischnee zaubern kann: Macarons. Beachtet man ein paar Dinge, sind sie eigentlich gar nicht schwer.

nicht. Im Zweifelsfall sollte man daher lieber ein frisches Eiklar nehmen und es länger schlagen. Ohnehin gilt beim Schlagen von Eischnee: In der Ruhe liegt die Kraft. Wer seinem Eiklar gleich von Beginn an zu viel zumutet – und das gilt vor allem für das Aufschlagen mit Hilfe eines Handrührgerätes –, der riskiert schnell verklumpende Proteine statt eines geschmeidigen Eischnees.

Alter: Zum Kreieren des perfekten Eischnees schwören viele auf die Verwendung älterer Eier. Der Gedanke dahinter: Der pH-Wert im Eiklar eines Eis steigt mit der Zeit von fast neutralen 7,7 auf basische 9,2. Gleichzeitig verdunstet Wasser. Diese veränderten Bedingungen sollen eine bessere Denaturierung der enthaltenen Proteine ermöglichen, so dass sich schneller ein stabilerer Eischnee herstellen lässt. Der Haken: Abgesehen davon, dass man nur frische Eier verwenden sollte, wenn diese für den rohen Verzehr gedacht sind, wird das Eiklar eines Eis mit der Zeit immer dünnflüssiger. Es lässt sich daher vielleicht schneller aufschlagen, stabiler und dichter wird der Eischnee aber eher

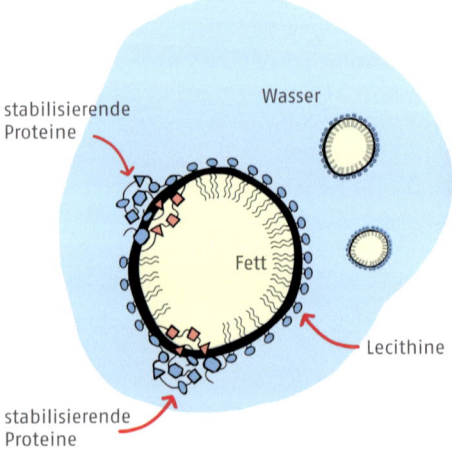

● Bei einer Emulsion sind Tröpfchen einer unlöslichen Substanz in einer zweiten fein verteilt. Bei einer Öl-in-Wasser-Emulsion werden kleine Öltröpfchen von Mizellen aus Lecithinen umgeben, die dem Öl eine wasserlösliche Hülle geben. Bestimmte Proteine stabilisieren diese Mizellen zusätzlich.

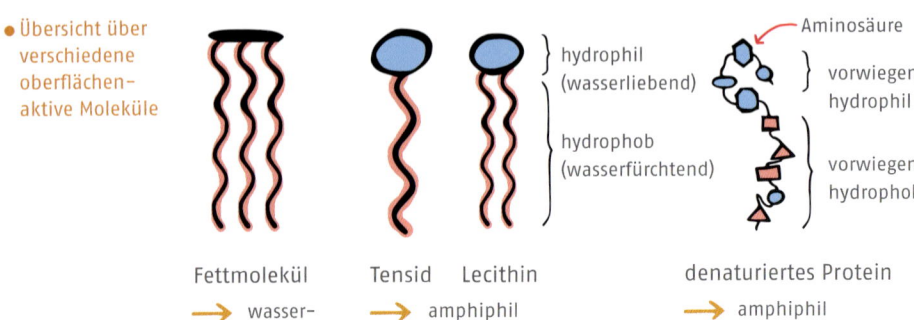

● Übersicht über verschiedene oberflächenaktive Moleküle

Eigelb
Vermittler zwischen Öl und Wasser

Eigelb enthält nicht nur wichtige Vitamine, Antioxidantien oder ungesättigte Fettsäuren oder gibt Soßen, Desserts und Kuchen durch seine Färbung ein ansprechendes Gelb, es wirkt aufgrund seines hohen Gehalts an Lecithinen auch als hervorragender Emulgator. Das ist natürlich kein Zufall. Um die vielen für die Energieversorgung des heranwachsenden Kükens nötigen Fette und andere fettlösliche Substanzen in dem vorwiegend wässrigen Dotter zu deponieren, sind kleine Transportkapseln nötig. Die Hülle dieser Kapseln besteht unter anderem aus darin eingebetteten oder an die Oberfläche gebundenen Proteinen sowie aus Lecithinen. Dabei handelt es sich um eine große Klasse polarer Lipide, die eine ähnliche Struktur besitzen wie gewöhnliche Fette. Allerdings haben Lecithine statt eines dritten unpolaren Fettsäurerestes eine polare und damit wasserlösliche Kopfgruppe. Wen dieser Aufbau stark an den von Seife erinnert, der liegt absolut richtig. Durch ihren amphiphilen („beides liebenden") Charakter können Lecithine ebenso wie Ten-

side Fetttröpfchen umschließen und in einer wässrigen Umgebung stabilisieren. Diese Funktion ist nicht nur für den Aufbau eines Eidotters unerlässlich, sie verhindert auch, dass sich bei Mayonnaise, Sauce hollandaise, Sauce béarnaise und Co. der beträchtliche Fettanteil oben auf der wässrigen Phase absetzt.

Zur Rose abziehen –
romantisch Soßen eindicken

Zur Rose abziehen klingt nach Romantik und Poesie – und ist in Wahrheit doch „nur" eine Methode, mit der man eigelbhaltigen Flüssigkeiten zu einer puddingartigen Konsistenz verhelfen kann. Dafür werden Cremes und Soßen über einem Wasserbad vorsichtig auf 70 – 80 °C erwärmt und dadurch eingedickt. Die entstehenden Massen bilden dann nicht nur die Grundlage von deftigen Soßen wie Sauce hollandaise oder Sauce béarnaise, sondern verleihen zum Beispiel auch Cremeeis eine besonders feine Konsistenz.

Wie beim Gerinnen von Eiklar spielen auch bei dieser etwas kniffeligen Arbeitstechnik verschiedene Proteine die Hauptrolle. Denn man-

● Bildet sich beim Pusten auf dem Löffel ein an eine Rosenblüte erinnerndes Muster, so ist die Gelbildung der Creme optimal.

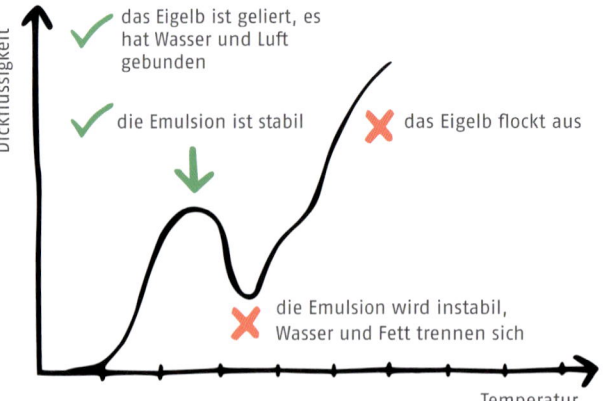

das Eigelb ist geliert, es hat Wasser und Luft gebunden

die Emulsion ist stabil

das Eigelb flockt aus

die Emulsion wird instabil, Wasser und Fett trennen sich

Dickflüssigkeit

Temperatur

● Die Schwierigkeit eine eigelbhaltige Soße oder Creme zur Rose abzuziehen liegt darin, den richtigen Zeitpunkt zum Aufhören zu erwischen. Die Emulsion sollte eingedickt und stabil, das Eigelb noch nicht geronnen sein.

che der im Dotter enthaltenen Makromoleküle beginnen schon ab etwa 65 °C sich zu entfalten, miteinander zu vernetzen und Wasser zu binden. Vorgänge also, durch die eigelbhaltige Soßen und Cremes nach und nach eindicken.

Dabei ist allerdings Fingerspitzengefühl gefragt. Denn wie im Abschnitt zuvor bereits erwähnt, enthält Eidotter kleine fetthaltige Partikel, die durch verschiedene an ihre Oberfläche gebundene Proteine stabilisiert werden. Erhitzt man Eidotter zu stark, so destabilisiert man diese Proteine und damit auch die fetthaltigen Partikel selbst. Die emulgierende Funktion des Eigelbs geht verloren und die eben noch so perfekt eingedickte Creme wird wieder dünnflüssiger.

Wer nun versucht, diesem ungewollten Effekt durch noch stärkeres Erhitzen entgegenzusteuern, wird das Gegenteil erreichen. Denn durch die Hitze entfalten sich immer mehr Proteine, verklumpen miteinander und flocken schließlich aus der anfangs noch so schön glatten Soße aus. Aus diesem Grund sollte man stets mit einem genau temperierten Wasserbad

arbeiten und den Zustand der Soße immer wieder durch vorsichtiges Pusten auf den verwendeten Löffel überprüfen.

An dieser Stelle kommt nun endlich der lautmalerische Name ins Spiel: Bildet sich beim Pusten ein an eine Rosenblüte erinnerndes Muster, so ist die Gelbildung optimal und die Creme kann weiterverarbeitet werden.

Ei macht Wein schöner

Eier geben nicht nur verschiedensten Gerichten Struktur, Geschmack und Farbe, fungieren als Emulgator oder dienen in Form eines stabilen Schaums als physikalisches Backtriebmittel. Die kleinen Alleskönner, oder besser gesagt deren Eiklar, werden von vielen Winzern auch zur Schönung von Wein eingesetzt. Das Prinzip ist einfach: Die Oberflächen der im Eiklar enthaltenen Proteine werden durch den niedrigen (sauren) pH-Wert von Wein positiv geladen und binden so an vorwiegend negativ geladene Schweb- sowie Gerbstoffe. Die entstehenden Verbindungen flocken aus, sinken langsam zu Boden und können einfacher abgetrennt werden.[3] Der geschönte Wein ist klarer und oft milder, im Getränk selbst können allerdings Spuren der tierischen Produkte verbleiben. Wegen potenzieller allergischer Reaktionen auf Ovalbumin oder Lysozym muss deren Verwendung auf dem Etikett von Wein gekennzeichnet werden – allerdings nur, wenn das fertige Getränk mehr als 0,25 mg der tierischen Proteine pro Liter enthält.[4]

Gebäck und ein glänzender Anstrich aus Ei

Hefeteiggebäck, Blätterteigtaschen oder verschiedene Kuchen – viele Arten von Gebäck profitieren geschmacklich wie optisch von einer dünnen Schicht aufgepinselten Eis. Verantwortlich für die besondere Aromabildung und für das stärkere Bräunen derart bestrichener Backwaren ist die auf Seite 92 f. noch etwas ausführlicher beschriebene Maillard-Reaktion.

Bei dieser komplexen Reaktionskaskade reagieren verschiedene Aminosäuren von Proteinen mit reduzierenden Zuckern wie Glukose oder Fruktose und bilden dadurch viele verschiedene aromatische und bräunliche Verbindungen. Da ein Ei naturgemäß einen hohen Gehalt an Proteinen und somit an reaktionsfähigen Aminosäuren besitzt, verstärkt ein verquirltes Ei die natürliche Maillard-Reaktion und damit sowohl die Bräunung als auch die Bildung angenehmer Aromastoffe. Durch den zusätzlich im Teig enthaltenen Zucker ist dieser Effekt auf der Oberfläche besonders süßer Gebäckstücke sogar noch größer. Der im Eigelb enthaltene Fettanteil sorgt darüber hinaus für einen ansprechenden Glanz.

Sogenannter Eiwasch enthält außer Ei noch Milch. In dieser findet sich nicht nur Fett, son-

Kleines Experiment

Das Gelbe vom Ei

Obwohl Eier ein wahres Wunderwerk der Natur sind und vor spannenden Inhaltsstoffen nur so strotzen, ist es gar nicht so einfach, ein kleines Experiment zu diesem Thema zu finden. Natürlich gibt es da die typischen Klassiker – die kalkhaltige Hülle mit Hilfe von Essig auflösen und dadurch ein Ei ohne Schale in den Händen halten oder die erstaunliche Stabilität eines Eis durch das Auflegen verschiedener Gewichte zu demonstrieren. Doch erstens kennt diese Versuche inzwischen wohl so gut wie jeder, zweitens haben sie einen entscheidenden Nachteil: Man kann das Ei danach nicht mehr essen. Und das ist ganz eindeutig eine viel zu große Verschwendung.

Daher an dieser Stelle ein etwas anderes „Experiment", bei dem das Gelbe vom Ei zeigen kann, was in ihm steckt. Dabei ist zwar eine Menge Geduld gefragt, gleichzeitig ist der Versuch aber alles andere als arbeitsintensiv. Und das Beste: Man kann das Ergebnis am Ende einfach aufessen.

Folgendes wird gemacht: Mit Hilfe von Zucker und Salz wird frischem Eigelb, das ja

ohnehin häufig bei der Herstellung von Macarons oder Baiser übrig bleibt, das enthaltene Wasser entzogen. Da Bakterien und andere potenzielle Schädlinge dringend Wasser benötigen, wird das Eigelb durch diese Behandlung haltbar gemacht. Ein sehr netter Nebeneffekt: Die orangefarbene Kugel wird dabei auf ihre besten Inhaltsstoffe reduziert und lässt sich in dieser Form ganz ähnlich wie ein aromatischer Hartkäse über alle möglichen Gerichte wie Salate oder Pasta reiben.

Wie funktioniert diese Trocknung? Wasser fließt durch eine teilweise durchlässige Membran wie die dünne Hülle des Eigelbs in Richtung höherer Salz- oder Zuckerkonzentration und damit aus dem Eigelb hinaus. Die Flüssigkeit wird in der Salzmischung gebunden und übrig bleibt eine feste, tief orange gefärbte äußerst schmackhafte Masse aus Salz, Zucker, Proteinen und Fett – einfach köstlich! Auf diese Weise kann nicht nur übriges Eigelb sinnvoll verwertet werden, man kann sich auch wunderbar vor Augen führen, weshalb gewöhnliche Hefe in einem sehr süßen Teig nicht gedeihen kann: Zucker entzieht, genau wie Salz, nicht nur Eigelb, sondern eben auch Hefe- und Bakterienzellen überlebenswichtiges Wasser.

Benötigt werden:

► eine beliebige Anzahl Eigelbe
► eine Mischung aus zwei Teilen feinem Zucker und drei Teilen Salz, also z. B. 40 g Zucker und 60 g Salz (die Menge richtet sich nach der Anzahl der Eigelbe, diese müssen komplett mit der Mischung bedeckt werden)
► eine verschließbare Dose oder Auflaufform geeigneter Größe

1. Die Eigelbe sorgfältig vom Eiklar trennen. Die Eigelbe sollten so sauber wie möglich sein, jedoch um keinen Preis kaputtgehen. Nur intakte Eigelbe verwenden!
2. Die Mischung aus Salz und Zucker gleichmäßig im Behälter verteilen. Mit einem Esslöffel in regelmäßigen Abständen kleine Mulden hineindrücken. Die Eigelbe hineinlegen und vorsichtig mit einer geschlossenen Schicht aus Salz und Zucker überdecken. Die Dose verschließen oder mit Frischhaltefolie abdecken und in den Kühlschrank stellen.

Nun heißt es vor allem eins: Warten. Ungeduldige können die Eigelbe schon nach 4 Tagen aus dem Salzbad nehmen, anhaftenden Zucker und Salz vorsichtig mit dem Finger oder einem Pinsel entfernen und sie kurz in kaltem Wasser abwaschen. Anschließend müssen die nun schon deutlich festeren Eigelbe für 1,5 – 2 Stunden in einem 65 °C warmen Ofen zu Ende getrocknet werden.

Ich persönlich bevorzuge es allerdings, dem Salz die ganze Arbeit zu überlassen und gleichzeitig noch Energie zu sparen. Dafür werden die Eigelbe einfach 3 – 4 Wochen in ihrem Bett aus Salz und Zucker gelassen und lediglich alle paar Tage an eine neue Stelle gelegt. Auf diese Weise wird die Feuchtigkeit gleichmäßiger in der Salzmischung verteilt.

Wenn die Eigelbe fertig sind, haben sie eine feste wachsartige Konsistenz. Nun die Eigelbe aus dem Salz nehmen, wie oben beschrieben Salz und Zucker entfernen und kurz abspülen. In einem luftdurchlässigen dünnen Baumwollstoff wieder komplett trocknen lassen und danach kühl und vor allem trocken lagern.

Übrigens: Man kann die Mischung aus Salz und Zucker auch wunderbar mit gehackten Kräutern wie Lorbeerblättern verfeinern.

dern auch der Milchzucker Laktose. Der zählt, genau wie Glukose und Fruktose, zu den reduzierenden Zuckern und verstärkt die Maillard-Reaktion ebenfalls.

Lieber kalte oder warme Eier verwenden?

So mancher (Hobby-)Bäcker schwört darauf, ausschließlich Eier zu verwenden, die vor dem Vermengen mit den restlichen Zutaten auf Raumtemperatur erwärmt wurden. Tatsächlich verringert sich mit zunehmender Temperatur die Oberflächenspannung von Wasser, der Hauptkomponente von Ei. Durch diesen Effekt lässt sich ein warmes Ei zwar schlechter trennen als ein kaltes, es verbindet es jedoch besser mit Mehl, Zucker und den anderen Zutaten. Ob der Unterschied zu einem Ei, das erst kurz vor dem Backen aus dem Kühlschrank genommen wurde aber so groß ist, dass ein neutraler Kuchengenießer ihn von sich aus bemerken würde, darüber streiten sich die Geister.

Beim Schlagen von Eischnee macht die Temperatur allerdings durchaus einen Unterschied. Warmes Eiklar lässt sich – ebenfalls aufgrund der verringerten Oberflächenspannung – in voluminöseren Eischnee verwandeln als kaltes. Auch bei der Herstellung von Mürbeteig spielt die Temperatur des Eis eine Rolle – sofern denn überhaupt eins im Rezept vorgesehen ist. Hier sollte man, um die Bildung von zu viel zähem Gluten zu reduzieren, möglichst kalte Zutaten verwenden (siehe Seite 15 ff.).

Was tun mit übrig gebliebenem Ei?

Die zwei Komponenten eines Eis haben ganz unterschiedliche Stärken: Während sich Eiklar hervorragend steif schlagen und zu Macarons, Baisers und anderen Köstlichkeiten verarbeiten lässt, eignet sich Dotter besonders gut dazu, Soßen zu binden und Fett in Wasser zu emulgieren. Kein Wunder also, dass man sich nach so manchem Back- und Kochvorhaben fragen

muss, was man am besten mit dem übrig gebliebenen Teil vom Ei anstellt. Einfach wegwerfen ist natürlich keine Option. Aber was tun, wenn man keine Lust hat, eine Woche Mayonnaise zu essen, nur, weil man gerade Eigelb verwerten muss? Die Lösung ist so schnell wie einfach: Sowohl Eiklar als auch Eigelb lassen sich sehr gut einfrieren und halten sich in dieser unterkühlten Form (bei –18 °C) mehrere Monate.

Dafür einfach das rohe Eiklar, Dotter oder ein ganzes verquirltes Ei (ohne Schale, diese würde platzen) in ein geeignetes luftdichtes Behältnis verpacken und einfrieren. Darauf sollte man immer das aktuelle Datum und die Anzahl der Eier notieren. So weiß man später genau, wie viel man für Kuchen, Waffeln und Co. auftauen muss. Werden Eiklar oder Dotter wieder benötigt, sollte man diese am besten über Nacht im Kühlschrank langsam auftauen lassen. Eiklar übersteht diese Prozedur übrigens besser als Dotter – er büßt seine schaumbildenden Eigenschaften nur in geringem Maße ein. Aufgetauten Dotter sollte man dagegen nicht gerade für empfindliche Gerichte wie Soufflés, sondern lieber für einfache Rührteige verwenden.

Waschen verboten!

Ein Ei ist mehr als nur eine mundgerechte Portion wertvoller Nährstoffe. Durch eine Kombination aus zwei innenliegenden Membranen, wehrhaften Enzymen im Eiklar und einer von der Henne auf die Schale aufgetragenen dünnen Haut, der Cuticula, ist ein Ei ein wahres Wunderwerk in Sachen Haltbarkeit. Die schützende Schicht verschließt etwa 2 Wochen lang unzählige winzige Poren in der Schale und verhindert so das Austrocknen des Eis sowie das Hineingelangen schädlicher Keime. Aber: Die Cuticula ist empfindlich. Wäscht man ein Ei, setzt es starken Temperaturschwankungen oder der Einwirkung von Kondenswasser aus, kann die schützende Membran beschädigt werden. Aus diesem Grund dürfen Eier, die für den Verkauf an Privatpersonen bestimmt sind, in Deutschland nicht gewaschen, sondern nur vorsichtig gesäubert werden. Darüber hinaus müssen sie, wenn sie einmal gekühlt worden sind, ununterbrochen weitergekühlt werden. Daher findet man Eier im Supermarkt auch nicht in der Kühltheke. In den USA dagegen müssen Eier per Gesetz mit Seife gewaschen sowie außen desinfiziert werden und dürfen nur gekühlt angeboten werden.

Einen ähnlichen Effekt wie die von der Henne auf die Eierschale aufgetragene Cuticula haben Fette wie Öl oder Butter. Um Eier für längere Reisen haltbar zu machen oder für den Winter einzulagern – ohne die heutzutage übliche hoch technisierte Haltung und optimierte Zucht würden Hühner im Winter normalerweise kaum Eier legen –, wurden diese daher früher mit einer öligen Schicht benetzt. In Irland wurde diese Tradition beibehalten, dort gibt es auch heute noch gebutterte Eier zu kaufen. Das tierische Fett wird dabei auf das frisch gelegte, noch warme Ei aufgetragen, schmilzt und zieht in die Schale ein. Solche Eier sind durch diese Versiegelung nicht nur bis zu 6 Monate haltbar, sie besitzen auch einen leicht buttrigen Geschmack.

Backen ohne Eier

Eier sind wahre Alleskönner. Wer sie aus ethischen Gründen oder wegen einer Allergie von seinem Speiseplan verbannen möchte/muss, der sieht sich zwar einer wahren Herausforderung gegenüber, ist mittlerweile jedoch nicht mehr alleine. Die Kritik an der Ausbeutung von Legehennen wird lauter, immer mehr Menschen möchten auf tierische Produkte

Funktion des Eis	Ersatz
Flüssigkeit	Wasser, Saft, Sahne, Milch etc.
Backtriebmittel	Backpulver, Hefe, Mineralwasser, mit Zucker schaumig geschlagenes Fett, Sauerteig etc.
Bindemittel	Zerdrückte Bananen, Apfelmus, Brotkrümel, Haferflocken, Stärke oder stärkehaltige Zutaten, Sojamehl, Leinsamen, Chia-Samen, Seidentofu, Johannisbrotkernmehl
Emulgator	Tofu, gemahlene Lein- oder Chia-Samen
Farbe	Kurkuma

verzichten oder deren Verzehr zumindest einschränken und – ein sehr wichtiger Faktor für die Lebensmittelindustrie – verglichen mit vielen anderen Zutaten sind Eier eher teuer. Dementsprechend gab es in der letzten Zeit viele Bemühungen, Ersatzstoffe zu finden oder herzustellen, deren Eigenschaften mit denen von Eiern vergleichbar sind. Doch das ist alles andere als einfach. Kein Wunder also, dass die Zutatenliste bei den meisten erhältlichen Ei-ersatzprodukten ziemlich lang ist: Aus Braunalgen gewonnenes Alginat dient als Gelier- und Verdickungsmittel, β-Carotin oder andere Pigmente sorgen für die gewohnte Farbe, zugesetzte Vitamine und Mineralstoffe für einen besseren Nährwert. Aus Algen, Sojabohnen oder Hülsenfrüchten wie Linsen gewonnene Proteine stabilisieren Schäume und Emulsionen, sollen das fertige Produkt in Sachen Mundgefühl und Konsistenz verbessern oder mit bioaktiven Pflanzenstoffen bereichern.

Vielen Menschen ist angesichts derart vorgefertigter Mischungen jedoch nicht so ganz wohl. Die Art und Weise der Herstellung ist nicht bekannt und die Herkunft der ganzen Inhaltsstoffe nicht leicht nachvollziehbar – das Ganze wirkt trotz der vielen pflanzlichen Inhaltsstoffe irgendwie künstlich. Wer auf solche „Eier" in Pulverform daher genauso verzichten möchte wie auf das tierische Original und gleichzeitig etwas experimentierfreudig ist, der kann in vielen Gerichten Eier durch andere Zutaten ersetzen oder zumindest ihre Anzahl reduzieren.

Dafür sollte man erst einmal überlegen, wozu die Eier ursprünglich eigentlich dienen sollen. Als Binde- oder Backtriebmittel? Als Quelle von Flüssigkeit? Als Geschmacksgeber? Geht es vor allem um das typische Mundgefühl eines hartgekochten Eis? Oder ist die Antwort eher eine Kombination aus alledem? Die Tabelle links enthält je nach ursprünglicher Funktion der Eier ein paar mögliche Ersatzzutaten.

Denkanstöße ....

Je dunkler der Dotter, desto glücklicher das Huhn?

Was die Farbe eines Eigelbs über das Ei oder über die Legehenne aussagt, darum ranken sich vielerlei Mythen. Je dunkler, desto glücklicher das Huhn, je tiefer die Farbe, desto mehr Vitamin A und desto gesünder das Ei. Doch was davon stimmt und was hat es mit der gelborangen Dotterkugel auf sich?

Wie schon ganz zu Anfang dieses Kapitels beschrieben, ist ein Ei ein hochfunktionales Wunderwerk der Natur – voll und ganz auf das Wohl des darin heranwachsenden Kükens ausgelegt. So ist es sicher nicht verwunderlich, dass auch die Farbe eines Dotters einen wichtigen Nutzen hat und sicher nicht dazu dient, für potenzielle Nesträuber möglichst ansprechend auszusehen. Aber von vorn.

Für die farbenfrohe Erscheinung von Eigelb sind verschiedene Mitglieder einer umfangreichen Klasse natürlicher Farbstoffe verantwortlich, die auch Paprika, Tomaten, Karotten, verschiedenen Früchten, Pflanzen, Insekten und anderen Tieren ein buntes Äußeres verleihen: die Carotinoide. Diese fettlöslichen Verbindungen sind in der Lage, hochreaktive Sauerstoffverbindungen unschädlich zu machen, die bei verschiedenen Prozessen im Körper entstehen und unter anderem Lipiden, Zellmembranen oder dem Erbgut schwere Schäden zufügen können. Abgesehen von

Da sich die farbigen Carotinoide nur in Fett, nicht aber in Wasser lösen, ist das fettfreie Eiklar nahezu farblos. Sein grün–gelblicher Schimmer stammt von geringen Mengen gelösten Riboflavins (Vitamin B_2).

dieser antioxidativen Wirkung, können bestimmte Carotinoide in Vitamin A umgewandelt werden, das nicht zuletzt beim Sehvorgang eine wichtige Rolle spielt.

Genau wie wir Menschen und die meisten anderen Tiere können Hühner diese wertvollen Pigmente nicht selbst herstellen. Was später in der Dotterkugel deponiert und damit in die Gesundheit des zukünftigen Nachwuchses investiert werden soll, muss zunächst über die Nahrung aufgenommen werden. Ein Huhn, das mit einer Infektion kämpft, hat selbst einen erhöhten Bedarf an Antioxidantien und gibt nur weiter, was es entbehren kann. Daher legen kranke oder auch schlecht ernährte Hennen tatsächlich Eier mit einem vergleichsweise blassen Dotter. Aber nicht jedes helle Eigelb stammt zwangsläufig von einem kränkelnden Huhn.

Genauso wenig lässt die Farbtiefe des Eigelbs Rückschlüsse über die Haltung oder die Zufriedenheit einer Henne zu. Der Grund: Da die meisten Konsumenten sowohl im Sommer als auch im Winter einen möglichst tief eingefärbten Eidotter erwarten, wird das Futter von Legehennen entsprechend angereichert. Das Zufüttern künstlicher Farbstoffe ist in der ökologischen Tierhaltung gesetzlich verboten. Deshalb muss dort vor allem auf besonders carotinoidhaltige Früchte oder Pflanzen wie gelben Mais, Luzernen oder Ringelblumen zurückgegriffen werden. Sie enthalten aber weniger Pigmente als optimiertes Tierfutter, so dass der Dotter von Bio-Eiern meist schwächer gefärbt ist als der von Eiern aus konventioneller Tierhaltung.

Das bedeutet also: Je tiefer die Farbe eines Eigelbs, desto mehr der wegen ihrer vorteilhaften antioxidativen Wirkung geschätzten Carotinoide sind darin enthalten. Ob das Ei aber von einem glücklichen Huhn mit genügend Platz und Auslauf kommt, kann man aus der Farbe des Dotters leider nicht ablesen. Und bevor Sie jetzt wegen der gesundheitlichen

Vorzüge nur noch zu Eiern mit tieforangem Dotter greifen: Viele Gemüsesorten wie Wirsing oder Paprika enthalten ein Vielfaches der bioaktiven Carotinoide wie die gleiche Menge Ei.[5]

Sind Bio-Eier die „glücklicheren" Eier?

Wer Eier mit einem Bio-Siegel kauft, der verspricht sich davon ein schöneres Leben für die Legehennen und ein besseres Gewissen für sich selbst. Man denkt an kleine entspannte Gruppen, viel Platz und grüne Wiesen zum ausgiebigen Picken und Scharren – ein glückliches Hühnerleben in Bauernhofidylle. Leider sieht selbst bei Bio-Eiern die Realität oft anders aus. Laut der EU-Ökoverordnung dürfen bei der biologischen Haltung von Legehennen maximal 3000 Tiere in einem Stall leben. Dieser muss so groß sein, dass auf einem Quadratmeter Stallfläche nur sechs Hennen leben. Wer diese Fläche einmal abschreitet und sich darauf sechs Tiere vorstellt, merkt schnell, dass auch diese Haltungsform mit großzügigem Platzangebot nicht besonders viel zu tun hat. Selbst wenn jeder Henne mindestens während eines Drittels ihrer Lebenszeit der Zugang zu 4 Quadratmetern bepflanzter Grünfläche ermöglicht werden muss, auf dem sie ihre natürlichen Verhaltensweisen zumindest theoretisch ausleben könnte.

Doch der Traum vom Bauernhofidyll und kleinen pickenden Hühnergruppen verblasst noch weiter. Dank verschiedener Zusatzklauseln und Ausnahmeregelungen kann ein deutscher Bio-Hühnerstall tatsächlich 40 000 und mehr Legehennen beherbergen. So etwas wird möglich, wenn die einzelnen Herden von 3000 Tieren in einer Halle durch Trennwände voneinander abgegrenzt werden. Auch der ohnehin schon eher dicht besetzte Quadratmeter kann von bis zu sechs weiteren Hennen bewohnt werden, wenn Volieren oder Stahlgestelle zur Verfügung stehen, die mit zur Stallfläche gezählt werden können.

Untersuchungen haben jedoch gezeigt: Je größer eine Hühnerherde ist, desto weniger nutzen die Tiere das ihnen zur Verfügung stehende Freiland und desto weniger leben sie ihr normalerweise sehr ausgeprägtes Sozialverhalten aus.[6] Auch die nahe Umgebung solcher Großställe leidet stark unter dem massenhaft anfallenden Kot – große Mengen von Stickstoffverbindungen wie Nitrat gelangen in Böden und Grundwasser.[7] Eine biologische, nachhaltige und artgerechte Tierhaltung stellt sich der Verbraucher gewöhnlich anders vor.

Dabei gab es in den letzten Jahren durchaus Bemühungen, die Ökoverordnung zu reformieren, auch hinsichtlich der Haltung von Legehennen. So sollte der Begriff eines Hühnerstalls klarer definiert werden und pro Produktionseinheit sollten maximal 12 000 Tiere zugelassen werden. Wie allerdings der SWR im Juli 2017 berichtete, werden die ohnehin von vielen Kritikern als unzureichend empfundenen Regelungen zur Haltung von Legehennen im aktuellen Reform-Text sogar noch weiter aufgeweicht.[13] Das Aneinanderreihen von Hühnerherden wird weiter gestattet und eine Obergrenze für die Zahl gehaltener Hennen wird es wohl in naher Zukunft nicht geben.

Durch derartige Riesenbetriebe wird das Bio-Ei nicht nur mehr und mehr zu einem Produkt aus Massentierhaltung; kleinbäuerliche Bio-Betriebe, die ihren Hennen tatsächlich ein artgerechteres Leben in kleinen Gruppen ermöglichen, werden zudem vom Markt gedrängt. Wie so oft wird der Verbraucher durch Siegel oder Zertifikate nicht davon befreit, sich selbst über das zu informieren, was tagtäglich in den Einkaufswagen wandert. So gibt es durchaus (Bio-)Höfe mit einer nachhaltigeren und artgerechteren Haltung oder Verbände, die sich selbst höhere Maßstäbe gesetzt haben und schärfere Richtlinien einhalten.

Beim Verzehr von Eiern sollte uns zudem stets bewusst sein: Egal wie artgerecht sie auch gehalten werden, Legehennen sind zum Eierlegen da. Durch spezielle Züchtungen, besonderes Futter und optimierte Beleuchtung legt eine moderne Henne sommers wie winters fast jeden Tag ein Ei. Wegen dieser starken körperlichen Belastung lässt ihre Legeleistung nach 12 – 15 Monaten nach – derart unprofitable Hühner werden aussortiert und geschlachtet, obwohl sie normalerweise durchaus ein Alter von 5 – 8 Jahren erreichen könnten.

Zahlen und Fakten

- Ein durchschnittliches Hühnerei der Größe M hat einen Durchmesser von rund **4,2 cm**. Das Ei des vermutlich erst um das Jahr 1000 ausgestorbenen Elefantenvogels schaffte es dagegen auf ganze **22 cm** und war damit noch größer als ein Straußenei.[8]

- Im Jahr 2016 wurden in Deutschland über **19 200 000 000 Eier** verarbeitet und verzehrt.[9]

- Im Zeitraum 2014 – 2016 verzehrte jeder Deutsche pro Jahr durchschnittlich rund **230 Eier** und damit 4 – 5 Stück pro Woche.[1]

- Das Gewicht eines Eis entspricht etwa **3 %** des Körpergewichts einer Henne. Legt sie jeden Tag ein Ei, wandelt sie damit pro Jahr das Zehnfache ihres eigenen Körpergewichts in Eier um.

- Eine Legehenne verwendet täglich **25 %** ihrer Energie darauf Eier zu legen.[10]

- Eine Henne braucht **25 Stunden**, um den Eidotter mit Eiklar zu umhüllen.[10]

- Das Eiklar eines Hühnereis besteht aus **4** unterschiedlich dicken Lagen. Dick- und dünnflüssigere Schichten wechseln sich dabei ab.

- Die Schale eines Hühnereis besitzt etwa **10 000** winzige Poren, die zusammengenommen ein Loch mit einem Durchmesser von **2 mm** ergeben würden.[10]

- In Deutschland wurden im Jahr 2016 knapp **12 000 000 000 Eier** produziert. Davon stammten 63,2 % aus Bodenhaltung.[14]

- Im Jahr 2014 wurden weltweit knapp **70 000 000 Tonnen** Eier produziert. Im Jahr 1990 waren es dagegen noch 37 000 000 Tonnen.[11]

- Eine zum Legen von Eiern gezüchtete Henne wandelt **2 kg Futter in 1 kg Eier** um. Ursprüngliche Rassehühner brauchen für die gleiche Leistung 4 – 5 kg Futter.[12]

Fett
Kalorienreich, aber oho!

Wenn meine Oma mir früher ein Butterbrot geschmiert hat, dann wurde daraus nicht gerade ein zaghaft bestrichenes, sondern eher ein mit halbzentimeterdicken Butterscheiben belegtes Brot. So manch einer mag bei dem Gedanken daran, wie das Fett beim Abbeißen am Gaumen kleben geblieben sein muss, das Gesicht verzogen. Bei mir persönlich haben diese liebevoll zubereiteten Stullen aber tatsächlich eine bis heute anhaltende Vorliebe für die schmackhafteste aller Fettsorten ausgelöst. Natürlich hat so eine Schwäche für Butter im Speziellen und Fett im Allgemeinen auch ihre Schattenseiten. Immerhin besitzt Fett eine enorm hohe Energiedichte und hat etwa doppelt so viele Kalorien wie Zucker. Darüber hinaus können in gehärteten Fetten wie Margarine oder Frittierfett sogenannte trans-Fettsäuren enthalten sein, deren übermäßiger Konsum als eine Ursache für ein erhöhtes Herzinfarkt- oder Schlaganfallrisiko gilt.[1] Fest steht, dass wir, verschiedener gesundheitlicher Empfehlungen und der Angst um die Strandfigur zum Trotz, fettreichen Versuchungen wie Chips, Pommes frites, Donuts oder Croissants oft nur mit Mühe wiederstehen können. Doch warum schmecken uns eigentlich ausgerechnet besonders fettige Produkte so ausgesprochen gut? Klar, unser Körper ist darauf ausgelegt, sich, wann immer möglich, Reserven für schlechte Zeiten anzulegen. Folglich sind energiereiche Nahrungsmittel für uns nun einmal naturgemäß besonders attraktiv. In der Küche kann Fett aber noch einiges mehr.

Viel mehr als nur Geschmacksträger

Es gibt nur wenige Gerichte, die durch ein kleines Stückchen Butter oder ein winziges Schlückchen Öl nicht noch einen Hauch köstlicher werden. Tatsächlich hat Fett allein nicht automatisch einen besonders leckeren Eigengeschmack (wer sich schon einmal von besonders netten Freunden hat vormachen lassen, ein Löffel Butter sei Vanilleeis, der weiß das), kann aber hervorragend Aromastoffe aufnehmen. Die meisten dieser Verbindungen lösen sich aufgrund ihrer molekularen Struktur nämlich nur schlecht in Wasser, wohl aber in Fett. Im Mund angelangt, überzieht dann einige Sekunden lang ein Fettfilm unsere Zunge und gibt dabei die in ihm gelösten Aromen an unsere Mund- und Nasenhöhle ab. Insbesondere beim Backen erfüllt Fett jedoch noch andere Aufgaben als bloß Aromen zu speichern.

Fett macht zart und geschmeidig

Fett macht Gebäck zarter. Das klingt fast schon selbstverständlich, denn schließlich machen fetthaltige Cremes ja auch unsere Haut geschmeidig und weich. Warum sollte dieser Effekt also nicht für Backwaren gelten? Tatsächlich hat Fett auf die Textur von Keksen und Kuchen eine etwas andere Wirkung. Wie schon auf Seite 15 ff. beschrieben, legt sich Fett in Teig wie eine schützende Hülle um Mehlpartikel und behindert dadurch die Ausbildung eines stabilen Glutennetzwerkes. Dieses Teiggerüst ist in Brot oder Pasta zwar erwünscht, Kuchen oder Plätzchen würden durch zu viel Gluten

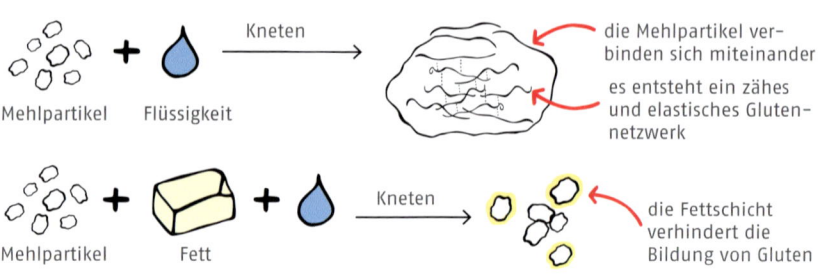

● Fett legt sich beim Kneten von Teig wie eine schützende Hülle um Mehlpartikel und behindert dadurch die Bildung von Gluten.

Mehlpartikel Flüssigkeit

Kneten

die Mehlpartikel verbinden sich miteinander

es entsteht ein zähes und elastisches Glutennetzwerk

Mehlpartikel Fett

Kneten

die Fettschicht verhindert die Bildung von Gluten

aber zu einem recht zähen und bissfesten Vergnügen werden. Aus diesem Grund wird Mehl bei zartem Gebäck auch erst ganz am Ende nur vorsichtig unter die restlichen Zutaten gehoben. Zum einen bildet sich auf diese Weise nur wenig Gluten, auf der anderen Seite bleibt die für die Lockerheit der Backwaren wichtige Luft im Teig.

Fett macht saftig

Die gängigsten zum Backen verwendeten Fette wie Butter und Margarine enthalten zwar einen gewissen Wasseranteil – bei Butter sind es immerhin bis zu 16 % –, dieser verdampft jedoch größtenteils durch die hohen Temperaturen im Ofen. Auf diese Weise tragen viele Fettsorten

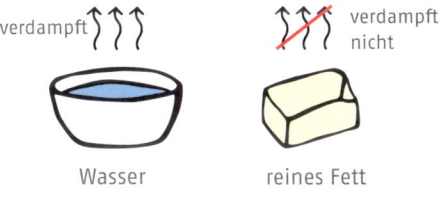

verdampft · verdampft nicht

Wasser · reines Fett

● Im Gegensatz zu Wasser verdampft reines Fett nicht im Lauf der Zeit.

durch Wasserdampf zwar zur Teiglockerung bei, die gefühlte und lang anhaltende Saftigkeit von fettigem Gebäck liegt aber vor allem am Fett selbst. Im Gegensatz zu Wasser verdampft es nicht mit der Zeit und das Gebäck bleibt somit länger „feucht". Zusammen mit einem geeigneten Schmelzbereich, der wie bei Butter unter unserer Körpertemperatur liegt, verleiht Fett verschiedensten Backwaren ein angenehm zartschmelzendes Mundgefühl.

Fett macht luftig

Nicht nur der bereits im vorigen Abschnitt erwähnte Wassergehalt verschiedener Fette wie Butter oder Margarine trägt zur Lockerheit von Backwaren bei. Wie auf Seite 36 beschrieben, kann vor allem Butter sehr gut zusammen mit Zucker schaumig geschlagen werden. Die dabei mechanisch eingearbeitete Luft dehnt sich später beim Backen aus und lockert so das Gebäck. Wichtig dabei: Flüssiges Öl, weiche Margarine,

Fett · Zucker · Luftbläschen · Fett und Zucker

aber auch zu warme oder gar geschmolzene Butter können Gase nicht gut halten. Möchte man daher in einem Rezept bestimmte Fettsorten austauschen, muss man zuerst bedenken, welchen Zweck diese im Teig und später im Gebäck erfüllen sollen.

Fett stabilisiert Gasbläschen

Abgesehen davon, dass man durch das gemeinsame Aufschlagen von Fett und Zucker Plätzchen, Kuchen und Co. physikalisch auflockern kann, trägt Fett vor allem bei festeren Teigen noch auf eine weitere Art zu mehr Lockerheit bei: Während des Knetens legen sich kleine nadelförmige Fettkristalle um die im Teig verteilten Luftbläschen herum und schützen diese sowohl beim Gehen als auch später beim Backen vor dem Zerplatzen. Leicht fetthaltige Brote oder Brötchen haben daher eine etwas feinporigere Krume und ein größeres Gesamtvolu-

● Fett lässt sich mit Hilfe von Zucker schaumig schlagen und trägt so zur Lockerung von verschiedenem Gebäck bei.

● Kleine Fettkristalle legen sich während des Knetens um Luftbläschen und schützen sie so vor dem Zerplatzen.

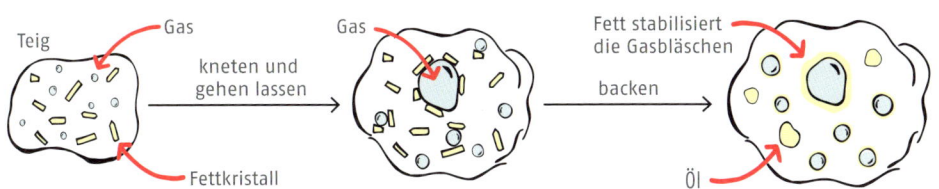

Teig · Gas · kneten und gehen lassen · Gas · Fett stabilisiert die Gasbläschen · backen

Fettkristall · Öl

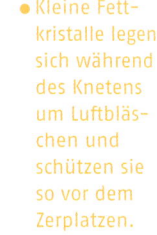

men. Für diese Funktion von Fett spielt jedoch dessen kristalliner Zustand eine wichtige Rolle. Flüssige Öle haben keinen derartigen Effekt auf Teig und Backwaren.[2]

Kleiner Exkurs in die Wissenschaft

Wenn es um die richtige Verwendung oder die gesundheitlichen Vor- und Nachteile von Öl, Butter und Margarine geht, kommt man an gehärteten Fetten, gesättigten, ungesättigten oder trans-Fettsäuren kaum vorbei. Um zu klären

was diese einzelnen Begriffe eigentlich bedeuten oder warum sich manche Fette zum Frittieren oder Backen besser eignen als andere, müssen wir zuerst einen kurzen Blick auf die zugrundeliegende Chemie werfen.

Bei nahezu allen natürlich vorkommenden Fetten und Ölen handelt es sich um als Triacylglycerine bezeichnete Verbindungen des Alkohols Glycerin mit drei Fettsäuren. Während Glycerin eine Art Rahmen für das Anknüpfen der einzelnen Fettsäuren darstellt, werden die

Die Rolle von Fett in ...

- Fett ist in Backwaren viel mehr als bloß der Träger bzw. der Speicher verschiedener Aroma- und Geschmacksstoffe. Je nach Art des Gebäcks erfüllt die energiereiche Zutat ganz bestimmte Funktionen.

 ... Brot

- macht den Teig elastischer
- stabilisiert Gasbläschen im Teig
  - → feinporigere Krume
  - → größeres Brotvolumen
- verbessert die Farbe der Krume
- erleichtert das Zerschneiden
- macht das Brot saftiger
- kaschiert das Altbackenwerden

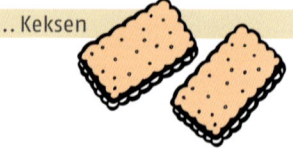 ... Keksen

- physikalisches Lockerungsmittel
- Teig lässt sich leichter verarbeiten
  - → klebt weniger an Oberflächen
- behindert die Bildung von Gluten
  - → macht das Gebäck zarter
  - → lässt Cookies im Ofen zerlaufen
- verhindert, dass die fertigen Kekse Luftfeuchtigkeit aufnehmen

  ... Kuchen

- physikalisches Lockerungsmittel
- behindert die Bildung von Gluten
  - → macht das Gebäck zarter

Wichtig:
Für einen gelungenen Blätterteig muss das Fett über einen großen Temperaturbereich fest bleiben. Sonst würde es sich mit dem Teig verbinden und die Schichten nicht mehr trennen.

 ... Blätterteig

- Blätterteig kann über 500 Schichten enthalten
  - → Teiglagen verbinden sich nicht miteinander
  - → Grund für die blättrige Struktur

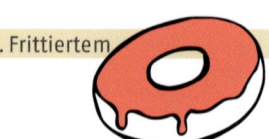  ... Frittiertem

- Teig selber enthält meist nur wenig Fett
- beim Frittieren ermöglicht Fett einen sehr guten Temperaturtransfer
  - → dabei bildet sich eine feste Kruste
  - → Aufnahme von mehr Fett wird dadurch verhindert

 ... Pies

- physikalisches Lockerungsmittel
- behindert die Bildung von Gluten
  - → macht das Gebäck zarter
- hoher Fettgehalt verhindert, dass der Teig durch die Füllung aufgeweicht wird

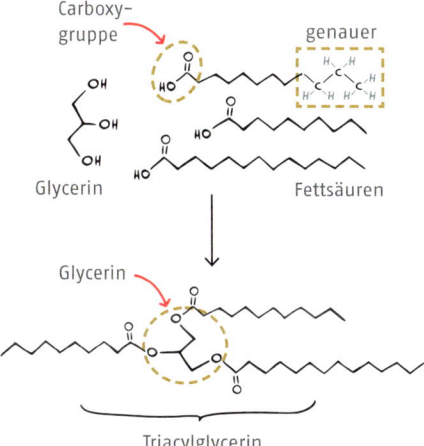

Carboxy-
gruppe

genauer

Glycerin

Fettsäuren

Glycerin

Triacylglycerin

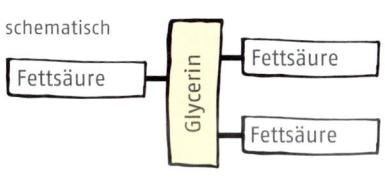

schematisch

Fettsäure

Glycerin

Fettsäure

Fettsäure

● Nahezu alle natürlich vorkommenden Fette sind als Triacylglycerine bezeichnete Verbindungen aus dem Alkohol Glycerin und drei (meist verschiedenen) Fettsäuren.

Beschreibt man die Zusammensetzung eines Fettes, so spricht man meist einfach von den verschiedenen enthaltenen Fettsäuren. Diese liegen in natürlichen Fetten und Ölen aber nicht frei, sondern nahezu vollständig in Verbindung mit Glycerin und damit als Triacylglycerine vor. Korrekterweise müsste man hier also eigentlich von Fettsäureresten und nicht von Fettsäuren sprechen.

physikalischen und chemischen Eigenschaften von Fetten durch die Länge und die Struktur der Fettsäurereste bestimmt.

Bei Fettsäuren handelt es sich um aus 4 bis 35 Kohlenstoffatomen bestehende Ketten, die eine Carboxygruppe, also die funktionelle Gruppe einer Carbonsäure, als Kopfgruppe tragen. Sind alle Kohlenstoffatome einer Fettsäure mit so vielen Wasserstoffatomen verbunden wie möglich, so handelt es sich um eine (mit Wasserstoffatomen) **gesättigte** Fettsäure. **Ungesättigte** Fettsäuren dagegen enthalten eine oder mehrere Doppelbindungen und besitzen dadurch nicht nur eine andere Geometrie, sondern auch andere Eigenschaften als die gesättigten Pendants.

An dieser Stelle muss man nun zwischen cis- und trans-Fettsäuren unterscheiden. Während es sich bei gesättigten Fettsäuren und ungesättigten trans-Fettsäuren um gerade Ketten

handelt, die sich wie ein Reißverschluss zusammenlagern können und daher bei Raumtemperatur fest sind, verursachen cis-Doppelbindungen in Fettsäuren einen scharfen Knick. Dieser behindert die Wechselwirkungen der Kohlenstoffketten untereinander, weshalb es sich bei ungesättigten cis-Fettsäuren um ölige Flüssigkeiten handelt. Die meisten Doppelbindungen natürlich vorkommender ungesättigter Fettsäuren besitzen die cis-Konfiguration.

Das bei Raumtemperatur feste Schweineschmalz besteht beispielsweise zu etwa gleichen Teilen aus gesättigten und ungesättigten Fettsäuren, während in naturbelassenen Pflanzenölen rund 80 % der Fettsäuren eine oder mehrere Doppelbindungen tragen.

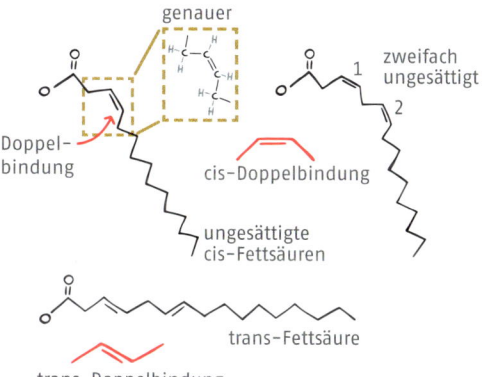

genauer

zweifach
ungesättigt

Doppel-
bindung

cis-Doppelbindung

ungesättigte
cis-Fettsäuren

trans-Fettsäure

trans-Doppelbindung

● Ungesättigte Fettsäuren enthalten eine oder mehrere Doppelbindungen. Handelt es sich dabei um cis-Doppelbindungen, dann besitzen die Kohlenstoffketten einen Knick, der die Zusammenlagerung der Fettmoleküle und damit das Festwerden des Fettes stört. Trans-Doppelbindungen behindern das Aushärten von Fetten dagegen nicht.

bei hohen Temperaturen schneller abläuft, sollten derart empfindliche Pflanzenöle nicht erhitzt werden.

Aber auch gesättigte Fette können ranzig werden, denn Fettmoleküle besitzen abgesehen von eventuellen Doppelbindungen noch eine weitere Schwachstelle: den Ester, also das Bindeglied zwischen Fettsäure und Glycerin. Dieser kann von Wassermolekülen aufgespalten werden, wobei teils übelschmeckende freie Fettsäuren entstehen. Auch diese sogenannte Hydrolyse wird durch hohe Temperaturen begünstigt. Da durch Donuts, Pommes frites, Berliner und Co. stets etwas Feuchtigkeit ins Frittierfett gelangt, entwickelt dieses nach und nach den typisch ranzigen Geruch einer gammeligen Pommesbude.

Schimmeln oder anderweitig mikrobiell verderben kann Fett dagegen nur, wenn es wie Butter, Sahne oder Mayonnaise Wasser enthält oder mit diesem, zum Beispiel in Form von Kondenswasser, lange genug in Kontakt kommt. Aus diesem Grund sollte man Fette am besten kühl und trocken lagern.

Aus flüssig mach fest
Das Problem mit den trans-Fettsäuren

Fett mit einem hohen Gehalt gesättigter Fettsäurereste ist, wie oben beschrieben, bei Raumtemperatur fest und wird mit steigender Zahl von Doppelbindungen immer weicher und schließlich flüssig. Da die schmackhafte, aus Milch hergestellte Butter schon früher deutlich teurer war als pflanzliche Öle und Letztere sich unter anderem weder angenehm auf Brot verstreichen lassen noch wie Butter zum Backen eignen, wird schon seit Beginn des 20. Jahrhunderts flüssiges Fett künstlich gehärtet. Dabei werden die ungesättigten Fettsäuren mit Wasserstoffatomen abgesättigt und somit Doppel- in Einfachbindungen umgewandelt. Das Problem: Wie sich herausgestellt hat, werden durch diese sogenannte Hydrierung nicht einfach nur

Eklige Reaktionen
Warum Fett ranzig wird

Der Sättigungsgrad der in einem Fett enthaltenen Fettsäurereste beeinflusst nicht nur, ob dieses bei Raumtemperatur fest oder flüssig ist. Eine Doppelbindung stellt zudem auch eine Art Schwachstelle dar. Sie bietet einen guten Angriffspunkt für kleine reaktive Moleküle wie Sauerstoff, die dazu beitragen, Fettsäureketten in kleinere Fragmente wie Peroxide, Säuren oder Alkohole zu zerlegen und Fett dadurch ranzig werden zu lassen. Aus diesem Grund ist Walnussöl, das immerhin zu etwa 16 % aus einfach ungesättigten und sogar zu 70 % aus mehrfach ungesättigten Fettsäuren besteht, sogar gekühlt nur relativ kurz haltbar. Da die Oxidation, die zum Verderb solcher Öle führt,

geknickte Fettsäurereste begradigt, sondern manche der ursprünglich cis-förmigen Doppelbindungen in die weniger stark gewinkelte und dazu noch stabilere trans-Form umgewandelt. Dadurch ist eine bessere Zusammenlagerung der Fettsäureketten möglich und das Fett wird fester.

Aber: trans-Fettsäuren tragen im Blut zum Anstieg vom umgangssprachlich als schlechtes Cholesterin bezeichneten *Low-Density-Lipoprotein* (LDL) bei und können dadurch das Risiko für Herzinfarkt oder Schlaganfall steigern.[1] Die ungesunden Fettsäuren finden sich vor allem in industriell gehärteten Fetten, sind aber auch von Natur aus in Milchprodukten oder Rindfleisch enthalten.

Alles über die gängigsten Fettsorten

Butter, der zartgelbe Liebling

Ob als schmackhafte Backzutat, als Grundierung von Marmeladen-, Honig- oder Käsebroten sowie in geschmolzener Form als Soße für Germknödel oder Spargel – Butter ist aus den meisten Küchen nur schwer wegzudenken. Laut der Bundesanstalt für Landwirtschaft und Ernährung war das zartgelbe Milchfetterzeugnis in den Jahren 2010 bis 2016 das beliebteste Streichfett Deutschlands. Und das, obwohl Butter viele Jahre als Cholesterinbombe und Risikofaktor für Herz-Kreislauf-Erkrankungen geradezu verteufelt wurde. Laut Werbung gibt zudem schon allein die schlechtere Streichfähigkeit kühlschrankkalter Butter Anlass genug, zur cremigeren Margarine zu greifen. Inzwischen hat sich der Ruf des tierischen Fettes aber wieder deutlich verbessert und nach aktuellem Kenntnisstand haben gesunde Menschen mit einem normalen Cholesterinspiegel bei maßvollem Buttergenuss nichts zu befürchten.[3] Darüber hinaus enthält das Naturprodukt die Vitamine A, D, E und K sowie verschiedene Mineralien wie Kalium oder Calcium.[4]

In vielen Ländern wie Island, Dänemark, Österreich oder der Schweiz wurden in den letzten Jahren Höchstgrenzen für die Verwendung trans-Fettsäure-haltiger Nahrungsfette festgelegt. In Deutschland müssen gehärtete Fette dagegen nur als solche gekennzeichnet werden.

Doch was genau macht Butter eigentlich so lecker? Zunächst einmal enthält sie von Natur aus über 230 verschiedene Aromastoffe, die von fruchtig über sahnig bis hin zu maisartig reichen, und entwickelt beim Erwärmen zusätzliche, teils angenehm karamellartige Noten.[5] Darüber hinaus schmilzt das tierische Fett bereits unterhalb unserer Körpertemperatur und gibt dabei eigene sowie beim Kochen oder Backen aufgenommene Aromen an unsere Geschmacks- und Geruchsrezeptoren ab. Da unser Speichel den dabei entstehenden dünnen Fettfilm nicht sofort wegwaschen kann, verbleiben die Aromen noch ein paar kostbare Sekunden in Mund- und Nasenhöhle.

Noch dazu ist Butter äußerst vielseitig und bereichert süße Kuchen ebenso wie deftige Soßen. Bei Letzteren sorgt sie unter anderem durch den natürlich enthaltenen Emulgator Lecithin für eine cremige, glatte und lockere Textur. Für eines eignet sie sich jedoch aufgrund von Zuckern, Proteinen und einem hohen Wassergehalt nicht besonders gut: fürs Frittieren.

Butter ist allerdings nicht gleich Butter. Im Kühlregal eines gut sortierten Supermarktes hat man die Qual der Wahl zwischen mehreren verschiedenen Sorten: Sauerrahm-, Süßrahm und mildgesäuerter Butter, meist auch noch in gesalzener oder ungesalzener Form. Während man bei Salz weiß, was einen erwartet, sieht es bei den restlichen Arten in Sachen Geschmack und Verwendung meist anders aus.

Ein Blick auf die Butterherstellung offenbart die Unterschiede. Frische Milch dient dabei als Ausgangsmaterial. Zunächst werden Milchflüssigkeit und Milchfett (Rahm) in einer Zentrifuge voneinander getrennt. Der Rahm hat einen Fettgehalt von etwa 40 % und wird zur besseren

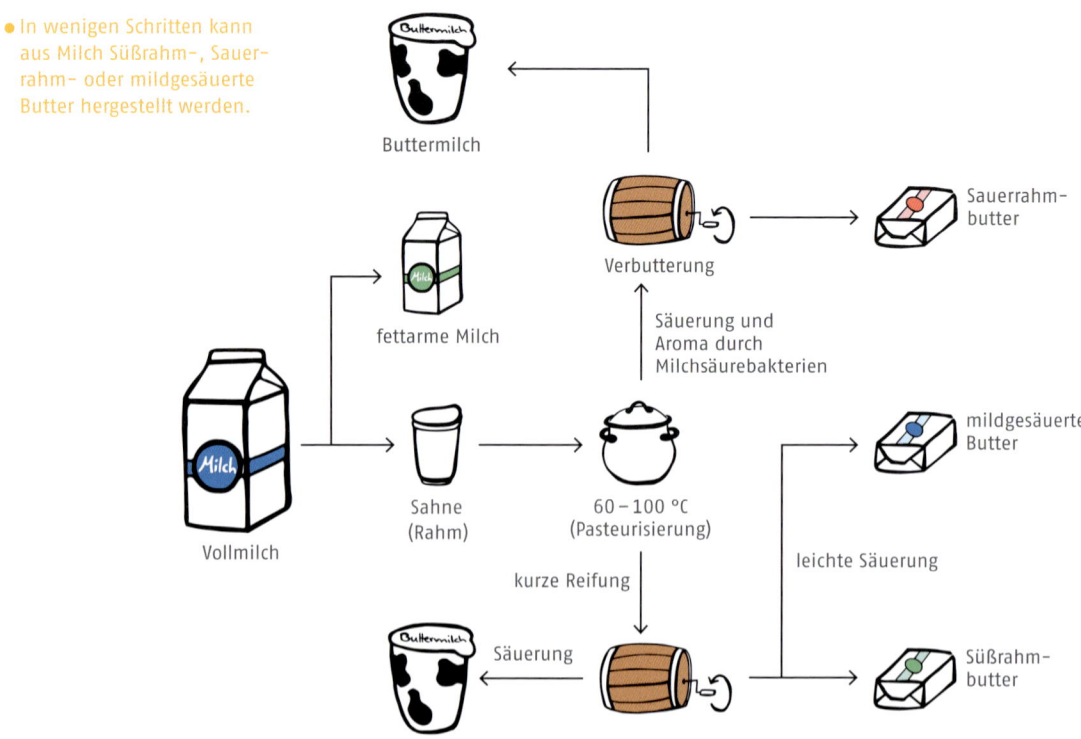

● In wenigen Schritten kann aus Milch Süßrahm-, Sauer- rahm- oder mildgesäuerte Butter hergestellt werden.

Buttermilch

Sauerrahm- butter

Verbutterung

fettarme Milch

Säuerung und Aroma durch Milchsäurebakterien

mildgesäuerte Butter

Sahne (Rahm)

60 – 100 °C (Pasteurisierung)

Vollmilch

leichte Säuerung

kurze Reifung

Buttermilch

Säuerung

Verbutterung

Süßrahm- butter

Haltbarmachung erhitzt (pasteurisiert) und anschließend zur Reife gestellt. Nach der Reifung, die bei jeder Buttersorte unterschiedlich verläuft, folgt die sogenannte Verbutterung: Durch kräftiges Schlagen werden die kleinen Kügelchen, in denen das Milchfett ursprünglich vorliegt, zerstört und das Fett kann sich miteinander verbinden. Anschließendes Kneten führt zu einer glatten Buttermasse, die geformt und verpackt im Supermarkt landet. Die Flüssigkeit, die sich während der Verbutterung vom Milchfett trennt, wird zu Buttermilch weiterverarbeitet.

Der pH-Wert, den Süßrahm-, Sauerrahm- und mildgesäuerte Butter haben müssen bzw. haben dürfen, wird von der Butter- verordnung ButtV 1997 festgelegt.

Sauerrahmbutter

Für die Herstellung von Sauerrahmbutter werden dem Rahm während der bis zu 24-stündigen Reifung verschiedene Milchsäurebakterien zugesetzt. Diese senken nicht nur den pH-Wert der Butter auf unter 5,1, sie sorgen durch ihren Stoffwechsel auch für das typisch kräftige Aroma. Sauerrahmbutter gilt als besser bekömmlich und eignet sich vor allem für herzhafte Gerichte.

Süßrahmbutter

Für die Herstellung von Süßrahmbutter werden keine Milchsäurebakterien zugesetzt und der Rahm reift nur wenige Stunden. Der pH-Wert dieser sahnig-milden Buttersorte liegt bei über 6,4. Zum Vergleich: Eine komplett neutrale Lösung besitzt einen pH-Wert von 7.

Kleines Experiment

Butter im Handumdrehen selber machen

Butter schmeckt nicht nur gut, sie lässt sich auch ganz einfach selber machen. Zwar kommt man im Allgemeinen nicht so leicht an frische Rohmilch, dem eigentlichen Ausgangsprodukt für die Butterherstellung, einen Becher Sahne findet man dafür aber problemlos in jedem Supermarkt. Die fettreiche Flüssigkeit ist ein Zwischenprodukt auf dem Weg von der Rohmilch zur Butter und lässt sich nicht nur steif geschlagen auf ein frisch gebackenes Stück Obstkuchen klecksen, sondern auch durch erstaunlich wenige Arbeitsschritte in streichfähige Butter verwandeln. Aus 200 g Sahne lassen sich etwa 65 g Süßrahmbutter sowie fettarme Buttermilch herstellen.

Benötigt werden:

▶ Sahne (Fettgehalt mindestens 30 %)
▶ ein sauberes Schraubdeckelglas
▶ ein Sieb
▶ eine Schüssel mit (eis-)kaltem Wasser
▶ zwei bis vier Bogen reißfeste Küchenrolle

1. Die Sahne zunächst auf Raumtemperatur erwärmen lassen und anschließend in das Schraubdeckelglas gießen. Im Glas sollte oben noch zwei Finger breit Platz bleiben. Nun das Glas mit der Sahne einige Minuten lang kräftig schütteln. Das Milchfett flockt dabei schnell aus und ballt sich in der Mitte des Glases zusammen.

2. Ein Sieb mit einem Bogen Küchenrolle auslegen, die überstehende Buttermilch durch das Sieb abgießen und auffangen. Sie ist zwar im Gegensatz zur Buttermilch aus dem Supermarkt nicht gesäuert, aber trotzdem sehr lecker.

3. Das ausgeflockte Milchfett in einer Schüssel mit kaltem Wasser (am besten aus dem Kühlschrank und/oder mit ein paar Eiswürfeln) mit einem Löffel gründlich durchkneten. Das Wasser dabei mehrmals wechseln. Bleibt es fast klar, ist die Butter fertig. Diese auf mehrere Lagen reißfester Küchenrolle geben und fest ausdrücken.

Die selbstgemachte Butter sollte luftdicht verpackt im Kühlschrank gelagert werden und hält sich mehrere Tage.

Mildgesäuerte Butter

Für mildgesäuerte Butter wird der Rahm erst nach der Reifung mit Milchsäurebakterien oder Milchsäure versetzt. Sowohl beim pH-Wert als auch beim Geschmack handelt es sich hier im Grunde um die goldene Mitte zwischen den zwei oben beschriebenen Buttersorten.

Kräftigere Farbe = besserer Geschmack?

Die Farbe einer Butter sagt nichts über ihren Geschmack aus. Dieser hängt mit der Ernährung der Kühe zusammen und variiert je nach Jahreszeit oder Fütterung. Frisst eine Kuh auf der Weide viel Gras, nimmt sie fettlösliche Carotinoide auf, die der Butter später ihre zartgelbe Farbe verleihen. Damit wir Konsumenten eine ansprechend gefärbte Butter kaufen können, wird heutzutage das Futter vieler Kühe mit Carotinoiden angereichert. Fertige Butter darf im Unterschied zu Margarine nicht nachträglich eingefärbt werden.

Warum wird Butter mit der Zeit dunkler?

Butter, die sich mit der Zeit außen etwas dunkler verfärbt hat, muss nicht zwangsläufig ranzig sein. Tatsächlich enthält das schmackhafte Streichfett Carotinoide, also fettlösliche rot-gelbliche Farbstoffe. Diese gelangen über Futter wie Gras, Karotten oder mit β-Carotin angereichertes Kraftfutter in das Milchfett der Kühe und damit auch in die Butter. Da das Streichfett bis zu 16 % aus Wasser besteht und dieses mit der Zeit verdunstet, steigt vor allem in der äußeren Schicht die Konzentration der Carotinoide. Die Butter färbt sich dort dunkler.

Butterschmalz

Bei Butterschmalz handelt es sich um Butter, der durch sanftes Erhitzen und Zentrifugation Proteine, Wasser und weitere Inhaltsstoffe entzogen wurden. Es besteht zu 99,5 % aus Milchfett und wird daher auch als Butterreinfett bezeichnet. Wegen des geringen Wassergehaltes ist Butterschmalz lange haltbar und eignet sich sehr gut zum Frittieren.

Margarine – die bessere Butter?

Die Geschichte der Margarine begann Mitte des 19. Jahrhunderts. Damals wünschte sich Napoleon III. für die Verpflegung seiner Truppen günstiges und gut haltbares Nahrungsfett und setzte auf dessen Erfindung sogar eine hohe Belohnung aus. Was heute vor allem als

> Margarine verdankt ihren Namen ihrem schimmernden Aussehen und leitet sich vom griechischen Wort für Perlmutt ab: *Márgaron.*

cholesterinarmer Butterersatz vermarktet wird, der reich an essenziellen ungesättigten Fettsäuren ist, war ursprünglich eine ziemlich unappetitliche Mischung aus Magermilch, Nierenfett, zerstoßenem Kuheuter und Rindertalg.[6] Erst am Anfang des 20. Jahrhunderts gelang es, Pflanzenöl mit Hilfe von Wasserstoff und metallischen Katalysatoren künstlich zu härten und damit streichfest zu machen.

Mit der Verteufelung des in Butter enthaltenen Cholesterins begann der Siegeszug der vermeintlich viel gesünderen Margarine, die, anders als früher häufig angenommen, keines-

Molke

Verdickungsmittel   Emulgatoren

häufig: Kokos- oder Palmöl

Säuerungsmittel   Farbstoffe wie
                         β-Carotin   gehärtete
Aromen   Fette

Margarine

Vitamine

wegs weniger Kalorien enthält als das tierische Gegenstück. Als Ende des 20. Jahrhunderts die gesundheitsschädliche Wirkung der bei der industriellen Härtung von Ölen entstehenden trans-Fettsäuren bekannt wurde, bekam das gute Image der Margarine einen Knacks. Und auch wenn pflanzliche Fette sich heute durch verbesserte Verfahren durchaus mit einem sehr niedrigen trans-Fettsäure-Gehalt herstellen lassen, scheinen die ernährungsphysiologischen Gründe, zum pflanzlichen Streichfett zu greifen, mehr und mehr zu schwinden. Ein Grund: Die Wissenschaft ist sich heute weitgehend einig, dass bei gesunden Menschen über die Nahrung aufgenommenes Cholesterin nicht zwingend zu einem erhöhten Cholesterinspiegel führen muss und dass dieser Spiegel allein wiederum nur wenig über das Risiko zukünftiger Herz-Kreislauf-Erkrankungen aussagt.[3]

> Bio-Margarine darf weder chemische Zusätze enthalten noch chemisch gehärtet sein. Aus diesem Grund besteht sie vorwiegend aus den zwei bei Raumtemperatur festen Pflanzenfetten Palm- und Kokosöl.

Außerdem gelten inzwischen nicht mehr alle gesättigten Fettsäuren per se als schlecht, ebenso wenig führt der ausschließliche Verzehr ungesättigter Fettsäuren automatisch zu blendender Gesundheit.

Darüber hinaus ist Margarine keineswegs das Naturprodukt, nach dem sie auf den ersten Blick aussieht. Für ihre Herstellung werden verschiedene, meist gehärtete Pflanzenöle mit Wasser und Emulgatoren zu einem streichfesten Fett verarbeitet. Mineralstoffe und Carotinoide (für eine butterähnliche Farbe) werden später zugefügt. Säuerungsmittel und zusätzliche Aromastoffe sollen den teils als unangenehm empfundenen Eigengeschmack mancher pflanzlicher Fette überdecken und bei der Herstellung zerstörte Vitamine werden nachträglich wieder zugesetzt. Auch der Einsatz verschiedener Verdickungsmittel für die Verbesserung der Textur und des Mundgefühls ist nicht unüblich.

Aber gesundheitliche Aspekte oder Zusatzstoffe hin- oder her: Viele Menschen greifen vor allem aus ethischen Gründen zur Margarine. Denn selbst wenn es gesetzlich nicht vorgeschrieben ist, lässt sie sich rein pflanzlich und somit vegan herstellen und besitzt damit eine deutlich bessere CO_2-Bilanz als Butter. Bei dieser schlägt die Haltung von Rindern, Schafen und Ziegen schwer zu Buche und es werden immerhin etwa 20 Liter Milch benötigt, um 1 kg Butter herzustellen.

Wo wir jedoch schon beim Thema Ethik sind, sollte auch erwähnt werden, dass die meisten Margarinesorten zur Verbesserung der Konsistenz Palmöl enthalten. Dieses aus klimatischen, ökologischen sowie ethischen Gründen in Verruf geratene Pflanzenfett (siehe Seite 80) wurde früher in der Zutatenliste sogar häufig hinter dem ziemlich schwammigen Ausdruck „verschiedene pflanzliche Öle und Fette" versteckt, muss heute aber immerhin klar gekennzeichnet werden.

Wie so oft ist also auch bei der Frage nach dem besten Streichfett die Antwort nicht einfach schwarz oder weiß. Aber immerhin: Wenn es vor allem um die Backeigenschaften geht, kann man sich ganz von seinem persönlichen

● Margarine ist nicht das Naturprodukt, nach dem sie auf den ersten Blick aussieht. Damit ihre Konsistenz sowie ihr Geschmack mit Butter mithalten können, sind häufig verschiedene, manchmal auch tierische Zusatzstoffe enthalten.

Denkanstoß •••

Allgegenwertiges Palmöl

Egal ob man zu Margarine, Fertigpizza, Schokoriegel oder Kosmetikprodukten greift – wer im Supermarkt einkauft, der kommt an palmölhaltigen Produkten kaum vorbei. Das aus dem Fruchtfleisch der Ölpalme gewonnene Pflanzenfett ist ein wahrer Alleskönner und steckt nach Aussage der Umweltschutzorganisation WWF in etwa jedem zweiten in Deutschland erhältlichen Supermarktprodukt. Palmöl enthält vorwiegend gesättigte Fettsäuren und ist daher bei Raumtemperatur fest, hat einen vorteilhaften Schmelzbereich von 30–37 °C, eignet sich hervorragend zum Frittieren und ist in unraffinierter Form reich an Vitamin A, E sowie β-Carotinen. Darüber hinaus ist es in der Lage, andere flüssige Öle zu binden und eignet sich wegen dieser Eigenschaft sehr gut für den Einsatz in Nuss-Nougat-Cremes. Ohne den Zusatz von Palmöl würde sich dort nämlich das nusseigene Fett von den restlichen Zutaten absetzen und die zartcremige Konsistenz verloren gehen. Doch nicht nur Lebensmittel enthalten Palmöl. Auch aus Wasch- und Reinigungsmitteln oder Biodiesel ist das Pflanzenfett nicht wegzudenken.

Was für die (Nahrungsmittel-)Industrie einen Segen darstellt, hat sich allerdings in den letzten Jahren für Tiere, Menschen und Umwelt mehr und mehr als Fluch herausgestellt. Wegen der hohen Nachfrage nach diesem vielseitig einsetzbaren Rohstoff müssen immer größere Flächen von kostbarem Regenwald in Südostasien, Lateinamerika und Afrika den wachsenden Ölpalmplantagen weichen. Das größte

Problem: Beim Anbau der Palmen wird bisher viel zu wenig Wert auf ökologische, ökonomische und soziale Verträglichkeit gelegt. Denn nicht nur indigene Völker oder Tiere wie die vom Aussterben bedrohten Orang-Utans oder Tiger werden durch den Platzbedarf aus ihren Lebensräumen vertrieben. Auch Menschenrechtsverletzungen und Kinderarbeit sind in der Palmölindustrie keine Seltenheit. Außerdem stellt die Entsorgung der Pflanzenreste ein Problem dar. Nach einer Studie aus dem Jahr 2014 werden dabei pro typischer südostasiatischer Plantage jährlich 3000 Tonnen des äußerst klimaschädlichen Gases Methan frei. Und das, obwohl zum Beispiel Malaysia durch eine fachgerechte Umsetzung der anfallenden Abfallstoffe in Biogasanlagen und durch deren Nutzung als Brennstoffe ein Viertel seines Elektrizitätsbedarfes decken könnte.[7]

Was ist also die Lösung? Auf Palmöl verzichten und auf andere pflanzliche Fette zurückgreifen? Nach einer Studie des WWF aus dem Jahr 2016 wäre das auch keine Lösung. Es würde die Probleme sogar noch verschlimmern.[8] Der Grund: Keine andere Pflanze erzielt pro Hektar Land so hohe Erträge wie die Ölpalme. Um den hohen Bedarf an pflanzlichen Fetten zu decken, würden für den Anbau von Raps-, Soja- oder Kokosöl noch viel größere Flächen benötigt.

Daher fordern viele Umwelt- und Menschenrechtsorganisationen, die Anbaubedingungen von Palmöl erheblich zu verbessern, nachhaltiger zu gestalten und, vor allem, dass wir unser Konsumverhalten ändern. Denn nur wenn die Nachfrage nach Energie, Treibstoff oder süßen wie deftigen Fertigprodukten abnimmt und der allgemeine Ruf nach glaubwürdig zertifiziertem Palmöl lauter wird, wird die klimaschädliche Produktion des Öls zurückgehen.

Geschmack leiten lassen. Durch den vergleichbaren Gehalt an Fett und Wasser eignen sich Butter und Margarine zwar nicht für jede, wohl aber für die meisten Gebäcksorten ähnlich gut.

Kokosöl – Cremiges aus der Nuss

Kokosöl gehört zusammen mit Kakaobutter und Palmöl zu den pflanzlichen Fetten, die wegen des hohen Gehalts an gesättigten Fettsäuren bei Raumtemperatur fest sind. Das aus dem Fruchtfleisch der Kokosnuss gewonnene Fett wird momentan wegen seiner angeblich günstigen Zusammensetzung als wahres Superfood vermarktet. Es soll vor Herzkrankheiten sowie Alzheimer schützen, Haut und Haare verschönern und sogar beim Abnehmen helfen. Da fundierte wissenschaftliche Studien, die diesen Hype unterstützen, bislang eher Mangelware sind, soll es an dieser Stelle jedoch nur um die backtechnischen Eigenschaften dieses Pflanzenfettes gehen.

Kokosöl oder Kokosfett?

Zunächst einmal sollte man zwischen Kokosöl und Kokosfett unterscheiden. Diese Bezeichnungen sind zwar nicht gesetzlich geregelt, allgemein wird das unbehandelte, kaltgepresste und damit native Pflanzenfett jedoch als Kokosöl verkauft. Durch die schonende Verarbeitung bleiben sowohl Nährstoffe als auch der charakteristische Geruch bzw. Geschmack im Endprodukt erhalten. Es ist ernährungsphysiologisch wertvoller, allerdings auch deutlich hochpreisiger als das Industrieprodukt Kokosfett. Dieses wird meist raffiniert, gehärtet und technisch vom Eigenaroma befreit (desodoriert).

Kokosöl in der Küche

Kokosöl besteht im Unterschied zu den meisten anderen pflanzlichen Fetten zum größten Teil aus gesättigten Fettsäuren und ist durch deren Hitze- und Oxidationsbeständigkeit nicht nur relativ lange haltbar, sondern auch bestens zum Frittieren oder Braten geeignet. Durch den günstigen Schmelzbereich von 23 – 26 °C sorgt es zudem für ein angenehm zartschmelzendes Mundgefühl. Und nicht nur das: Da das Fett unserem Mund beim Schmelzen Wärme entzieht, hinterlässt es dort bei Verzehr ein angenehm kühles Gefühl und wird deshalb für die Herstellung von Eiskonfekt verwendet.

Durch die ähnliche Konsistenz und den ähnlichen Schmelzbereich lassen sich Butter oder Margarine in vielen Rezepten durch Kokosöl ersetzen. Dabei sollte man jedoch beachten, dass Kokosöl im Gegensatz zu Butter oder Margarine kaum Wasser enthält. Das hat nicht nur Auswirkungen auf den Kaloriengehalt der späteren Backwaren, sondern auch auf deren Textur. Daher ersetzt man 100 g Butter oder Margarine in der Regel mit 60–75 g Kokosöl und 2–3 EL Wasser.

Minuspunkte für die Ökologie

Gute Backeigenschaften oder angebliches Superfood hin oder her – Kokosöl wird, wie der Name unschwer erkennen lässt, aus Kokosnüssen gewonnen. Kokospalmen wachsen in ähnlichen Regionen und unter ähnlichen Bedingungen wie die bereits diskutierten Ölpalmen, sind gleichzeitig jedoch weniger ertragreich. So besticht auch Kokosöl nicht gerade durch Klimafreundlichkeit, von den langen Transportwegen ganz zu schweigen.

Pflanzenöle – flüssige Energie aus Samen und Früchten

Sonnenblumen-, Raps-, Oliven-, Soja-, Leinsamen- oder Erdnussöl – die Anzahl der zum Backen und Kochen erhältlichen pflanzlichen Öle ist groß. Kein Wunder, denn um später die optimale Nährstoffversorgung des Keimlings zu gewährleisten, enthalten die Samen und/oder das Fleisch der meisten Früchte Fette. Durch Auspressen oder andere Verfahren gewonnen und mehr oder weniger stark weiterverarbeitet, können diese dann entsprechend ihren ganz individuellen Eigenschaften genutzt werden. Hier an dieser Stelle die vielen in der Küche gebräuchlichen Öle genau zu beleuchten, würde leider den Rahmen dieses Buches sprengen. Aus diesem Grund soll es im Folgenden lediglich um die allgemeine Anwendung von Ölen beim Backen gehen.

Wie backt es sich mit flüssigem Fett?

Pflanzenöle enthalten viele ein- und mehrfach ungesättigte sowie essenzielle Fettsäuren und – sofern sie kalt gepresst und nicht industriell weiterverarbeitet wurden – eine ganze Reihe wertvoller Nährstoffe. Da sie zudem keinerlei tierische Inhaltsstoffe besitzen, werden sie von vielen Menschen Butter, Schmalz und Co. vorgezogen. Möchte man beim Backen aber feste durch flüssige Fette ersetzen, so gibt es einiges zu bedenken.

Wie auf den vorangegangenen Seiten bereits beschrieben, erfüllt Fett in Gebäck viele Funktionen. Für die meisten davon ist es jedoch wichtig, dass das Fett bei Raumtemperatur fest ist – zum Beispiel beim luftigen Aufschlagen mit Zucker. Oder nehmen wir den vielseitigen Mürbeteig. In diesem spielt festes Fett eine wichtige Rolle, denn es legt sich wie eine schützende Hülle um viele Mehlpartikel und behindert dadurch unter anderem die Entstehung eines zusammenhängenden Teiggerüstes. Mürbeteiggebäck ist daher nicht bissfest und zäh, sondern zerfällt angenehm im Mund. Würde

man das Fett durch Öl ersetzen, würde dieses die Mehlpartikel vollständig ummanteln und überhaupt keine Verbindung des Teiges mehr zulassen. Das Resultat wäre ein schwer zu verarbeitender Klumpen und später kein mürbes, sondern vielmehr bröseliges und gleichzeitig sehr kompaktes Gebäck. Denn im Gegensatz zu Butter oder Margarine, die 10–16 % Wasser enthalten, bestehen pflanzliche Öle zu 100 % aus Fett. Wasser verdampft aber beim Backen und trägt damit zur Teiglockerung bei. Möchte man Butter oder Margarine trotz allem durch Öl ersetzen, sollte man pro 100 g festem Fett nur 80 g Öl verwenden und zusätzlich etwas Wasser zugeben.

Welches Öl wofür?

Wer sich Öl für die Küche zulegen möchte, der hat die Qual der Wahl. Wie so oft kommt es an dieser Stelle vor allem auf den persönlichen Geschmack und auf die Größe des Geldbeutels an. Während man zum Backen süßer Leckereien im Allgemeinen auf neutrale Pflanzenfette wie Raps- oder Sonnenblumenöl zurückgreift, darf das Fett in deftigen Backwaren wie Olivenöl ruhig etwas mehr Eigengeschmack besitzen.

Frittiert schmeckt einfach alles besser

Gebäck, Obst und Gemüse oder sogar Pizzen und Schokoriegel – es gibt tatsächlich nur wenig, was nicht schon in heißem Fett ausgebacken worden wäre. Würde die Wohnung nach der Herstellung frittierter Köstlichkeiten nicht tage- bis wochenlang nach Imbissbude riechen und die Waage beim Verzehr nicht derart nach oben schnellen – es würde sicher viel häufiger frittiert.

Doch was genau ist eigentlich das Besondere am Frittieren? Dass Fett ein hervorragender Speicher zahlreicher Aromen ist? Dass wir von dem schmackhaften Energielieferanten kaum genug bekommen können und sich alles Frittierte nun einmal zwangsläufig mit einer gewissen Menge davon vollsaugt? Tatsächlich ist an alledem etwas dran. Es gibt aber noch weitere Erklärungen.

Entscheidend ist vor allem, dass sich Fett je nach Sorte und Zusammensetzung auf Temperaturen von um die 200 °C erhitzen lässt, während Wasser schon bei vergleichsweise niedrigen 100 °C siedet und verdampft. Eine glückliche Kombination; lässt man zum Beispiel einen kleinen Ball aus Hefeteig vorsichtig in heißes Fett gleiten, geschieht Folgendes: Da Flüssigkeiten viel bessere Wärmeleiter sind als Luft, erwärmt sich die Oberfläche des Berliners fast schlagartig auf die Temperatur des umgebenden Fettes. Das in der äußeren Schicht gebundene Wasser beginnt sofort zu sieden und verdampft, das Teiggerüst trocknet und härtet aus. So bildet sich eine je nach Teigsorte mehr oder weniger feste Kruste, die nicht nur bräunt und damit wunderbar aromatisch schmeckt, sondern darüber hinaus noch andere wichtige Funktionen erfüllt.

Zunächst verhindert die entstehende Kruste, dass sich der gesamte Berliner mit Fett vollsaugt und dadurch ziemlich unappetitlich wird. Die schmackhafte Barriere wirkt in beide

Richtungen. Fett kann also nicht nur schlechter in den Teig eindringen, Feuchtigkeit kommt gleichzeitig auch schlechter hinaus. Das dadurch im Teig gehaltene Wasser sorgt nicht nur dafür, dass das fertige Gebäck später schön saftig ist, sondern auch dafür, dass die Temperatur im Inneren während des Frittierens länger bei recht milden 100 °C gehalten wird. So bleibt für Gase und entstehenden Wasserdampf genug Zeit, sich auszudehnen und damit dem Teig eine voluminöse und locker-leichte Struktur zu geben.

Absolut essenziell für erfolgreiches Frittieren ist daher die richtige und möglichst gleichbleibende Temperatur des Fettes. Ist es zu heiß, verbrennt die Oberfläche des Frittiergutes, bevor das Innere durchgaren kann. Ist es hingegen zu kalt, dauert die Bildung einer geschlossenen und isolierenden Oberfläche zu lange und das Gebäck saugt sich mit Fett voll.

Frittieren? Ja gerne! Aber womit?

Hat man sich einmal dazu durchgerungen, trotz intensiver Geruchsentwicklung zu frittieren, folgt gleich das nächste Problem: womit? Fett sorgt für knusprige Krusten, zahlreiche Röststoffe und aromatisch-saftigen Genuss – vorausgesetzt, es wird hoch genug erhitzt. Aber nicht jedes Fett hält den benötigten Temperaturen von 150 – 190 °C problemlos stand. Fett neigt in Gegenwart von Sauerstoff oder Wasser sowie bei starker Erhitzung dazu, in übelschmeckende, teils gesundheitsschädliche Verbindungen zu zerfallen. Je nach Zusammensetzung und Gehalt an gesättigten oder ungesättigten Fettsäuren unterscheiden sich Fette sowohl in ihrer Haltbarkeit als auch in ihrer Hitzebeständigkeit.

Ein wichtiges Kriterium dafür, wie gut sich ein Fett zum Frittieren eignet, ist der sogenannte Rauchpunkt. Dabei handelt es sich um die Temperatur, bei dem Fett nicht einfach verdampft, sondern vielmehr in kleinere gasförmige Verbindungen zerfällt. Diese riechen

nicht nur eklig, sie können sich sogar spontan entzünden und zu einem gefährlichen Fritteusenbrand führen. Im Fett zurückbleibende Zerfallsprodukte können außerdem den Geschmack der zu frittierenden Lebensmittel ruinieren.

Ob der Rauchpunkt eines Fettes hoch oder niedrig ist, hängt vor allem vom anfänglichen Gehalt an freien Fettsäuren ab. Allgemein enthalten pflanzliche Fette weniger freie Fettsäuren als tierische und frisches Fett weniger als schon häufiger benutztes.[9] Aber: Auch ein- und vor allem mehrfach ungesättigte Fettsäuren spielen eine Rolle. Sie gelten zwar als gesund und gehören zu einer ausgewogenen Ernährung dazu, können jedoch besonders bei höheren Temperaturen sehr leicht oxidiert und damit zersetzt werden. Gehärtetes oder von Natur aus festes Fett kann dagegen höher erhitzt werden.

Fazit: Wie so oft gibt es also auch bei der Wahl des Frittierfettes keine allgemeingültige Lösung und es gilt, praktische, geschmackliche sowie gesundheitliche Aspekte abzuwägen.

Fett nein danke
Backen mit Fruchtpürees

Fett ist nicht allein wegen seiner Rolle als Geschmacksträger eine beliebte Backzutat, es verleiht Kuchen und Keksen auch eine zarte, saftige und lockere Textur. Der Nachteil: Fett hat mit etwa 900 Kilokalorien pro 100 g einen sehr hohen Brennwert und wird daher nicht auf jedem Speiseplan gern gesehen.

Wer seinen Fettverzehr reduzieren, gleichzeitig aber auf selbst gemachte Backwaren nicht verzichten möchte, der kann vor allem bei kompakterem Gebäck wie Muffins, Brownies, Rübli- oder Schokoladenkuchen auf verschiedene Fruchtpürees zurückgreifen. Diese enthalten kaum Fett, dafür viel Wasser und (allerdings ebenfalls nicht gerade kalorienarmen) Zucker. Während der hohe Feuchtigkeitsanteil genau wie bei Butter oder Margarine durch den beim Backen daraus entstehenden Wasserdampf für eine gewisse Teiglockerung sorgt, macht der Zucker das Gebäck sowohl saftig als auch zart. Darüber hinaus bringen die Pürees angenehm fruchtige Noten ins Gebäck.

Aber: In Sachen Backeigenschaften können sie dem klassischen Fett nicht das Wasser reichen. Besonders luftiges und zartes Gebäck lässt sich damit kaum ohne deutliche Abstriche in Sachen Textur und Mundgefühl backen. Doch muss man das Fett ja nicht gleich vollständig aus dem Rezept verbannen, sondern

kann es erst einmal nur teilweise durch fruchtiges Mus ersetzen. Darüber hinaus kann es sich lohnen mit eher proteinarmen Mehlsorten (zum Beispiel Hafer- oder Maismehl) zu experimentieren und die Zutaten so kurz zu verrüh-

● Die Wahl des besten Frittierfettes ist oft nicht ganz einfach. Mehrfach ungesättigte Fettsäuren sind zum Beispiel wichtig für eine ausgewogene Ernährung, zersetzen sich unter hohen Temperaturen jedoch leicht in gesundheitsschädliche Stoffe.

Welches Fett eignet sich zum Frittieren?

Olivenöl
raffiniert

+ hoher Rauchpunkt (ca. 220 °C)
+ niedriger Gehalt an mehrfach ungesättigten Fettsäuren

Butterschmalz

+ hoher Rauchpunkt (ca. 205 °C)
+ kaum mehrfach ungesättigte Fettsäuren
+ buttriger Geschmack

Sonnenblumenöl
raffiniert

+ hoher Rauchpunkt (ca. 210 °C)
+ neutraler Geschmack
− hoher Gehalt an mehrfach ungesättigten Fettsäuren (ca. 60 %)

Rapsöl
raffiniert

+ hoher Rauchpunkt (ca. 200 °C)
− hoher Gehalt an mehrfach ungesättigten Fettsäuren (ca. 27 %)
− starker Eigengeschmack

Kokosfett

+ hoher Rauchpunkt (80 – 205 °C)
+ kaum mehrfach ungesättigte Fettsäuren (ca. 2 %)
− lange Transportwege
− Anbau oft nicht nachhaltig

Palmöl

+ hoher Rauchpunkt (ca. 220 °C)
+ niedriger Gehalt an mehrfach ungesättigten Fettsäuren (ca. 9 %)
− lange Transportwege
− Anbau oft nicht nachhaltig

Nicht zum Frittieren geeignet:

Butter und Margarine

− niedriger Rauchpunkt, spritzen und schäumen durch das enthaltene Wasser

Natives Olivenöl und andere kaltgepresste Pflanzenöle

− niedriger Rauchpunkt

Pflanzenöle mit einem hohen Gehalt an mehrfach ungesättigten Fettsäuren

− z. B. Leinöl, Distelöl, Kürbiskernöl, Walnussöl

ren wie möglich. Der Grund: Fett behindert in einem Teig normalerweise die Ausbildung eines starken Glutennetzwerkes, welches Gebäck zu einer zähen Angelegenheit machen kann.

Das Backen mit proteinarmem Mehl sowie kurzes Rühren/Kneten haben einen vergleichbaren Effekt und können die Textur fettarmer Backwaren durchaus verbessern.

Zahlen und Fakten

- Die Fettkügelchen in frischer Milch haben einen durchschnittlichen Durchmesser von **0,004 mm**.[10]

- Laut der Butterverordnung ButtV 1997 darf Butter maximal **16 Gewichtsprozent** Wasser enthalten.

- Butter ist eine Emulsion von Wasser in Fett. Die Wassertröpfchen haben einen Durchmesser von weniger als **0,01 mm**.[11]

- Butter muss laut der Butterverordnung ButtV 1997 als gesalzen gekennzeichnet werden, wenn sie mehr als **0,1 Gewichtsprozent** Salz enthält.

- Für die Herstellung von **1 kg** Butter werden etwa **20 Liter** Milch benötigt.

- Im Jahr 2015 verzehrte jeder Deutsche im Durchschnitt **6,1 kg** Butter. Bei Margarine waren es im gleichen Jahr nur **4,5 kg**.[12,13]

- Gemäß der Verordnung über Margarine- und Mischfetterzeugnisse (MargMFV) muss Margarine mit einem Gesamtfettgehalt von unter **50 Gewichtsprozenten** einen gut sichtbaren und unverwischbaren Hinweis tragen, dass das Fett zum Braten nicht geeignet ist.

- Im Jahr 2016 wurden in Deutschland **349 120 Tonnen** Margarine produziert. Zehn Jahre zuvor waren es noch 424 300 Tonnen.[14]

- Die weltweite jährliche Produktionsmenge von Palmöl ist von 2003 bis 2016 von knapp 30 auf mehr als **62 Millionen Tonnen** gestiegen. Die Produktionsmenge von Sonnenblumenöl stieg im gleichen Zeitraum von 9 auf knapp 17 Millionen Tonnen.[15,16]

- Ölpalmen sind sehr ertragreich. Sie liefern pro Hektar und Jahr durchschnittlich knapp **fünfmal so viel** Öl wie Kokospalmen, Raps oder Sonnenblumen.[8]

Zucker
Gehasst, geliebt, in Bonbonform gegossen

Er schmeckt verführerisch süß, versorgt uns mit einer ordentlichen Portion Energie und ist nicht nur aus der Welt der Süßwaren kaum wegzudenken. Jahresbeginn für Jahresbeginn ist er – oder besser gesagt der Verzicht auf ihn – Mittelpunkt unzähliger guter Vorsätze, doch Hand aufs Herz: Ihm zu entsagen fällt uns mächtig schwer. Und das nicht nur, weil er sich allzu oft in Pizza, Pesto oder Krautsalat versteckt und damit auch in solchen Nahrungsmitteln, in denen wir überhaupt nicht mit ihm rechnen. Sowohl seine Rolle in unserer täglichen Ernährung als auch seine Auswirkungen auf unsere Gesundheit erhitzen die Gemüter, und sein Ruf ist – sagen wir, wie es ist – mies. Und trotz allem lieben wir ihn: Zucker.

Wobei es eigentlich ja heißen müsste „.... lieben wir sie". Denn hinter dem, was wir im allgemeinen Sprachgebrauch als Zucker bezeichnen, verbirgt sich in Wahrheit nicht nur eine, sondern gleich mehrere verschiedene chemische Verbindungen. Und genau die begegnen uns in jedem noch so kleinen Supermarkt in allerlei verschiedenen Formen und Gestalten: als kristalliner Feststoff, fein gemahlenes Pulver, weiß, braun, roh, raffiniert, aus Zuckerrohr oder Zuckerrübe, als von Honigbienen produzierte oder aus Agaven gewonnene goldgelbe Flüssigkeit. Das Angebot ist riesig. Und nicht nur das. Ausgenommen von ein paar besonderen Spezialitäten wie Kokosblütenzucker, der aus dem Saft der Kokospalme gewonnen wird, ist Zucker spottbillig. Das mag für uns inzwischen zwar nichts Besonderes mehr sein, aber noch bis zur Mitte des 19. Jahrhunderts handelte es sich bei der süßen Zutat um ein wahres Luxusgut. Bonbons, süßes Gebäck oder zuckrige Desserts waren damit fast ausschließlich den Wohlhabenden und Reichen vorbehalten.

Doch was genau macht dieses heutzutage geliebte und zugleich verteufelte Produkt eigentlich zu etwas so Besonderem? Denn etwas Besonderes ist Zucker ohne Zweifel. Er hat einen hohen physiologischen Brennwert – 1 g

Haushaltszucker liefert knapp 4 Kilokalorien, 1 g Fett hat zum Vergleich etwa 9 Kilokalorien – und ist damit ein sehr guter Energielieferant. Vor allem wenn es darum geht, den Körper für den nächsten entbehrungsreichen Winter mit ausreichend Reservekalorien auszustatten. Zwar birgt die kalte Jahreszeit hierzulande durch das riesengroße Nahrungs(über)angebot kaum noch die Gefahr zu verhungern, unser Körper ist aber dennoch darauf ausgelegt, sich sicherheitshalber Reserven für schlechte Zeiten anzulegen. Um unter anderem zu erkennen, ob ein Nahrungsmittel energiereich und damit überlebenstechnisch von Vorteil ist, ist unsere Mundhöhle mit zahlreichen Geschmacksrezeptoren gespickt. Und hier macht Zucker auf unser Gehirn in vielerlei Hinsicht einen sehr guten Eindruck: Zum einen verspricht die süße Speise einen sehr hohen Energiegehalt, zum anderen kann sie mit sehr hoher Wahrscheinlichkeit bedenkenlos verzehrt werden. Natürlich vorkommende giftige Substanzen schmecken nämlich äußerst selten süß, sondern häufig bitter. Für unser Gehirn eine klare Entscheidung: Nahrungsmittel mit süßen Nuancen werden als wertvoll eingestuft. Auch wenn das in Zeiten eines Überflusses von billigem Zucker und Fertiggerichten ein wahrer Fluch sein kann.

Mal abgesehen von vielen Kalorien und einem verführerisch süßen Geschmack besitzt Zucker noch mehr Eigenschaften, die ihn sowohl als Bestandteil von Bonbons, Desserts und Co. als auch als Zutat von herzhaften (Fertig-)Gerichten so unentbehrlich machen. Erst einmal ist Zucker unglaublich wandlungsfähig. Erhitzt man ihn – gegebenenfalls zusammen mit etwas Wasser oder weiteren Zutaten – und beachtet dabei ein paar Dinge, so werden aus dem unscheinbaren kristallinen Feststoff Leckerbissen unterschiedlichster Form, Gestalt und Konsistenz: Lutscher und Bonbons, die aussehen wie Glas und ihre zuckrige Süße nur ganz langsam im Mund freigeben oder Toffees,

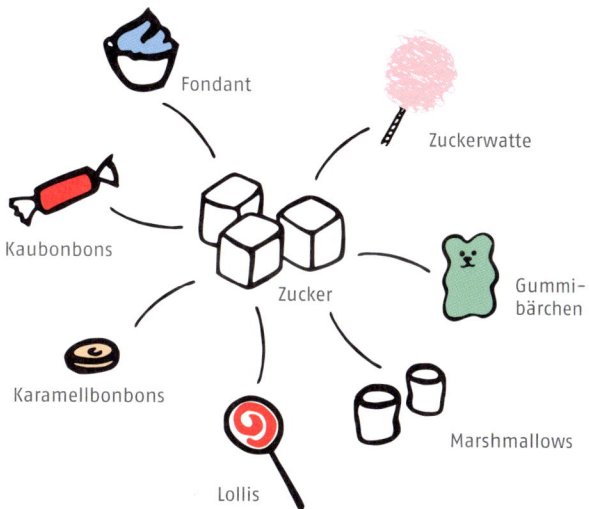

Fondant

Zuckerwatte

Kaubonbons

Zucker

Gummi-
bärchen

Karamellbonbons

Marshmallows

Lollis

die mal zart und leicht zerkaubar, mal eher bröckelig daherkommen. Ganz zu schweigen von Zuckerwatte, dem klebrig-samtigen Traum vieler Kinder. Der Grund für diese enorme Vielseitigkeit ist der molekulare Aufbau von Zucker, der gemeinsam mit der Magie der Bonbonherstellung später noch genauer behandelt wird.

Und Zucker können noch mehr. Sie interagieren mit Proteinen, die in Form von Gluten vielen Gebäcksorten Stabilität verleihen, und machen das Backwerk dadurch zarter. Zudem sind die süßen Verbindungen hygroskopisch, das heißt, sie binden Feuchtigkeit. Durch diesen Effekt werden nicht nur Brot und andere Backwaren saftiger und halten länger frisch, Zucker entziehen Bakterien und anderen potenziell schädlichen Mikroorganismen auch lebenswichtiges Wasser. Diese Eigenschaft beschert Marmelade, Honig und ähnlichen süßen Produkten ihre sehr lange Haltbarkeit. Doch was genau ist – oder besser gesagt sind – Zucker denn nun eigentlich?

Die Chemie des Zuckers

Chemisch gesehen handelt es sich bei Zuckern um Kohlenhydrate, womit sie zur Stoffklasse der häufigsten Biomoleküle der Welt zählen. Pflanzen, die grünen Kraftwerke dieser Erde, wandeln jährlich mit Hilfe der Photosynthese viele Milliarden Tonnen CO_2 und Wasser in verschiedene organische Verbindungen, hauptsächlich aber in Kohlenhydrate (auch Saccharide genannt) um. Auf diese Weise produzieren sie Moleküle, die als Energiespeicher und Energielieferanten dienen, grundlegende Bestandteile von Zellmembranen oder Bindegewebe darstellen, als wichtige Struktur- oder Stützelemente von Zellen fungieren und darüber hin-

aus noch viele weitere Aufgaben erfüllen. Auch unser Erbgut enthält ein Kohlenhydrat, das Bestandteil des DNA-Rückgrats ist: den Zucker Desoxyribose.

Nicht alle, aber viele Kohlenhydrate sind nur aus den drei Elementen Kohlenstoff, Wasserstoff und Sauerstoff aufgebaut und bestehen aus einzelnen, wenigen oder sogar mehreren Tausend miteinander verknüpften Zuckerbausteinen. Dadurch entstehen Biopolymere wie Stärke (Energiespeicher pflanzlicher Zellen), Cellulose (Hauptbestandteil pflanzlicher Zellwände und wichtig für die Papierherstellung),

Spülen wir während des Sports unseren Mund mit zuckerhaltigem Wasser, so werden wir dadurch leistungsfähiger. Selbst dann, wenn wir die kalorienhaltige Flüssigkeit überhaupt nicht herunterschlucken. Zu diesem verblüffenden Ergebnis kamen Forscher der Universität Birmingham, als sie Sportler während einer Trainingsaufgabe ihren Mund entweder mit reinem, mit Maltodextrin (ein nur schwach süßer aber dennoch kalorienhaltiger Zucker) oder mit Glukose versetztem Wasser spülen ließen. Alle drei Flüssigkeiten wurden vorher mit Süßstoff auf den gleichen Geschmack gebracht. Die Sportler, die mit zuckerhaltiger Lösung spülten, waren messbar leistungsfähiger als diejenigen, die lediglich mit Süßstoff gesüßtes Wasser erhalten hatten. Den Grund vermuten die Wissenschaftler in speziellen Rezeptoren in unserer Mundhöhle, die unserem Gehirn schon beim Essen melden, wenn energiereiche kohlenhydrathaltige Nahrung zu erwarten ist – ganz unabhängig vom süßen Geschmack.[1]

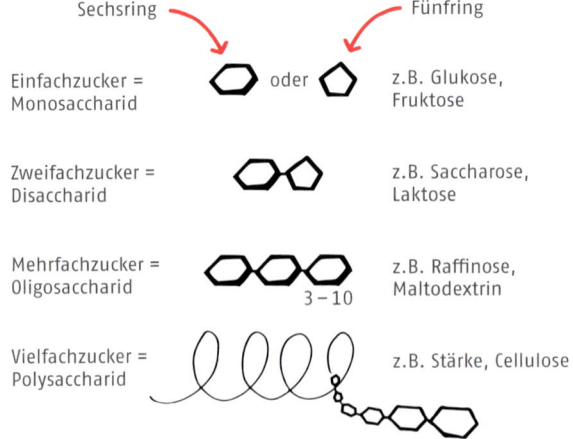

Sechsring | Fünfring

Einfachzucker =
Monosaccharid
oder — z.B. Glukose,
Fruktose

Zweifachzucker =
Disaccharid
— z.B. Saccharose,
Laktose

Mehrfachzucker =
Oligosaccharid
3 – 10 — z.B. Raffinose,
Maltodextrin

Vielfachzucker =
Polysaccharid
— z.B. Stärke, Cellulose

Die Namen der meisten
Zucker enden mit dem
Suffix „-ose"

• Je nachdem, ob Kohlenhydrate aus einem, zwei-
en oder mehreren Zuckerbausteinen zusammengesetzt sind, spricht man von Mono, Di-, Oli-
go- oder Polysacchariden.

eindeutig: nein. Denn Fruktose, Glukose, Saccharose, Maltose und alle anderen haben einen
größeren Einfluss auf ganz alltägliche Lebensmittel als man denkt. Ein paar der wichtigsten
sind hier zusammengestellt.

Zucker macht saftig

Man kennt das ja – kaum lässt man ein nicht
ganz so dicht verpacktes Bonbon zu lange herumliegen, schon wird es unglaublich klebrig.
Der Grund hierfür ist eine Eigenschaft, die alle
Zuckerarten teilen, wenn auch in unterschiedlich starker Ausprägung: Sie sind hygroskopisch – sie neigen also dazu, Feuchtigkeit aus
ihrer Umgebung aufzunehmen. Der Fruchtzucker Fruktose beispielsweise ist so stark hygroskopisch, dass er sich nur schwer kristallisieren
lässt. Was bei vielen Backwaren und anderen
Lebensmitteln ausdrücklich erwünscht ist und
für mehr Saftigkeit und Frische sorgt, das kann
bei so mancher Süßigkeit ohne Zweifel nerven.

Zucker macht zart

Knetet man einen Teig aus (glutenhaltigem)
Mehl und Wasser, so bildet sich dabei ein als
Gluten bezeichnetes dreidimensionales Pro-

Hyaluronsäure (Bestandteil von
Bindegewebe oder Gelenkflüssig-
keit), Agarose (aus Algen gewon-
nener Gelbildner) oder Chitin
(unter anderem Bestandteil von Insektenpan-
zern).

In diesem Kapitel soll es jedoch nicht um
die großen Biopolymere der Kohlenhydrate,
sondern nur um ein paar gängige kleinere Bausteine gehen. Diese bilden farblose kristalline
Feststoffe, lassen sich leicht in Wasser lösen
und schmecken häufig süß: Mono- und Oli-
gosaccharide oder im allgemeinen Sprachgebrauch: Zucker.

Mehr als nur Süßungsmittel –
die vielen Funktionen des Zuckers

Zucker ist in unserer täglichen Ernährung allgegenwärtig. Sogar wenn man bewusst auf Süßigkeiten verzichtet, kommt man, solange man
nicht alles selbst kocht und zubereitet, kaum
an ihm vorbei. Weshalb ist das eigentlich so?
Klar, Zucker ist ein sehr billiger Füllstoff und
schmeckt noch dazu verlockend, aber ist das
wirklich schon alles? Die Antwort hierauf ist

• Ein Blick auf die zahlreichen verschiedenen
Funktionen von Zucker macht klar, weshalb die
süßen Kohlenhydrate so vielen Lebensmittel-
produkten zugesetzt werden.

…stabilisiert Eischaum

…sorgt für längere
Haltbarkeit

…ist sehr wandelbar

…sorgt für an-
sprechende
Bräunung

…macht Eiscreme
cremig

…macht luftig

…macht zart

Zucker…

…verzögert
Altbackenwerden

…macht saftig

…ist Nahrung von
Backtriebmitteln

…lässt sich
karamellisieren

teinnetzwerk, das sowohl dem Teig als auch dem späteren Gebäck Stabilität und Elastizität verleiht (siehe Seite 11 f.). Enthält der Teig jedoch Zucker, konkurriert dieser mit den Glutenproteinen um das vorhandene Wasser und es bildet sich nicht nur schwächeres, sondern auch weniger Gluten. Das Resultat: Das spätere Backwerk hat eine zartere Konsistenz.[2]

Zucker verzögert Altbackenwerden
Zucker konkurriert in einem Teig nicht nur mit Glutenproteinen, sondern auch mit Stärke um das im Teig vorhandene Wasser. Dadurch verkleistert die Stärke nicht nur schwächer, sondern auch erst bei höheren Temperaturen. Der Effekt auf das spätere Gebäck ist der gleiche wie im vorangegangenen Abschnitt: Es wird zarter.

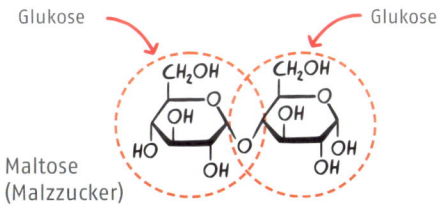

Maltose (Malzzucker)

Und nicht nur das. Manche Zuckerarten wie Maltose verzögern noch dazu das Altbackenwerden von Brot.[3, 4]

Zucker macht Lebensmittel länger haltbar
Bis eine Marmelade schlecht wird, kann, selbst wenn sie bereits geöffnet wurde, eine ganze Weile vergehen. Der Grund hierfür sind die großen Mengen Zucker, die Mikroorganismen wie Bakterien und Hefen überlebenswichtiges Wasser entziehen und damit am Wachstum hindern.

Bestimmte Zucker machen Eiscreme cremig
Große, harte Eiskristalle sind der Feind eines jeden cremig-zartschmelzenden Eisgenusses. Zucker sorgt auf verschiedene Weise dafür, dass die beliebte Süßspeise sogar bei frostigen −18 °C noch relativ weich bleibt. Dabei ist es allerdings wichtig, einen Zucker zu verwenden, der nicht auch noch durch Kristallbildung zu rauem und festem Eis beiträgt. Aus diesem Grund wird bei der Herstellung von Speiseeis vor allem Glukose- und Glukose-Fruktose-Sirup verwendet. Die enthaltenen Zuckerarten kristallisieren weniger leicht als beispielsweise Haushaltszucker und das tiefgefrorene Produkt bleibt cremiger.

Zucker ist ein Verwandlungskünstler
Angesichts der nahezu überwältigenden Massen der in so gut wie jedem Supermarkt angebotenen Süßwaren sind Bonbons, Lutscher, Toffees und Co. für uns zu einer Selbstverständlichkeit geworden. Bei genauerem Hinsehen ist es durchaus erstaunlich, dass all diese Leckereien sich zwar ihre Hauptzutat teilen, ihre Texturen jedoch von steinhart, bröselig und zartschmelzend bis hin zu wattig reichen. Möglich wird diese Vielfalt durch das faszinierende Kristallisationsverhalten von Zucker, das im Abschnitt über die Bonbonkocherei auf Seite 101 noch einmal genauer behandelt wird.

Zucker sorgt für eine ansprechende Bräunung
Egal ob Kuchen, Plätzchen oder ein deftiger Auflauf im Ofen backen, dank der sogenannten Maillard-Reaktion (siehe nächste Seite) bekommen gebackene, gebratene oder auf andere Weise erhitzte Speisen sowohl eine ansprechende Bräunung als auch ein charakteristisches Aroma. Grund dafür sind bestimmte Zucker wie Glukose oder Fruktose, die, verstärkt durch erhöhte Temperaturen, mit Proteinen zu einer Vielzahl bräunlicher und schmackhafter Verbindungen reagieren. Die Maillard-Reaktion sollte man allerdings nicht mit dem Karamellisieren von Zucker verwechseln!

Zucker karamellisiert

Wer kann zu goldgelb gebräuntem und herrlich duftendem Karamell schon nein sagen? Wird Zucker über seinen Schmelzpunkt erwärmt, so zerfällt er irgendwann in Hunderte verschiedene Moleküle, die der karamellisierten Masse nicht nur ihre Farbe, sondern auch ein charakteristisches und überaus komplexes Aroma geben. Karamellisierter Zucker verleiht deftigen wie süßen Speisen Bräune, Geschmack und, je nach Zubereitung, eine knusprige Textur. Darüber hinaus ist Karamell stark hygroskopisch und hält viele Lebensmittel dadurch besonders saftig.

Zucker macht luftig

Jeder, der gerne backt, weiß, wie wunderbar sich kristalliner Zucker und Fett gemeinsam schaumig schlagen lassen. Auch hier spielt der Zucker eine wichtige Rolle, denn seine Kristalle schneiden beim Rühren wie winzige Messer durch das Fett und ziehen dabei an ihrer Oberfläche haftende Luft mit sich hinein.

Zucker stabilisiert Eischaum

Mit Hilfe von Zucker lässt sich nicht nur Eiweiß in eine besonders formstabile und dazu noch seidig glänzende Masse verwandeln, auch kompletter Eischaum profitiert von der süßen Zutat. Da Zucker wie bereits mehrfach erwähnt Feuchtigkeit bindet, verhindert er, dass Wasser aus dem mühsam aufgeschlagenen Schaum herausfließt und dieser in sich zusammenfällt (siehe auch Seite 54 f.).

Zucker ernährt Hefen und Bakterien

Verschiedene Zucker dienen jenen Hefen und Bakterien als Nahrung, die wir zum Beispiel in Form von Backhefe oder einer Sauerteigkultur als Backtriebmittel verwenden. Zu viel Zucker entzieht den Bakterien und Hefen jedoch Wasser, weshalb für besonders süße Teige nur an derart zuckrige Bedingungen angepasste Organismen eingesetzt werden können.

Aromatische Bräunung
Die Maillard-Reaktion

Die Rolle von Zucker in Lebensmitteln ist, wie auf den vorangegangenen Seiten bereits beschrieben, unglaublich vielfältig. Er macht Gebäck zarter, saftiger und länger haltbar, verzögert dessen Altbackenwerden und dergleichen mehr. Ganz besonders erwähnenswert sind jedoch auch die mit Zucker verbundenen Bräunungsreaktionen. Man denke da nur an Karamell. Die duftende goldbraune Masse enthält Hunderte verschiedene Inhaltsstoffe, darunter zum Beispiel bittere, fruchtige, malzige oder nussige Aromen sowie mehrere Verbindungen mit charakteristischer Farbe. All das entsteht in ganz und gar nicht simplen Reaktionen aus ganz normalem Zucker. Aber: Gegen die Maillard-Reaktion, *die* wichtigste Bräunungsreaktion überhaupt, wirkt selbst die komplexe Entstehung von Karamell wie ein Zuckerschlecken.

Die Maillard-Reaktion, die in Wahrheit nicht nur eine, sondern eine ganze Reihe gleichzeitig und nacheinander ablaufender Reaktionen umfasst, ist allgegenwärtig. Durch sie bräunen nicht nur Fleisch oder Spiegelei oder bekommen Brotkrusten ihren leckeren Geschmack, sie gibt auch Kaffee oder Schokolade ihre typisch röstigen Aromen. Und selbst, wenn wir gerade einmal nicht kochen, backen, essen oder Kaffee trinken, läuft diese extrem komplizierte Reaktionskaskade in vielen gelagerten Lebensmitteln oder sogar innerhalb unseres eigenen Körpers ab.

An der Reaktion selbst sind zunächst zwei Komponenten beteiligt: freie Aminogruppen, die Teile einzelner Aminosäuren oder ganzer Proteine sein können, und bestimmte sogenannte reduzierende Zucker. Zu diesen gehören zum Beispiel Laktose, Fruktose oder Glukose, der Grundbaustein von Stärke. Beschleunigt durch erhöhte Temperaturen entsteht zunächst ein instabiles Zwischenprodukt. Das wiederum wandelt sich durch viele sowohl parallel als auch nacheinander ablaufende Reaktionsschritte in Hunderte verschiedene Verbindungen um, die Geruch, Geschmack und Aussehen unzähliger Lebensmittel beeinflussen. Bedingungen wie Zuckersorte, Art der Aminoverbindungen, das Verhältnis der Ausgangsstoffe, die Temperatur oder der pH-Wert beeinflussen zudem, welche Moleküle genau entstehen oder wie schnell die Reaktion abläuft. Da durch Aminoverbindungen auch Elemente wie Stickstoff oder Schwefel mit ins Spiel kommen, sind die Reaktionsprodukte noch einmal komplexer und vielseitiger als die von Karamell. Dieser besteht schließlich „nur" aus Kohlenstoff, Sauerstoff und Wasserstoff.

Bedenkt man, welchen Einfluss die Maillard-Reaktion auf die Attraktivität unserer ganz alltäglichen Speisen hat, wundert es wenig, dass sie auch in der Industrie eine riesengroße Rolle spielt. So können mit ihrer Hilfe zum Beispiel Brat-, Röst- oder sogar Röstzwiebelaromen gezielt hergestellt und damit viele angebotene Lebensmittel noch ansprechender gemacht werden.

Gängige Zuckerarten
Haushaltszucker

Verlangt ein Rezept nach Zucker, so wissen wir schnell, was damit gemeint ist: Haushaltszucker. Dieser darf, wie seine gängige Bezeichnung schon erahnen lässt, in kaum einem Haushalt fehlen und wird wegen eines äußerst praktischen Gesamtpaketes an verschiedenen nützlichen Eigenschaften wie hoher Süße, sehr guter Löslichkeit oder einem niedrigen Preis besonders vielseitig eingesetzt. Der wissenschaftliche Name dieser Verbindung ist **Saccharose**. Bei dieser handelt es sich um ein Disaccharid, also einen Zweifachzucker; sie ist aus einem Glukose- und einem Fruktosebaustein zusammengesetzt. In unseren Breitengraden

wird dieses Kohlenhydrat vor allem aus der Zuckerrübe gewonnen, die ein wahrer Meister darin ist, die energiereiche Verbindung zu horten – genau wie das eher in tropischem Klima gedeihende Zuckerrohr: Eine Zuckerrübe besteht bis zu 16 %, das Mark von Zuckerrohr zu 10 – 20 % aus Zucker.

Im Supermarkt begegnet uns Saccharose in den unterschiedlichsten Formen und Gestalten:

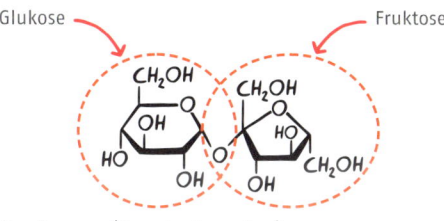

Glukose ___ Fruktose

Saccharose (Haushaltszucker)

als (scheinbar) weiße Kristalle, fein gemahlener Puderzucker, braun, raffiniert, unraffiniert, in Würfel- oder Kegelform gebracht, als Kandis- oder Hagelzucker.

Während die Zuordnung von weißem Hagel-, Würfel-, Kristall- oder Puderzucker relativ leicht fällt – bei all diesen Produkten handelt

● Gewöhnlicher raffinierter Haushaltszucker besteht zu fast 100 % aus Saccharose. Die wiederum ist aus den beiden Monosacchariden Glukose und Fruktose zusammengesetzt.

● Haushaltszucker in einer besonderen Form: Kandiszucker. Wie man den ganz einfach selber machen kann, steht auf Seite 105 f.

Zuckerrohr

Zuckerrübe

Raffinade-
zucker

● Egal ob Raffinadezucker aus Zuckerrohr oder
Zuckerrübe gewonnen wird, er besteht zu fast
100 % aus Saccharose.

es sich um reine Saccharose, die durch verschiedene Verfahren in eine bestimmte Form
gebracht wurde –, ist es angesichts von rohem,
braunem oder unraffiniertem Zucker schon
etwas schwieriger, die Übersicht zu behalten.
Schmeckt brauner Zucker besser? Sind Rohrzucker und brauner Zucker dasselbe? Und ist
unraffinierter Zucker womöglich gar gesünder?

Zunächst eine kleine Begriffserklärung.
Um aus Zuckerrübe oder Zuckerrohr süße
Kristalle zu gewinnen, werden beide Pflanzen
zerkleinert und gekocht, die dabei entstehende
Flüssigkeit von Nichtzuckerstoffen befreit und
durch das Entfernen von Wasser mehr und
mehr eingedickt. Anschließend wird die enthaltene Saccharose mit Hilfe von Impfkristal-
len zur Kristallisation gebracht und der noch
anhaftende braune Zuckersirup durch mehrere
Zentrifugations- und Kristallisationsschritte
entfernt. Das Resultat sind klare und farblose
Kristalle, die aufgrund von Lichtbrechung weiß
erscheinen und nahezu zu 100 % aus reiner Saccharose bestehen. Dabei ist ganz egal, ob
es sich bei dem Ausgangsmaterial
um Zuckerrübe oder Zuckerrohr handelte; man erhält
Raffinadezucker.

Rohrzucker

Wird der Zucker aus Zuckerrohr gewonnen,
so wird er als Rohrzucker bezeichnet. Die Bezeichnung Rohrzucker sagt nichts darüber aus,
ob der Zucker braun oder weiß ist. Raffinierter
Rohrzucker ist chemisch genau das gleiche wie
raffinierter Rübenzucker.

Brauner Zucker = Rohzucker

Brauner Zucker wird oft fälschlicherweise als
Rohrzucker bezeichnet. Tatsächlich gibt es aber
sowohl den aus dem Zuckerrohr als auch den
aus der Rübe gewonnen Zucker in der braunen
Variante. Brauner Zucker ist lediglich ein Zwischenprodukt bei der Herstellung von Raffinadezucker; seinen Kristallen haften noch Reste
des braunen Zuckersirups (der Melasse) an.
Um eine gleichbleibende und leicht kontrollier-
bare Qualität zu ermöglichen, wird Rohzucker
heutzutage häufig hergestellt, indem weißer
Raffinadezucker mit Melasse versetzt und dadurch dunkel gefärbt wird. Brauner Zucker
hat einen höheren Feuchtigkeitsgehalt und ist
klebriger als Raffinadezucker. Bei längerer Lagerung und einer eher niedrigen relativen Luftfeuchtigkeit verdampft das enthaltene Wasser
langsam und der Zucker wird fest.

So weit, so gut. Aber ist dieses braune Süßungsmittel nun wirklich besser für die Gesundheit? Obwohl er durch seine Farbe durchaus einen gesünderen Eindruck macht, ist
brauner Zucker vor allem eins: Zucker. Zwar
enthält er durch die Melasse tatsächlich Spuren
von Vitaminen und Mineralstoffen wie Calcium, Kalium, Eisen oder Magnesium, doch
um von diesen zu profitieren, müsste man das

süße Produkt in großen Mengen verzehren. Geschmacklich macht der anhaftende Sirup jedoch durchaus einen Unterschied. Die karamellig-malzige Note von braunem Zucker empfinden viele Menschen als angenehm.

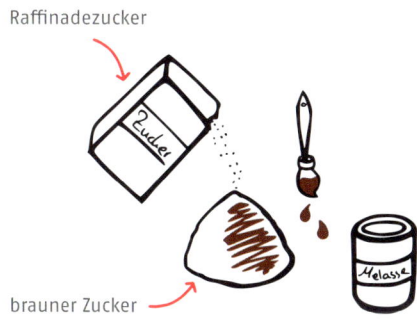

Raffinadezucker

brauner Zucker

● Um eine gleichbleibende Qualität zu ermöglichen, wird brauner Zucker heutzutage häufig hergestellt, indem weißer Raffinadezucker mit Melasse versetzt und dadurch braun eingefärbt wird.

Vollzucker

Bei Vollzucker handelt es sich um unraffinierten Zucker und damit um den eingedickten, getrockneten und schließlich gemahlenen Pflanzensaft des Zuckerrohrs oder der Zuckerrübe. Er hat eine dunklere Farbe und einen kräftigeren Eigengeschmack als raffinierter Zucker, zudem enthält er verschiedene Mineralien und Vitamine. Zumindest wenn es sich bei dem Produkt um ungeklärten Vollzucker handelt. Manche Hersteller klären den Pflanzensaft, wodurch er die geschätzten Inhaltsstoffe teilweise wieder einbüßt. Doch egal ob geklärt oder ungeklärt, genau wie bei braunem Zucker gilt auch in diesem Fall: Vollzucker ist vor allem Zucker. Und der sollte, egal welchen Ursprungs, nur in kleinen Mengen auf dem täglichen Speiseplan stehen. Aus diesem Grund ist es meiner Meinung nach durchaus fragwürdig, wenn zuckerhaltigen Produkten mit dem Aufdruck „enthält nur nicht raffinierten Zucker" ein vermeintlich gesundes Image verliehen wird.

Glukose

Bei Glukose (etwas veraltet: Dextrose) handelt es sich um den in der Natur am häufigsten vorkommenden Einfachzucker. Das Monosaccharid ist Baustein von verschiedenen Zweifachzuckern wie dem Haushaltszucker Saccharose oder dem Milchzucker Laktose sowie dem Kohlenhydratpolymer Stärke. Der Zucker wurde im 18. Jahrhundert von dem Chemiker Johann Tobias Lowitz in Weintrauben entdeckt und gelangte damit zu seiner heute vor allem umgangssprachlich verwendeten Bezeichnung Traubenzucker. Verglichen mit Saccharose ist Glukose weniger süß und lässt sich etwas schlechter in Wasser lösen, muss von unserem Körper zur Energiegewinnung allerdings nicht mehr in seine einzelnen Bausteine zerlegt werden. Damit stehen uns seine 374 kcal pro 100 g direkt nach dem Verzehr zur Verfügung.

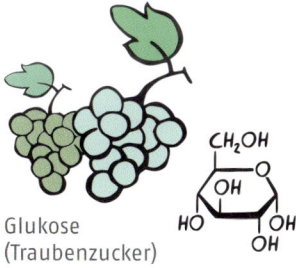

Glukose
(Traubenzucker)

Industriell wird Glukose aus pflanzlicher Stärke (zum Beispiel aus Mais, Kartoffeln oder Weizen) gewonnen, die heutzutage mit speziellen Enzymen in ihre kleinen süßen Bestandteile zerlegt wird. In der alltäglichen Küche spielt die reine Zutat Glukose zwar keine besonders große Rolle, aus der Welt der Toffees, Lutscher und sonstigen Süßwaren ist sie jedoch besonders in Form von Glukose-Sirup kaum wegzudenken. Mehr über die Funktion von Glukose bei der Bonbonkocherei gibt es ab Seite 101. Auch bei der Maillard-Reaktion, durch die Spiegelei, Plätzchen und viele andere gebackene, gebratene oder sonst wie erhitzte Speisen sowohl Aroma als auch Bräunung gewinnen, spielt Glukose als sogenannter reduzierender Zucker eine Rolle. Mehr dazu auf Seite 92 f.

Fruktose

Fruktose ist, genau wie Glukose, ein Einfachzucker und Baustein des Haushaltszuckers Saccharose. Da sie in der Natur vorwiegend in Früchten vorkommt, trägt sie zwar die Bezeichnung Fruchtzucker, wird aber industriell nicht aus Äpfeln, Beeren und anderen Früch-

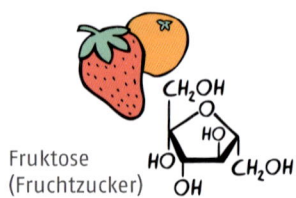

Fruktose
(Fruchtzucker)

ten, sondern vorwiegend aus Stärke gewonnen bzw. hergestellt. Das Kohlenhydratpolymer Stärke besteht zwar nicht aus Fruktose, sondern aus unzähligen aneinandergereihten Glukoseeinheiten, die beiden Monosaccharide haben jedoch eine entscheidende Gemeinsamkeit: die gleiche chemische Zusammensetzung, $C_6H_{12}O_6$. „Lediglich" die Anordnung der einzelnen Atome unterscheidet sich. Das aber ist für ein zur Familie der Isomerasen gehörendes Enzym kein Problem; mit dessen Hilfe lassen sich die Zucker Glukose und Fruktose ineinander umwandeln. Dieses enzymatische Verfahren, das übrigens erst im Lauf der zweiten Hälfte des 20. Jahrhunderts durch eine Reihe technischer Neuerungen wirtschaftlich wurde, ermöglicht auch heute noch die äußerst kostengünstige Herstellung von Fruktose.

Süßkraft ist nicht direkt messbar, sondern muss von einer Reihe von Testpersonen sensorisch bestimmt werden. Die Referenz dabei stellt der Haushaltszucker Saccharose mit einem definierten Wert von 1 dar. Der Milchzucker Laktose und der Traubenzucker Glukose sind dabei weniger, der Fruchtzucker Fruktose fast doppelt so süß wie Saccharose. Der Süßstoff Stevia schafft es sogar auf eine bis zu 450-fach höhere Süßkraft.

Diese hat unter anderem eine 1,2- bis 1,8-mal so hohe relative Süßkraft wie Saccharose und ist damit die süßeste aller gängigen Zuckerarten. Man benötigt weniger Fruktose als bei einem mit Saccharose gesüßten Produkt und damit geringere Mengen der kalorienreichen Zutat. Aus (Mais-)Stärke gewonnen ist sie, wie oben schon gesagt, enorm preiswert und wird fast ausschließlich als Bestandteil von Glukose-Fruktose-Sirup als günstiges, vielseitig einsetzbares und inzwischen durchaus umstrittenes Süßungsmittel eingesetzt.

So praktisch und kostengünstig der Einsatz von Fruktose (bzw. Fruktose-Glukose-Sirup) auch ist, ihre ernährungsphysiologische Rolle wird bereits seit mehreren Jahren kontrovers diskutiert. Galt sie zunächst als diabetikerfreundlicher Zucker – Fruktose wird von unserem Darm langsamer aufgenommen und insulinunabhängig verstoffwechselt, weshalb sie unseren Blutzuckerspiegel gemächlicher ansteigen lässt – und wurde wegen ihrer höheren Süßkraft gelobt, so ist der Fruchtzucker in den letzten Jahren mehr und mehr in Verruf geraten. Er wird unter anderem mit Fettleibigkeit, Diabetes oder Herz-Kreislauf-Erkrankungen in Verbindung gebracht. Trotz zahlreicher wissenschaftlicher Studien zu diesem Thema ist die Frage, wie schädlich Fruktose denn nun wirklich ist, noch nicht abschließend geklärt.

Glukose-Sirup und Glukose-Fruktose-Sirup

Der Siegeszug der süßen Sirupe begann in der zweiten Hälfte des 20. Jahrhunderts in den Vereinigten Staaten von Amerika. Sowohl klimatische als auch politische Instabilität in zuckerrohrproduzierenden Ländern sorgten für einen drastischen Anstieg des Zuckerpreises – die Maisindustrie witterte ihre Chance. Denn durch die enzymatische Zerlegung von Stärke, an der Mais naturgemäß ja sehr reichhaltig ist, konnte eine dickflüssige süße Lösung gewonnen werden: Glukose-Sirup.

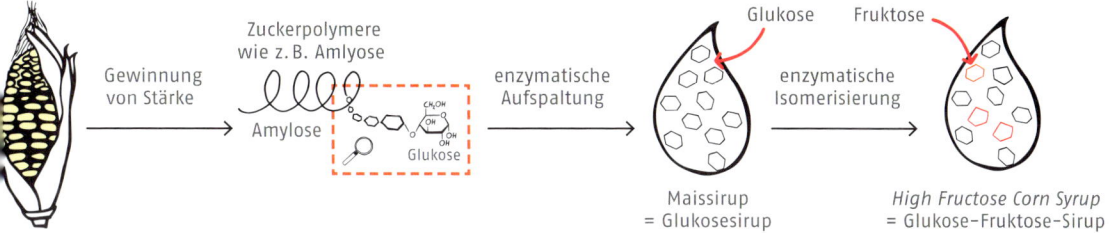

Glukose   Fruktose

Gewinnung von Stärke

Zuckerpolymere wie z. B. Amlyose

Amylose

Glukose

enzymatische Aufspaltung

enzymatische Isomerisierung

Maissirup = Glukosesirup

High Fructose Corn Syrup = Glukose–Fruktose–Sirup

Zunächst gab es jedoch ein Problem: Der produzierte Maissirup bestand, wie der Name schon sagt, fast ausschließlich aus Glukose, dem Zuckerbaustein von Stärke. Dieser Einfachzucker ist jedoch weniger süß als Haushaltszucker und der gewonnene Glukose-Sirup konnte dem bis dahin üblichen Süßungsmittel aus Zuckerrohr und Zuckerrübe auch im Hinblick auf sonstige Eigenschaften nicht das

Intensität der Süße

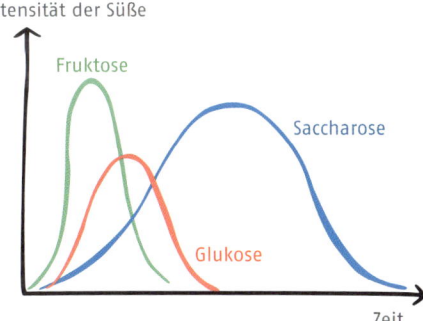

Fruktose

Saccharose

Glukose

Zeit

● Süß ist nicht gleich süß. Verglichen mit Saccharose verstärkt Glukose–Fruktose–Sirup den Geschmack fruchtiger und würziger Speisen. Grund hierfür ist die unterschiedliche Wahrnehmung der beiden Zuckerarten. Während sich die Süße von Haushaltszucker in unserem Mund langsam auf- und fast ebenso langsam wieder abbaut, ist der zuckrige Eindruck von Glukose und Fruktose kurzlebiger. Befinden sich neben Zucker auch noch andere Geschmacksstoffe und Aromen im Mund, so werden diese von Glukose und Fruktose nur kurz überdeckt und können dadurch besser wahrgenommen werden. Eigentlich verstärken Glukose und Fruktose also Geschmäcker nicht, sondern verdecken sie nur weniger stark als der Haushaltszucker Saccharose.[5]

● Glukose–Fruktose–Sirup wird aus stärkehaltigen Pflanzen wie Mais gewonnen. Stärke besteht ausschließlich aus verknüpfter Glukose, die zur Gewinnung des süßen Sirups teilweise enzymatisch in Fruktose umgewandelt wird.

Wasser reichen. Das änderte sich erst, als die Entdeckung eines bestimmten Enzyms und die Optimierung verschiedener technischer Verfahren es möglich machten, Glukose wirtschaftlich in Fruktose umzuwandeln – der Glukose-Fruktose-Sirup war geboren.

Der auch heute noch aus Mais-, Kartoffel- oder auch Weizenstärke gewonnene Sirup ist nicht nur preiswert, er besitzt wegen der enthaltenen Fruktose auch eine höhere Süßkraft als klassischer Maissirup (Glukose-Sirup) oder Haushaltszucker. Dazu bindet er mehr Feuchtigkeit und hält dadurch Backwaren und andere Lebensmittel länger frisch, intensiviert fruchtige wie würzige Aromen, verhilft erhitzten Speisen durch die Verstärkung der Maillard-Reaktion zu einer ansprechenden Bräunung und einem vielfältigeren Aroma (siehe Seite 92 f.) und neigt zugleich kaum zur Kristallbildung. Letztere Eigenschaft ist übrigens nicht nur der Grund, warum das Süßungsmittel in Form von Sirup hergestellt wird – Fruktose lässt sich nur sehr schwer auskristallisieren –, sie ist außerdem entscheidend für die ansprechende Konsistenz verschiedener gefrorener Produkte wie Eiscreme.[5]

Glukose-Fruktose-Sirup (oder HFCS, von englisch *high fructose corn syrup*) ist also ein Sirup aus den beiden Einfachzuckern Fruktose und Glukose. Obwohl die Wörter „*high fructose*" in der englischen Bezeichnung den Eindruck erwecken, das dickflüssige Süßungsmittel bestehe fast ausschließlich aus Fruktose, liegt dessen wahrer Fruchtzuckergehalt in der Regel nur zwischen 42 und 55 %. Dahingehend unterscheidet sich der Sirup also nur wenig vom Haushaltszucker Saccharose. Besonders wenn man bedenkt, dass Saccharose, bevor sie von unserem Körper zur Energiegewinnung genutzt werden kann, im Darm ohnehin in ihre Einzelteile und damit in Glukose und Fruktose zerlegt werden muss. Der Begriff „*high*" bezieht sich stattdessen vielmehr auf gewöhnlichen Maissirup (Glukose-Sirup, engl. *corn syrup*), der aus Maisstärke gewonnen wird und damit naturgemäß überhaupt keine Fruktose, sondern nur Glukose enthält.

Kurz: Glukose-Fruktose-Sirup besteht zwar genau wie Saccharose aus Glukose und Fruktose, die beiden Zuckerbausteine liegen bei Ersterem jedoch frei und nicht miteinander verknüpft vor. Das wiederum hat großen Einfluss auf die physikalischen Eigenschaften und damit auf die Einsetzbarkeit der beiden Süßungsmittel.

Die vielseitige Verwendbarkeit des billigen Glukose-Fruktose-Sirups hat jedoch einen Haken: Er erwartet uns inzwischen in mehr und mehr Lebensmitteln, in denen wir überhaupt nicht mit ihm rechnen, und schleicht sich damit in viel zu großem Umfang auf unseren alltäglichen Speiseplan. Im Jahr 2004 bekam die schon zuvor häufig geführte Debatte um die Gefahren erhöhten Zuckerkonsums neuen Aufwind, als drei Wissenschaftler der Louisiana State University die besorgniserregende Zunah-

me von Übergewicht und Diabeteserkrankungen in der US-amerikanischen Bevölkerung mit dem hohen Konsum von *high-fructose corn syrup* (HFCS) im Allgemeinen und Fruktose im Speziellen in Verbindung brachten.[6]

Wie schon im Abschnitt über Fruktose gesagt, ist die Frage, ob Fruchtzucker tatsächlich das ungesündeste aller Kohlenhydrate ist, nach wie vor nicht eindeutig zu beantworten. Eins steht jedoch fest: Die Verteufelung einzelner Zucker wie Fruktose führt dazu, dass der Markt für vermeintlich gesunde Zucker boomt und stark zuckerhaltige Produkte zu einem fragwürdig guten Image gelangen – solange sie keine Fruktose enthalten. Eine in meinen Augen durchaus bedenkliche Entwicklung.

Laktose

Die Liebe zu Zucker beginnt für jeden von uns sehr früh, nämlich mit dem Milchzucker Laktose, dem Hauptkohlenhydrat von Muttermilch. Um das aus den Einfachzuckern Glukose und Galaktose zusammengesetzte Disaccharid aufspalten und verstoffwechseln zu können, benötigen wir das Enzym Laktase. Dessen Produktion ist für Babys und andere junge Säuger zwar selbstverständlich, mit zunehmendem Alter stellt der Körper sich jedoch normalerweise auf eine andere Ernährung um und damit die Produktion des Enzyms ein. Deutlich weniger als die Hälfte der Weltbevölkerung bleiben bis ins Erwachsenenalter hinein laktosetolerant und damit in der Lage, Milchprodukte ohne Bauchgrollen und Durchfall zu genießen (siehe Seite 114 f.). Laktose ist weniger süß als Frukto-

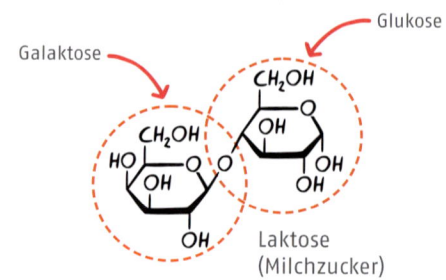

Laktose
(Milchzucker)

se, Glukose oder auch Saccharose und spielt, vor allem aufgrund seiner nicht ganz selbstverständlichen Verdaulichkeit, in isolierter Form kaum eine Rolle.

Maltodextrin

Maltodextrin ist einer der wenigen Zuckerarten, deren Name nicht auf das Suffix „-ose" endet, und begegnet dem aufmerksamen Konsumenten auf der Zutatenliste von so manchem Fertigprodukt. Das Kohlenhydrat wird aus Stärke hergestellt und ist ein nur schwach süß schmeckendes Gemisch aus einzelnen und zu mehreren miteinander verknüpften Glukosebausteinen. Es dient unter anderem als Verdickungsmittel, als Füllstoff (zum Bei-

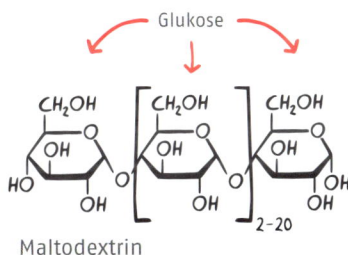

Maltodextrin

spiel bei fettreduzierten Lebensmitteln) oder als Zutat für weniger süße Varianten verschiedener Lebensmittel wie Frühstückscerealien. Daher Augen auf beim Einkauf; Lebensmittel mit der so verführerisch gesund klingenden Aufschrift „jetzt neu – weniger süß" enthalten häufig nicht unbedingt weniger, sondern meist nur weniger *süß* schmeckende Zuckerarten wie eben Maltodextrin. Im Hinblick auf Gesundheit und Waage ist dieses Kohlenhydrat jedoch trotz des weniger süßen Geschmacks ebenfalls vor allem eins: Zucker.

Agavendicksaft

In Zeiten, in denen immer mehr Wert auf eine bewusste und gesunde Ernährung gelegt wird, steigt die Popularität natürlicher, unraffinierter und damit vermeintlich gesünderer Süßungsmittel. Ein Beispiel für solch einen natürlichen Zucker ist Agavendicksaft, der häufig auch als Agavensirup bezeichnet wird. Der stark süße dunkelbraune bis leicht gelbliche Pflanzensaft wird, wie der Name schon sagt, aus jener Pflanze gewonnen, die uns unwillkürlich von einem Urlaub im warmen, sonnigen Süden träumen lässt: der Agave.

Wird der innere Kern einer kurz vor der Blüte stehenden Agave entfernt, so sammeln sich in dem dabei entstehenden Loch erhebliche Mengen eines kohlenhydrathaltigen Saftes, der über mehrere Monate hinweg täglich abgeschöpft werden kann. Der Haken: Agaven blühen äußerst selten und müssen bis zur Ernte 6 – 9 Jahre kultiviert werden. Da der aus den Pflanzen gewonnene Saft zudem schnell verdirbt, muss er nach der Gewinnung sofort gefiltert und erhitzt werden. Die Temperaturen von rund 100 °C sorgen nicht nur dafür, dass der Saft durch das Verdampfen eines Großteils des enthaltenen Wassers haltbar gemacht und gleichzeitig eingedickt wird, er erhält durch diese recht simple Behandlung auch erst seine endgültige Süßkraft.

Der Grund dafür ist folgender: Der Saft einer Agave besteht ursprünglich vor allem aus Inulin (nicht zu verwechseln mit Insulin!), einem zu den Ballaststoffen zählenden Polysaccharid, das vorwiegend aus vielen aneinandergereihten Fruktoseeinheiten und wenigen Glukosebausteinen besteht. Vielen Pflanzen, wie Artischocke oder Topinambur dient Inulin als Energiereserve. Unser Darm kann diesen Vielfachzucker jedoch nicht abbauen. Auch unsere Geschmacksrezeptoren können mit Inulin nicht

Agave

besonders viel anfangen, es schmeckt daher nur schwach süß. Wird der inulinhaltige Agavensaft aber auf- und eingekocht, so werden die langen Zuckerketten in ihre Einzelteile zerlegt und es entsteht eine leicht dickflüssige Mischung aus viel Fruktose und wenig Glukose.

Tatsächlich kann Agavensirup, je nach pflanzlichem Ursprung und Herstellung, einen Fruktosegehalt von 55 bis zu 90 % besitzen und damit deutlich größere Mengen des verteufelten Einfachzuckers Fruktose enthalten als gängiger Fruktose-Glukose-Sirup. Diesem ähnelt Agavendicksaft dank der enthaltenen Fruktose auch in seinen sonstigen Eigenschaften; so verstärkt der Pflanzensaft unter anderem fruchtige und würzige Aromen oder bindet Feuchtigkeit.

Doch egal ob natürlich und unraffiniert, Agavensirup ist vor allem eins: Zucker. Zwar benötigt man durch den hohen Fruktosegehalt und die damit verbundene hohe Süßkraft weniger davon, als wenn man mit gewöhnlichem Haushaltszucker süßen würde, man sollte den zuckrigen Pflanzensaft dennoch genau wie andere Zuckerarten nur in Maßen genießen.

Honig

Goldgelb oder tiefbraun, streichfest oder zähflüssig, fruchtig, blumig, buttrig oder eher würzig – Honig gibt es in allen erdenklichen Variationen. Von uns Menschen schon seit der Steinzeit bestaunt, geliebt und vielfältig eingesetzt, ist die verführerisch süße Flüssigkeit auch heute noch nicht nur schnödes Nahrungs- oder Süßungsmittel, sondern etwas ganz Einzigartiges. Zu Recht, denn emsige Honigbienen konzentrieren unzählige winzige Portionen Nektar zu einem aromatischen und faszinierenden Ge-

Gemäß der deutschen Honigverordnung dürfen Honig weder Stoffe hinzugefügt noch entzogen werden und er darf, soweit möglich, keine honigfremden Stoffe enthalten. Darüber hinaus darf Honig bei der Gewinnung nur schwach erwärmt werden, damit die darin enthaltenen Enzyme möglichst wenig Schaden nehmen und aktiv bleiben.

nussmittel. Dessen Zusammensetzung variiert je nach Bienenstamm, Wetter, Jahreszeit und Blütenangebot, so dass kaum ein Honig dem anderen gleicht.

Zu verdanken haben wir dieses Naturprodukt den Honigbienen. Die sammeln, um das eigene Volk mit ausreichend Nahrung zu versorgen und mit Energiereserven auszustatten, unermüdlich zuckerhaltige Säfte verschiedener Blumen, Pflanzen und sogar Insekten. Die süßen Flüssigkeiten werden in der Honigblase der Biene zum Bienenstock transportiert und dort an Arbeiterinnen weitergegeben. Bereits in der Honigblase vermischen sich körpereigene Stoffe der Biene wie Enzyme oder Säuren mit den gesammelten Säften und sorgen unter anderem für eine Spaltung und Umwandlung der enthaltenen Zucker.

Zu Anfang besteht der unreife Honig jedoch noch größtenteils aus Wasser und könnte leicht von Mikroorganismen befallen und dadurch verdorben werden. Um das zu verhindern und den mühsam erarbeiteten Honig lagerfähig zu machen, entziehen die Arbeiterinnen der Flüssigkeit Schritt für Schritt immer mehr Feuchtigkeit. Während wir Menschen für das Eindicken von Ahorn- oder Agavensaft diverse Gerätschaften benötigen, bewältigen Honigbienen diese wichtige Aufgabe mit weitaus einfacheren Mitteln. Sie saugen den wässrigen Honig mehrfach mit ihrem Rüssel aus und wieder ein, breiten ihn anschließend in leeren Honigwaben aus und beschleunigen die Verdunstung von Wasser durch das Fächeln ihrer Flügel. Während der Wassergehalt des Honigs auf unter 20 % sinkt und schließlich von den Bienen eingelagert werden kann, geht im Honig die Arbeit der verschiedenen Enzyme weiter.

Fest, cremig oder flüssig?

Ein wichtiges in Honig enthaltenes Enzym ist die sogenannte Invertase (auch Saccharase). Sie spaltet den in den süßen Pflanzensäften enthaltenen Zucker Saccharose (Haushaltszucker)

in seine Bestandteile auf. Das hat folgenden Effekt: Durch die Spaltung entsteht neben Glukose auch Fruktose. Letztere neigt kaum zur Kristallisation und der Honig wird flüssiger.

Tatsächlich hat die Konsistenz von Honig sowohl etwas mit seiner Verarbeitung als auch mit seiner Zusammensetzung zu tun. Wird Honig vom Imker durch Schleudern aus den Honigwaben entfernt, wird er zuvor erwärmt und dadurch verflüssigt. Je nach Fruktosegehalt kristallisiert der Honig nach dem Abkühlen sehr langsam (viel Fruktose) oder schnell (weniger Fruktose) wieder aus. Wird er während der Rückkristallisation regelmäßig gerührt und das Wachstum großer harter Zuckerkristalle dadurch immer wieder unterbrochen, so entsteht ein streichbarer Honig. Je nachdem welche Pflanzenart die Bienen im Sommer angeflogen und welche Art von Nektar sie dabei aufgenommen haben, unterscheiden sich nicht nur Aroma und Aussehen des späteren süßen Lebensmittels, sondern auch dessen Zusammensetzung und damit die Konsistenz. Und nicht nur das; die Süßkraft des Honigs variiert je nach genauem Fruktose-, Glukose- und Saccharosegehalt teils erheblich.

Zwar dürfen Lebensmittel in Deutschland nicht als Heilmittel bezeichnet werden, Honig besitzt jedoch dank seiner komplexen Zusammensetzung aus verschiedenen Zuckerarten und Hunderten von weiteren Inhaltsstoffen nicht nur ein vielfältiges Aroma, sondern auch einige faszinierende Eigenschaften. So sorgt eine Kombination aus einem niedrigen pH-Wert (Honig ist schwach sauer), einer recht niedrigen Wasserverfügbarkeit (der Großteil des Wassers in Honig ist an Zucker gebunden und steht damit zum Beispiel für Mikroorganismen nicht zur Verfügung) und dem Desinfektionsmittel Wasserstoffperoxid, das von einem bestimmten Enzym produziert wird, für eine antibakterielle Wirkung. Zudem ist Honig leicht entzündungshemmend und kann, wenn er zum Beispiel auf eine Wunde aufgetragen

Honig besteht aus Fruktose, Glukose, Saccharose, Maltose und anderen Mehrfachzuckern sowie knapp 20 % Wasser. Darüber hinaus sind Pollen, Mineralstoffe, Enzyme, Vitamine, Farb- und Aromastoffe enthalten. Dass Honig so vielfältig eingesetzt werden kann und unter anderem Gebäck feucht hält, liegt am hohen Gehalt der stark hygroskopischen Fruktose.

Genau wie Ketchup zählt Honig zu den Nicht-Newton'schen Flüssigkeiten und zeigt damit ein komplexes Fließverhalten. Er wird beispielsweise bei Krafteinwirkung dickflüssig, was sich leicht zu Hause beobachten lässt: Hebt man einen Löffel schnell aus einem mit (flüssigem) Honig gefüllten Gefäß, so verfestigt sich der Honig und man hebt nicht nur den Löffel mit Inhalt, sondern gleich das ganze Gefäß an.

wird, die Wundheilung unterstützen. Für derartige Anwendungen sollte allerdings nur sterilisierter medizinischer Honig verwendet werden.

Trotz so mancher nützlicher Inhaltsstoffe und aller Naturbelassenheit besteht Honig zum Großteil jedoch immer noch aus Fruktose, Glukose, Saccharose, Maltose und anderen Mehrfachzuckern und sollte daher nur in kleinen Mengen auf dem täglichen Speiseplan stehen.

Die Magie des Bonbonkochens

Was man aus den unscheinbaren weiß erscheinenden Kristallen von Saccharose, Glukose und Co. nicht alles zaubern kann! Bonbons, Drops, Salt Water Taffy, Fruchtgummi, Toffees, Lutscher, Fudge oder Karamell, um hier nur

viele Saccharosemoleküle ein dreidimensionales Gitter bilden und dabei von zwischen den Molekülen wirkenden Wechselwirkungen zusammengehalten werden. Die Größe bzw. die Anwesenheit genau dieser Kristalle entscheidet nun letztlich über die Konsistenz unserer Süßigkeiten.

Aber von vorn. Die Herstellung der meisten Süßigkeiten beginnt damit, dass Saccharose in Wasser aufgelöst wird. Nimmt man dabei viel Wasser und wenig Zucker, so löst dieser sich, genau wie bei gesüßtem Tee, komplett auf. Bei zu wenig Wasser oder zu viel Zucker bleibt dagegen ein kristalliner Bodensatz zurück – die Lösung ist gesättigt. In heißem Wasser löst sich, wieder das Beispiel Tee, der Zucker nicht nur schneller als in kaltem, es löst sich auch noch viel mehr davon. Lässt man das Ganze abkühlen, bleibt mehr Zucker gelöst, als unter diesen Bedingungen eigentlich möglich wäre. Die resultierende Lösung bezeichnet man daher als übersättigt. Sie ist metastabil. Was bedeutet das?

Die übersättigte Zuckerlösung ist energiereicher als die Zuckerkristalle, und damit ist nicht der Nährwertgehalt gemeint. Um das bes-

mal eine winzige Auswahl zu nennen. All diese Dinge haben neben dem süßen Geschmack auch die Hauptzutat gemein: Zucker. Aber was ist eigentlich der Grund dafür, dass Fudge zartschmelzend ist, während Toffee fest, aber zerkaubar daherkommt? Bonbons, Drops und Lutscher dagegen sind, je nach Verzehrstil natürlich, in der Regel langlebigeres Vergnügen. Kurz: ein Zucker, viele Texturen. Doch wie genau kommt das?

Ein Zucker, viele Texturen

Schauen wir uns die Struktur von Saccharose dafür einmal ein bisschen genauer an. Dieser Zucker bildet, wie schon mit bloßem Auge gut zu erkennen ist, mehr oder weniger regelmäßige Kristalle. Das bedeutet, dass unzählbar

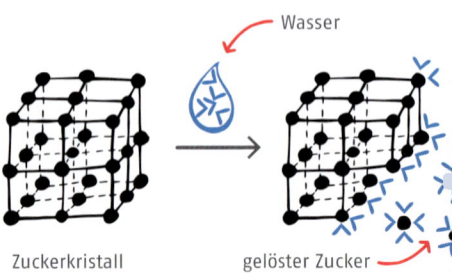

Zuckerkristall   gelöster Zucker

ser zu verstehen, hilft es, sich vorzustellen, man balanciere auf einem sehr schmalen Hügel. Das ist anstrengend, aber solange kein Wind weht oder man nicht geschubst wird, ist alles in Ordnung und man bleibt oben. Ein zu heftiges Lüftchen jedoch und man fällt herunter, wo man dann (endlich!) ohne Energieaufwand

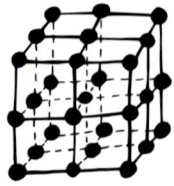

Kristallgitter

● In einem Kristall bilden unzählbar viele gleichmäßig angeordnete Moleküle ein dreidimensionales Gitter. Hier ist zur Vereinfachung ein kubisches Kristallsystem gezeigt. Saccharose kristallisiert in einer etwas komplizierteren Form.

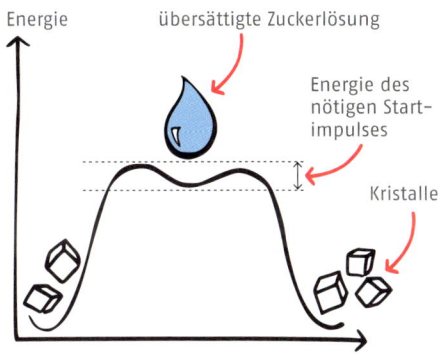

Energie

übersättigte Zuckerlösung

Energie des
nötigen Start-
impulses

Kristalle

Mal ganz abgesehen davon, dass bei diesen zartschmelzenden Leckerbissen zusätzliche Zutaten wie Sahne oder Butter für ein ganz besonderes Geschmackserlebnis sorgen, entsteht die spezielle Konsistenz durch die Größe, oder besser gesagt die Winzigkeit, der Zuckerkristalle.

liegen bleiben kann. Ähnlich verhält es sich mit dem Zucker. Seine bevorzugte, energiearme Gestalt ist der Kristall, und schon ein zu festes Klopfen der übersättigten Zuckerlösung auf die Arbeitsplatte oder ein winziger Kristall, der vom Rand des Topfes in den Sirup fällt, genügt. Ist der Startimpuls erst einmal gegeben, lagern sich immer mehr Saccharosemoleküle an den sogenannten Keim an und der Zucker kristallisiert aus. Je nachdem wie viel Zeit und Ruhe die Moleküle dafür haben, sich richtig zu orientieren, wachsen wenige große oder unzählige kleine Kristalle.

Das Geheimnis ist die Kontrolle der Kristalle

Genau das ist das Geheimnis bei der Herstellung verschiedener zuckriger Süßigkeiten – die Kontrolle des Kristallwachstums. Ein Beispiel: Gießt man eine übersättigte Zuckerlösung in ein Glas, lässt einen Holzstab hineinbaumeln und wartet ein paar Tage, haben die Zuckermoleküle genug Zeit, sich zu sehr großen Kristallen zusammenzulagern. Es entsteht wunderschöner Kandiszucker (genaue Anleitung auf Seite 105 f.).

Bei weichen Karamellbonbons (Fudge) dagegen unterbricht man das Kristallwachstum des Zuckers beim Abkühlen durch regelmäßiges Rühren. Auf diese Weise können sich nur ganz viele winzig kleine Zuckerkristalle bilden.

Einmal Zucker ohne Kristalle bitte!

Es gibt auch Süßigkeiten, bei denen man jegliches Kristallwachstum unterbinden muss. Bonbons und Lutscher zum Beispiel. Doch wie ist das möglich? Hier kommt nun Glukose-Sirup ins Spiel. Der ist im Grunde eine stark eingedickte Lösung von Glukose in Wasser. Wie weiter oben erklärt, ist Glukose ein Einfachzucker. Er sorgt zusammen mit schlagartigem Abkühlen dafür, dass sich die Saccharosemoleküle nicht zu einem Kristall zusammenlagern kön-

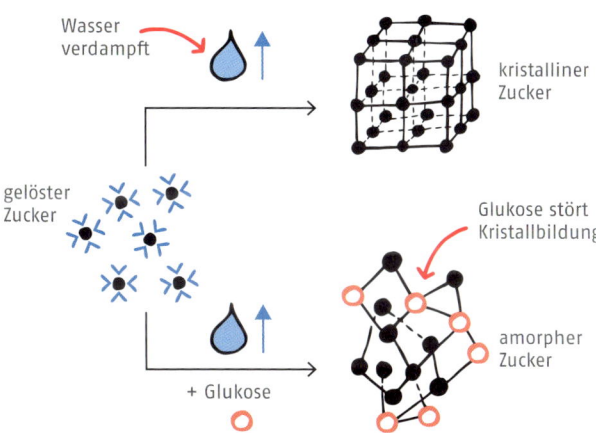

Wasser
verdampft

kristalliner
Zucker

gelöster
Zucker

Glukose stört
Kristallbildung

amorpher
Zucker

+ Glukose

Resultat ist ein bröseliger Klumpen, der zwar noch immer gut schmeckt, sich jedoch kaum noch weiterverarbeiten lässt.

Versucht man sich selbst an der faszinierenden Bonbonkocherei, dann kann es leider passieren, dass man, die bunten Leckerbissen schon stolz ins Glas gefüllt, nach ein paar Tagen mit Schrecken feststellen muss, dass sich die Bonbons verwandeln: Es beginnt mit kleinen Flecken, die matt erscheinen und sich kreisförmig ausbreiten. Auch hier kristallisiert der Zucker aus, nur eben sehr langsam. Und auch hier wurde entweder bei der Herstellung etwas falsch gemacht oder die fertigen Bonbons wurden falsch gelagert. Wegen der Hygroskopie der in ihnen enthaltenen Zucker ist es wichtig, sie nach dem Abkühlen direkt luftdicht zu verpacken.

Von Fäden, Bällen und harten Brüchen

So viel zu den Grundlagen. Bonbons, Toffees und Fudge unterscheiden sich jedoch nicht nur in der Größe eventuell vorhandener Zuckerkristalle, auch der Wassergehalt spielt eine wichtige Rolle. Diesen kann man mit Hilfe der Temperatur der siedenden Zuckerlösung (Siedetemperatur) ziemlich genau und einfach bestimmen. Kocht eine Zuckerlösung ohne Deckel, so verdampft Wasser. Sowohl der Zuckergehalt als auch die Siedetemperatur steigen.

Löst man irgendeinen x-beliebigen Feststoff in Wasser, erhöht sich der Siedepunkt des Wassers, während gleichzeitig dessen Gefrierpunkt sinkt. Aus diesem Grund wird im Winter übrigens Salz auf die Straßen gestreut: Eis und Schnee schmelzen dann schon bei Minustemperaturen.

Aber zurück zur Saccharose. Zuckersirup, der bei 104–110 °C siedet, bezeichnet man als **zum Faden gekocht**. Die Bezeichnung stammt von der sogenannten Fingerprobe. Diese sollte man nur machen, wenn man bereits ein bisschen Erfahrung mit enorm heißem Zucker hat. Dabei werden Daumen und Zeigefinger in Eiswasser getaucht, etwas Sirup mit einem

● Glukose-Sirup ist eine stark eingedickte Lösung von Glukose in Wasser.

nen. Das spätere Bonbon enthält dann keinen kristallinen, sondern amorphen Zucker. Von amorphen Stoffen spricht man dann, wenn die Atome darin keinerlei Fernordnung besitzen, also nicht regelmäßig angeordnet sind. Dem sicher bekanntesten Beispiel dafür begegnen wir übrigens ständig – Fensterglas! Genauso sieht der amorphe Zucker bzw. das Bonbon später dann auch aus. Wie Glas.

Was tun, wenn's Bonbon bröselt oder klebt?

Um den glasartigen Zustand vieler Süßigkeiten zu erhalten, ist es bei deren Herstellung sehr wichtig, dass absolut sauber gearbeitet wird. Ein einziger kleiner Zuckerkristall oder Rühren an der falschen Stelle können bereits dafür sorgen, dass die Zuckermasse auskristallisiert. Das

Was eigentlich pulvrig sein sollte, wird klumpig, was knusprig sein sollte, wird weich. Binden Stoffe Feuchtigkeit, zum Beispiel aus der umgebenden Luft, so sind sie **hygroskopisch**. Einfachzucker wie Glukose oder Fruktose sind stark hygroskopisch. Das führt leider dazu, dass Bonbons buchstäblich zerlaufen, wenn man sie zu lange offen herumliegen lässt. Je höher dabei die Luftfeuchtigkeit, desto schlimmer.

Holzlöffel aus dem Topf entnommen und mit Daumen und Zeigefinger auseinandergezogen. Dabei entsteht der besagte Faden. Achtung! Wie das Thermometer schon sagt, ist der Sirup extrem heiß! Zucker in diesem Stadium verwendet man zum Beispiel für Marshmallows. Er enthält noch ca. 20 % Wasser. Verdampft noch mehr Wasser und steigt somit der Zuckergehalt, klettert das Thermometer immer schneller in die Höhe. Aus diesem Grund sollte man den Topfboden immer kurz in ein kühles Wasserbad halten, sobald der Sirup die gewünschte Temperatur erreicht hat.

113 – 116 °C: Weicher Ball – 15 % Wasser
In diesem Stadium formt Sirup, der mit einem Holzlöffel entnommen, in ein Glas mit Eiswasser getropft und zwischen Daumen und Zeigefinger gerollt wird, einen Ball, der leicht nachgibt. Verwendung findet dieser Sirup zum Beispiel in Fudge und Fondant.

117 – 120 °C: Fester Ball – 12 % Wasser
Es wird gleich verfahren wie oben. Der geformte Ball ist zwar noch immer elastisch und klebrig, aber eine Spur fester.

121 – 128 °C: Harter Ball – 8 % Wasser
Beim Stadium des harten Balls gibt die leicht klebrige Sirupkugel unter Druck kaum noch nach. Verwendungsbeispiel: Mäusespeck.

130 – 140 °C: Schwacher Bruch – 5 % Wasser
Der Sirup kann, wurde er zum schwachen Bruch gekocht und mit einem Löffel in Eiswasser gegeben, mit den Fingern auseinandergezogen werden. Dabei bildet er feste und gleichzeitig noch elastische Streifen. Dieser Sirup eignet sich zum Beispiel für Toffee oder Karamellen.

140 – 155 °C: Harter Bruch – 1 % Wasser
Dieser nun wirklich teuflisch heiße Zuckersirup bricht, wenn man ihn aus dem Eiswasser nimmt und auseinanderzieht. Für Seidenkissenbonbons kocht man den Zucker auf etwa 153 °C.

Ab **160 °C** wird der Zucker braun und beginnt unverkennbar nach Karamell zu duften. Wird der Karamell über 180 °C heiß, wird er bitter und ungenießbar.

Kleines Experiment

Faszinierende Kristalle
Auf den vorangegangenen Seiten war immer wieder die Rede von metastabilen übersättigten Zuckerlösungen, der Kontrolle des Kristallwachstums und dessen Einfluss auf die Beschaffenheit verschiedener Süßigkeiten. Nach all dieser Theorie wird es nun eindeutig Zeit, das faszinierende Wachstum von Zuckerkristallen einmal hautnah mitzuerleben. Leckerer Nebeneffekt dieses kleinen Experimentes: Es entsteht wunderschöner Kandiszucker – vorausgesetzt, man hat ein bisschen Geduld.

Benötigt werden:
- ▶ 3 kleine Tassen Zucker
- ▶ 1 kleine Tasse Wasser
- ▶ 2 hohe hitzebeständige Einmachgläser
- ▶ 2 Holzspieße
- ▶ etwas Pappe oder festes Papier

1. Die Holzspieße zur Hälfte mit etwas Wasser befeuchten, mit Kristallzucker einreiben und anschließend vollständig trocknen lassen. Die haftenbleibenden Kristalle dienen später

Mit Geduld	Ohne Geduld

als Kristallisationskeime, an denen sich mehr und mehr Zuckermoleküle anlagern können.

2. Aus der Pappe Kreise ausschneiden, dabei die Öffnung der Gläser als Schablonen benutzen. Die Kreise werden später auf die Holzspieße gesteckt und verhindern, dass Staub in die Zuckerlösung fällt. Gleichzeitig dienen sie den Spießen als Halterung.

3. Zucker und Wasser in einem ausreichend großen Topf unter ständigem Rühren zum Kochen bringen. Vorsicht: Die Zuckerlösung kann schäumen! 1 – 2 Minuten weiterköcheln lassen. Der Zucker muss sich vollständig gelöst haben.

4. Die Zuckerlösung in die Gläser füllen und etwa 15 Minuten abkühlen lassen, währenddessen die Pappscheiben auf die Holzspieße stecken. Nun die Spieße langsam in die Gläser hineinhängen und die Zuckerlösung vollständig abkühlen lassen.

5. Ein Glas an einen ruhigen Ort stellen und über 1 – 2 Wochen das Kristallwachstum beobachten. Währenddessen das Glas nicht erschüttern und den Holzspieß nicht berühren. Nur so können sich die vielen gelösten Zuckermoleküle richtig orientieren und an die vorhandenen Kristallisationskeime anlagern. Es entsteht wunderschöner Kandiszucker.

6. Am zweiten Glas dagegen kann man seine Ungeduld voll und ganz ausleben. In der Regel reicht kurzes Rühren oder ein entschiedenes Schnipsen gegen den Holzspieß und die gesamte Zuckerlösung trübt innerhalb weniger Minuten ein. Der Grund: Das Schnipsen dient als Startimpuls und die Zuckermoleküle kristallisieren auf einmal aus der übersättigten Lösung aus. Dabei nehmen sie sich jedoch nicht die Zeit, große wohlgeformte Kristalle zu bilden. Stattdessen entsteht ein weißer Niederschlag aus unzähligen winzig kleinen Kristallen.

● Kandiszucker lässt sich ganz einfach selber machen – vorausgesetzt, man hat ein wenig Geduld. Was passiert, wenn man das Kristallwachstum stört, sieht man auf der rechten Seite: Innerhalb weniger Minuten bildet sich ein weißer Nebel aus unzähligen kleinen Zuckerkristallen.

Die Sache mit dem Wasser – Karamell selber machen

Möchte man Zucker karamellisieren, gibt es zwei Möglichkeiten. Möglichkeit Nummer 1: Man erhitzt die gewünschte Menge Zucker in einem Topf, bringt die süßen Kristalle unter vorsichtigem Rühren zum Schmelzen und schließlich zum Bräunen. Möglichkeit Nummer 2: Man löst den Zucker zunächst in etwas Wasser, lässt dieses verkochen und bräunt den Zucker anschließend. Tatsächlich funktioniert die zweite Methode gewöhnlich am besten und man bekommt ein besonders aromatisches Endprodukt. Doch wozu überhaupt die Mühe und der Zeitaufwand mit dem Wasser, wenn man es am Ende sowieso vollständig verkochen lässt?

Hierbei hilft es, sich zunächst bewusst zu machen, was Karamell eigentlich ist. Gewöhnlicher raffinierter Haushaltszucker besteht zu fast 100 % aus Saccharose, ist farb- und geruchlos und schmeckt einfach nur süß. Karamell hingegen besteht aus hunderten verschiedenen Verbindungen, von denen manche ein bitteres, fruchtiges, buttriges, malziges, nussiges oder sogar säuerliches Aroma, andere wiederrum eine tiefbraune Farbe besitzen. All diese Moleküle entstehen, wenn Saccharose bei hohen Temperaturen zerfällt und die einzelnen Bestandteile zu neuen geschmacksintensiven und farbigen Verbindungen reagieren.

Doch zurück zur Herstellung. Löst man den Zucker vor dem Karamellisieren in Wasser, so hat das folgende Vorteile: Zunächst einmal lässt sich die Masse problemlos auf eine Temperatur von über 100 °C erhitzen, ohne dabei leicht anzubrennen. Darüber hinaus erwärmt sich der Zucker langsamer und köchelt länger vor sich hin. Auf diese Weise bleibt viel Zeit für die Bildung einer größeren Anzahl jener Aroma- und Farbverbindungen, die Karamell zu dem besonderen Geschmackserlebnis machen, das er ist. Ist das Wasser schließlich verkocht, wird der zurückbleibende Zucker genau wie bei der wasserfreien Methode gebräunt und karamellisiert.

Wie nehmen wir Süße wahr?

Gibt es etwas Schöneres, als sich entspannt zurückzulehnen und sich ein Stückchen Kuchen, Schokolade oder Gebäck in den Mund zu schieben? Es beim Zerkauen genüsslich hin- und herzubewegen und die ganze Zunge vom süßen Geschmack umhüllen zu lassen? Oder läuft der Tag so ganz und gar nicht nach Plan, ist voll von Pech und Stress? Dann gönnen wir uns gerne etwas Süßes. Denn kaum wird unser Mund von dieser angenehmen Süße erfüllt, schon geht es besser. Zumindest ein ganz kleines bisschen.

Doch wie genau nehmen wir diesen geradezu unwiderstehlichen Geschmack eigentlich wahr? Und wie kommt es, dass Kinder sich ohne mit der Wimper zu zucken kiloweise Süßigkeiten in den Mund schaufeln können, von denen wir schon beim kleinsten Bissen angeekelt den Mund verziehen – felsenfest davon überzeugt, uns soeben mit einer Überdosis Zucker vergiftet zu haben? Um diesen Fragen auf den Grund zu gehen, möchte ich zuerst einen kurzen Blick darauf werfen, wie unsere Geschmackswahrnehmung eigentlich funktioniert.

Zuerst ist es wichtig, zwischen Geschmack und Geschmack zu unterscheiden. Denn während wir mit diesem Begriff im allgemeinen Sprachgebrauch oft die Gesamtheit der Sinneseindrücke eines Nahrungsmittels wie Geruch, Aroma, Konsistenz und Mundgefühl meinen, geht es beim reinen Schmecken nur um die folgenden fünf bzw. sechs Geschmacksqualitäten: süß, salzig, bitter, sauer, umami (so wird der Geschmack der Aminosäure Glutamat und somit der einer Eiweißquelle bezeichnet) und, da ist sich die Wissenschaft noch nicht so ganz einig: fetthaltig.

Wer sich seine Zunge im Spiegel schon einmal etwas genauer angeschaut hat, dem werden unzählige feine, im hinteren Bereich der Zunge etwas gröbere Knubbel aufgefallen sein. Diese sogenannten Papillen haben verschiedene Aufgaben; die der Geschmackspapillen ist, der Name sagt es bereits, die Detektion von Geschmacksstoffen. Jede Geschmackspapille enthält zahlreiche Geschmacksknospen, und jede Geschmacksknospe wiederum enthält um die 100 Sinneszellen. Diese haben, je nachdem, auf welche Art von Molekülen und Teilchen sie ausgelegt sind, einen ganz bestimmten molekularen Aufbau.

Schieben wir uns eine Mahlzeit in den Mund und zerkleinern sie durch Kauen und Herumbewegen, so lösen sich verschiedene Stoffe ab und werden mit Hilfe des Speichels an den unterschiedlichen Sinneszellen vorbeigespült. Passt ein Molekül zu einer Sinneszelle und dockt dort ähnlich wie beim Schlüssel-Schloss-Prinzip an, so wird das entsprechende Signal an unser Gehirn weitergegeben. Wir wissen dann schnell, mit welcher Art von Speise wir es da gerade zu tun haben. Ohne genussfertige und lange haltbare Gerichte, Zutatenlisten und Kühlschrank ist der Geschmackssinn überlebenswichtig, denn Bitteres ist in der Natur häufig giftig, Saures meist unreif oder gar verdorben. Ausreichend Salz wird vom Körper dringend benötigt, wenn auch in recht kleinen Mengen. Kein Wunder also, dass unser Geschmackssinn für Salz viel empfindlicher ist als der für Zucker und uns zu große Mengen davon sogar zum Erbrechen bringen können. Bei dem wichtigen Energielieferanten Zucker passiert uns das nicht so leicht. Unser

Bei erwachsenen Menschen befinden sich Geschmacksrezeptoren nicht nur auf der Zunge, sondern auch am Gaumen. Säuglinge und Kleinkinder können zudem sogar mit den Lippen- und Wangenschleimhäuten schmecken.

Nicht nur unser Mund kann Süße wahrnehmen. Die gleichen Geschmacksrezeptoren, die uns während des Essens die Anwesenheit von süßen Zuckern melden, befinden sich auch in unserem Magen-Darm-Trakt. Docken die energiereichen Kohlenhydrate dort an, verursachen sie jedoch kein süßes Geschmacksempfinden, sondern leiten unter anderem die Verarbeitung der ankommenden Nährstoffe ein.[7]

Körper kann von den süßen Verbindungen kaum genug bekommen und signalisiert sogar mit einer Aktivierung des Belohnungssystems, dass wir sehr gerne noch mehr davon essen können.[8]

Wie süß jeder einzelne von uns aber nun seinen Kaffee, Tee oder Kuchen am liebsten mag, ist überaus komplex und hängt von vielen Faktoren wie dem Alter, der Erziehung oder der Kultur ab, in der wir aufwachsen.

Warum stehen Kinder auf so pappsüßes Zeug?

Unsere Liebe für Süßes beginnt schon früh. Bereits Neugeborene können verschiedene Süßheitsgrade voneinander unterscheiden, bevorzugen süßere gegenüber weniger süßen Flüssigkeiten und entspannen sich angesichts des angenehmen Geschmacks sichtlich.[9] Biologisch gesehen ist dieses Verhalten durchaus sinnvoll, denn Babys und Kleinkinder benötigen für eine optimale Entwicklung viel Energie. Durch die Liebe zu Süßem ist die Akzeptanz überlebenswichtiger Nahrungsmittel wie energiereicher reifer Früchte oder Muttermilch garantiert. Letztere besitzt durch den Milchzucker Laktose einen süßen Geschmack.[10]

Bei Kindern erfreut sich Zucker jedoch noch aus einem weiteren Grund besonderer Beliebtheit: Er lindert Schmerzen. In mehreren Studien wurde gezeigt, dass Kinder, die eine Zuckerlösung im Mund behielten, eine höhere Schmerzschwelle hatten. Dabei kam ein Schmerztest zum Einsatz, bei dem eine Hand möglichst lange in Eiswasser gehalten wurde. Bei Erwachsenen scheint dieser Effekt dagegen kaum oder nur noch schwach vorhanden zu sein.[11]

Sowohl unser Geschmackssinn als auch unser Verlangen nach Zucker verändern sich im Lauf der Zeit. So bevorzugen Kinder süßere Lebensmittel als Jugendliche und Jugendliche wiederum süßere Lebensmittel als erwachsene Menschen.[8] In Zahlen: Bei einer Studie in Phil-

adelphia fand die Gruppe der bis zu 10 Jahre alten Kinder eine Cerealienmischung am leckersten, die pro 100 g rund 36 g Zucker enthielt. Die über 19 Jahre alten Teilnehmer bevorzugten dagegen Cerealien mit nur 26 g Zucker pro 100 g Müsli. Es nahmen insgesamt 930 Probanden an der Studie teil.[12]

> Wer schon einmal versucht hat, das Herz einer Katze mit einem herrlich süßen Marmeladenbrot oder einem Stück vom Lieblingskuchen zu gewinnen, der weiß: Die Aussicht auf einen zuckrigen Leckerbissen entlockt dem Tier allerhöchstens ein müdes Gähnen. Fleischfresser wie Katze, Tiger, Hyäne und Co. sind darauf ausgelegt, ihren Energiebedarf mit Eiweiß zu decken. Zucker spielt in ihrer Ernährung dagegen keine Rolle. Zwar besitzen solche Tierarten die genetischen Anlagen für süße Geschmacksrezeptoren, diese wurden im Lauf der Evolution jedoch durch verschiedene Mutationen außer Betrieb gesetzt. Und so schmeckt das, von dem wir gar nicht genug bekommen können, für so manches Tier einfach nur fade.[9]

Denkanstoß ·····························

Die schwammige Deklaration von Zucker

Laut dem statistischen Bundesamt wurden in den letzten Jahren in Deutschland jeden Tag pro Kopf um die 90 g Weißzucker konsumiert, andere Zuckerarten noch gar nicht mit eingerechnet.[13] Das allein entspricht mehr als dem Dreifachen des von der Weltgesundheitsorganisation WHO empfohlenen täglichen Maximalwerts von 25 g für eine erwachsene Person. Den Großteil dieses Zuckers nehmen wir in versteckter Form durch Säfte, Softdrinks oder auch durch deftige Nahrungsmittel wie Rotkohl, Krautsalat oder Pesto zu uns. Dass Zucker sich in zahlreichen Lebensmitteln versteckt, ist mittlerweile vielen Menschen bekannt. Warum ist es dennoch nicht so einfach, den täglichen Zuckerkonsum auf ein normales Maß herunterzuschrauben? Denn eigentlich sollte uns ja schon ein schneller Blick auf die Zutatenliste und die Nährwerttabelle eines Lebensmittels verraten, was wir da zu uns nehmen, oder nicht?

Tatsächlich ist das gar nicht so einfach, denn die Deklaration von Zucker ist in Deutschland äußerst schwammig und nicht gerade verbraucherfreundlich. Das fängt schon damit an, dass es nun einmal nicht nur einen, sondern ganz viele verschiedene Zucker gibt. Und die werden häufig auch noch so bezeichnet, dass sie auf der Zutatenliste nicht sofort als Zucker ausgemacht werden können. Nehmen wir beispielsweise den Einfachzucker Glukose, der sich auch hinter Begriffen wie Traubenzucker oder Dextrose verbergen kann.

In Deutschland darf nur Haushaltszucker (Saccharose) auf der Zutatenliste eines Produkts als Zucker aufgeführt werden. Alle anderen Zuckerarten tragen oft Bezeichnungen, die viele Verbraucher gar nicht mit Zucker in Verbindung bringen.

Auch die Reihenfolge der Zutaten auf der Zutatenliste wird häufig geschönt. Zwar muss ganz vorne stehen, was den größten Gewichtsanteil am Produkt ausmacht, durch das Verwenden mehrerer verschiedener Süßungsmittel wandern die einzelnen Zucker in der Reihenfolge jedoch immer weiter nach hinten – und sehen dadurch recht harmlos aus.

Aufschriften wie „ohne Zuckerzusatz" oder „enthält nur natürliche Süße" tragen zusätzlich zur Verwirrung bei. Denn Zuckerzusatz ist nicht das gleiche wie Zuckergehalt und auch natürliche Zutaten wie Honig, Fruchtkonzentrate, Gerstenmalzextrakte oder Dicksäfte enthalten vor allem eins: Zucker. Auch „jetzt neu – weniger süß" muss nicht heißen, dass tatsächlich weniger Zucker im Produkt enthalten ist. Häufig werden Saccharose und Co. schlicht durch weniger süße Zucker wie Mal-

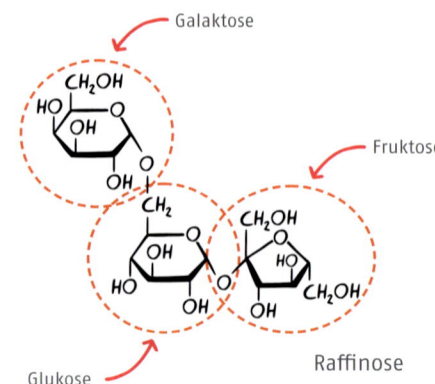

todextrin oder Raffinose ersetzt. Der Zuckergehalt selbst muss dabei nicht einmal variieren.

Und was ist mit der Nährwerttabelle? Hier ist doch klar und deutlich aufgeführt, bei wie viel Gramm der enthaltenen Kohlenhydrate (dazu gehören zum Beispiel Stärke oder auch Ballaststoffe) es sich um Zucker handelt, oder etwa nicht? Man ahnt es schon: Hier ist die

Sache ebenfalls nicht so ganz einfach. Denn laut Paragraf 2 der Nährwertkennzeichnungsverordnung fallen nur Ein- und Zweifachzucker wie Fruktose, Glukose oder Saccharose unter den Begriff „Zucker". Mehrfachzucker wie Maltodextrin oder Raffinose dagegen verstecken sich weiterhin unter den allgemeinen Kohlenhydraten. Damit gibt die Nährwerttabelle zwar einen sehr guten Richtwert, die Augen sollte man dennoch offen halten und möglichst häufig selbst kochen und – natürlich – backen.

Zahlen und Fakten

- Der Pro-Kopf-Konsum von Weißzucker* betrug in Deutschland im Wirtschaftsjahr 2014/2015 knapp **34 kg**. Im Jahr 2005/2006 waren es sogar knapp 36 kg.[13]

- Der jährliche Pro-Kopf-Konsum von Honig lag in Deutschland in den letzten Jahren bei rund **1 kg**.[14]

- Natürlicher Honig enthält **mehr als 200** verschiedene Stoffe wie Aminosäuren, Enzyme, Vitamine und Mineralien. Dennoch besteht die Trockenmasse von Honig zu **95 – 99 %** aus Zucker.[15]

- Die Weltgesundheitsorganisation WHO empfiehlt, nur maximal **5 %** des täglichen Kalorienbedarfs mit Zucker zu decken. Bei einem erwachsenen Menschen sind das etwa **25 g**.

- Im Wirtschaftsjahr 2016/2017 wurden weltweit insgesamt **178 Millionen Tonnen** Zucker-Rohware produziert.[16]

- Mit einer Produktion von rund **5 400 000 Tonnen** Zucker-Rohware war die deutsche Südzucker-Gruppe im Wirtschaftsjahr 2014/2015 der größte Zuckerproduzent der Welt.[17]

* Unter Weißzucker versteht man gewöhnlichen Verbrauchszucker, also Saccharose. Er hat im Vergleich zu Raffinadezucker einen etwas niedrigeren Reinheitsgrad.

- Von den im Wirtschaftsjahr 2016/2017 weltweit produzierten Mengen Zucker-Rohware waren **78 %** Rohr- und **22 %** Rübenzucker.[18]

- Ein Würfel Zucker wiegt in Deutschland gut **3 g**.

- Obwohl das Gehirn nur etwa 2 % unseres Körpergewichts ausmacht, gehen **50 %** der von uns verbrauchten Glukosemenge auf sein Konto. Zwar ist unser Denkapparat auf den Einfachzucker als Energiequelle angewiesen, wir müssen ihn jedoch nicht unbedingt in freier Form über die Nahrung aufnehmen. Unser Körper kann Glukose auch aus stärkehaltigen Lebensmitteln gewinnen oder aus Proteinen selbst herstellen.[19]

- Die Korngröße von normalem Haushaltszucker beträgt **0,8 – 1,2 mm**.

- Beim Karamellisieren von ganz gewöhnlichem Haushaltszucker entstehen aus Saccharose **mehrere Tausend** verschiedene Verbindungen.[20]

- Im Blut einer 70 kg schweren gesunden Person zirkulieren ständig etwa **4 g** Glukose.[21]

Egal ob Blauwal, Känguru, Elefant, Mensch oder Kuh – das Leben eines jeden Säugetieres beginnt mit einem ordentlichen Schluck Milch. Der im Laufe von mehreren Hundert Millionen Jahren Evolution perfektionierte Cocktail aus verschiedensten Nährstoffen enthält schließlich alles, was ein heranwachsendes Jungtier in den ersten Monaten seines Lebens braucht. Dabei ist Milch jedoch keineswegs gleich Milch. Während neugeborene Wale und Robben sich zum Beispiel schnell eine schützende und wärmende Speckschicht zulegen müssen und daher mit besonders fettreicher Milch versorgt werden, ist Stutenmilch besonders reich an Proteinen und Mineralstoffen – und damit genau das Richtige für den wichtigen Knochen- und Muskelaufbau der schnellen Fluchttiere. Auch das Immunsystem junger Säuger wird durch Milch gestärkt: Darin enthaltene Antikörper und Enzyme unterstützen die noch unerfahrene körpereigene Abwehr im Kampf gegen eine ganze Reihe von Infektionen.

Kurz: Milch ist eine komplexe Fertignahrung, gemacht für die optimale Versorgung und Entwicklung heranwachsender Säugetiere – und eigentlich *ausschließlich* für diese. Denn die Produktion der energiereichen Flüssigkeit ist für Mensch und Tier durchaus kräftezehrend. Zusätzliche Nahrung muss gefunden, gejagt, gefressen und anschließend in trinkbare Fette, Proteine, Kohlenhydrate und Mineralstoffe umgewandelt werden. Sobald der Nachwuchs alt genug für die Zufütterung von Brei, Gras, Fleisch, Fisch etc. ist, wird die Milchproduktion daher nach und nach eingestellt.

Die Sache mit der Laktose

Wir Menschen aber lieben Milch. Und zwar nicht nur die von anderen Arten wie Kühen, Büffeln, Ziegen oder Schafen, wir trinken, verarbeiten und verzehren Milch auch weit über das Säuglingsalter hinaus – in der Natur ein absoluter Einzelfall. Denn ab einem bestimmten Alter können alle Säugetierarten (ebenso wie übrigens weit über die Hälfte der erwachsenen Weltbevölkerung)[1] das Hauptkohlenhydrat und den Hauptenergielieferanten von Milch nicht mehr verstoffwechseln: den Milchzucker Laktose.

Um dieses Disaccharid (Zweifachzucker) aufnehmen und verwerten zu können, muss es, genau wie der Haushaltszucker Saccharose, im Dünndarm in seine einzelnen Bausteine zerlegt werden. Das für die Spaltung von Laktose notwendige Enzym, die Laktase, wird von Menschen wie Tieren jedoch normalerweise nach der Entwöhnung nicht mehr produziert. Wozu auch, denn außer in Milch kommt Laktose in keinem Nahrungsmittel vor und steht daher normalerweise nicht mehr auf dem Speiseplan. Ein Enzym herzustellen, das überhaupt nicht benötigt wird, wäre eine unnötige Verschwendung von Ressourcen und Energie. Ohne das Enzym Laktase wandert der verzehrte Milchzucker in seiner ursprünglichen Form weiter in den Dickdarm, wo er schließlich von dort

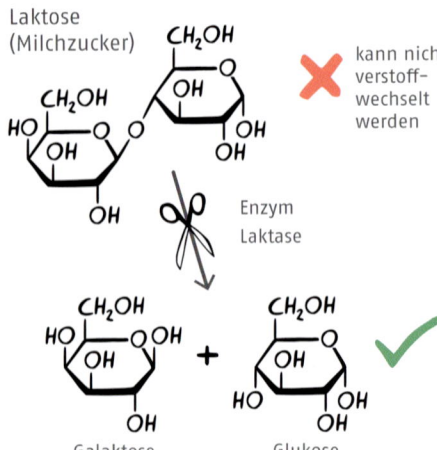

● Der Milchzucker Laktose ist ein Disaccharid, er besteht also aus zwei miteinander verknüpften Einfachzuckern. Um Laktose verwerten zu können, muss diese zunächst durch das Enzym Laktase in ihre Bausteine zerlegt werden.

lebenden Bakterien zerlegt wird. In manchen Fällen können die dabei entstehenden Abbauprodukte Blähungen, Durchfall oder andere Beschwerden hervorrufen – man spricht von einer Laktoseintoleranz.

Naturgemäß sind eigentlich also alle erwachsenen Säugetiere und damit auch wir Menschen nicht in der Lage, uns von laktosehaltiger Milch zu ernähren. Für manche Bevölkerungsgruppen dieser Erde begann sich das aber im Lauf der Jungsteinzeit, also vor etwa 10 000 Jahren, nach und nach zu ändern. Einstmalige Jäger und Sammler wurden sesshaft, Getreide wurde angebaut und Tiere wie Rinder, Schafe oder Ziegen wurden domestiziert. Prähistorische Funde legen nahe, dass manche Menschen noch vor dem Jahr 6500 v. Chr. neben dem Fleisch und den Häuten der Nutztiere auch deren Milch nutzten – und wer diese vertrug, hatte durch den hohen Nährwert und die wichtigen Mineralstoffe entscheidende Überlebensvorteile. Immerhin können Wiederkäuer für unsere Ernährung unbrauchbares Gras in kalorien- und proteinhaltige Milch umwandeln – ein wahrer Segen in Zeiten von unausgereifter Landwirtschaft und regelmäßigen Ernteausfällen. Je nach Fortschritt, Kultur, klimatischen Begebenheiten und Nahrungsangebot setzten sich in manchen Regionen dieser Erde Menschen durch, die laktosetolerant waren und damit von der nahrhaften Milch profitieren konnten – ein wunderbares Beispiel für das Zusammenspiel von kultureller und biologischer Evolution.

Wie oben schon erwähnt, produziert weniger als die Hälfte der Weltbevölkerung das Enzym Laktase bis ins Erwachsenenalter hinein. In Nordwesteuropa ist die sogenannte Laktasepersistenz, also die Verträglichkeit von Laktose, am weitesten verbreitet. Südeuropäer wie Spanier, Griechen und vor allem Italiener vertragen Milchzucker weniger gut. Ein Grund für diese regionalen Unterschiede wird darin vermutet, dass Milch ein guter Vitamin-D-Lieferant ist. Diese Verbindung spielt eine wichtige Rolle bei der Regulierung unseres Calciumhaushalts und damit beim Knochenaufbau und kann mit Hilfe von Sonnenlicht (genauer: UVB-Strahlung) in unserer Haut gebildet werden. Die Bewohner sonnenreicher südlicher Ländern hatten (und haben noch immer) weniger Probleme mit einer ausreichenden Vitamin-D-Versorgung und waren damit auch in der Jungsteinzeit auf den Verzehr von Milch nicht so sehr angewiesen wie die Bewohner nördlicher Regionen – eine lebenslange Toleranz für Laktose war dort also nicht so wichtig.[2, 3] Man vermutet, dass sich genau aus diesem Grund vor allem in Südeuropa eine derartige Vielfalt von Käsesorten entwickelt hat – dieses Milchprodukt besitzt von Natur aus einen niedrigeren Laktosegehalt als frische Milch.[3]

Für den Großteil der Deutschen ist der Verzehr von Joghurt, Quark und Co. dagegen kein Problem: Nur etwa 15 % der Menschen hierzulande sind laktoseintolerant.[4] Dementsprechend groß ist die Fülle von Milchprodukten im Handel und dementsprechend schwer sind sie aus unserem täglichen Leben wegzudenken.

Doch was genau ist Milch eigentlich? Wie wird aus der weißen Flüssigkeit Schmand, Joghurt oder Käse? Warum lässt sich Milch aufschäumen und Sahne steif schlagen? Warum gerinnen Joghurt oder saure Sahne beim Kochen, Milch aber nicht? Um all das geht es in diesem Kapitel.

Warum ist Milch eigentlich weiß?

Wenn wir von Milch sprechen, dann meinen wir damit für gewöhnlich Kuhmilch. Sie ist die mit Abstand beliebteste aller gängigen Sorten und jede(r) Deutsche verbraucht davon etwa 54 kg pro Jahr. Butter, Joghurt und andere Milchprodukte noch nicht mit eingerechnet (Stand: 2016).[5]

Kuhmilch besteht zu knapp 90 % aus Wasser. Dass sie aber dennoch so ganz und gar nicht wässrig, sondern vielmehr blickdicht und weiß

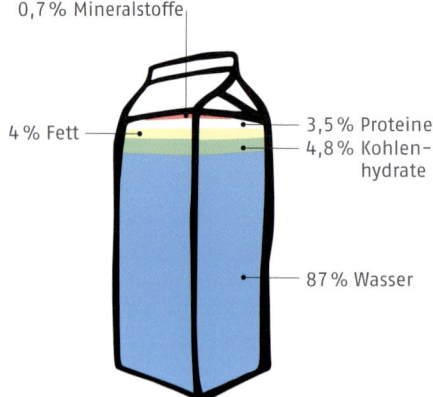

0,7 % Mineralstoffe

4 % Fett

3,5 % Proteine

4,8 % Kohlen-
hydrate

87 % Wasser

● Kuhmilch besteht zu fast 90 % aus Wasser. Die
restlichen Inhaltsstoffe sind Kohlenhydrate (vorwiegend Laktose), Fett, Proteine und Mineralstoffe.

erscheint, liegt am darin enthaltenen Fett. Da
dieses sich bekanntlich nicht in Wasser löst
und damit Milch sich nicht wie eine schlecht
verrührte Salatsoße aus Essig und Öl in zwei
Phasen auftrennt, macht sich die Natur die
emulgierende Funktion verschiedener Lipide zunutze. Diese Verbindungen bestehen aus
einem wasser- und einem fettlöslichen Teil. In
Milch umschließen sie, stabilisiert von einer
Vielzahl spezieller Proteine, mikroskopisch
kleine Tröpfchen aus Fett in Form einer erstaunlich hitzestabilen Hülle.[5,6] Auf diese
Weise werden die Fettmoleküle nicht nur vor
Enzymen geschützt, die sie verdauen und in
teils ranzig riechende und schmeckende Fettsäuren zerlegen würden, sie werden auch da-

von abgehalten, sich zu einer einzigen fettigen
Phase zu vereinigen. Auf diese Weise können
die eigentlich unlöslichen Fettmoleküle zusammen mit anderen fettlöslichen Stoffen, zum
Beispiel manchen Vitaminen, fein in der wässrigen Phase verteilt, also emulgiert werden. Zumindest für eine gewisse Zeit. Denn lässt man
frische Rohmilch eine Weile stehen, steigen
nach und nach immer mehr Fettkügelchen an
die Oberfläche – die Rohmilch rahmt auf und
trennt sich dabei in einen fettreicheren und
einen fettärmeren Teil. Der Grund hierfür ist,
dass die kleinen Globuli aus Fett eine geringere
Dichte besitzen als das umgebende Wasser und
daher aufsteigen wie Heliumluftballons in der
Luft. Dieser Effekt lässt sich für die Herstellung
von Sahne oder Butter nutzen, denn der sich
absetzende Rahm kann einfach abgeschöpft
werden.

Heutzutage werden Rohmilch und Milchfett jedoch schneller und effizienter mit Hilfe
spezieller Zentrifugen getrennt oder, wenn die
Milch in unserem Kühlschrank landen soll,
homogenisiert. Dabei werden die ursprünglich 0,2 bis mehr als 15 μm großen Fettkügelchen durch verschiedene Verfahren auf einen
Durchmesser von maximal 1 – 2 μm verkleinert
(1 μm entspricht 0,001 mm).[7] Sie brauchen in
dieser Form deutlich länger für den Weg an die
Oberfläche und die Emulsion ist stabiler.

Aber zurück zur trüb-weißen Erscheinung
von Milch. Wie schon gesagt, ist diese Flüs-

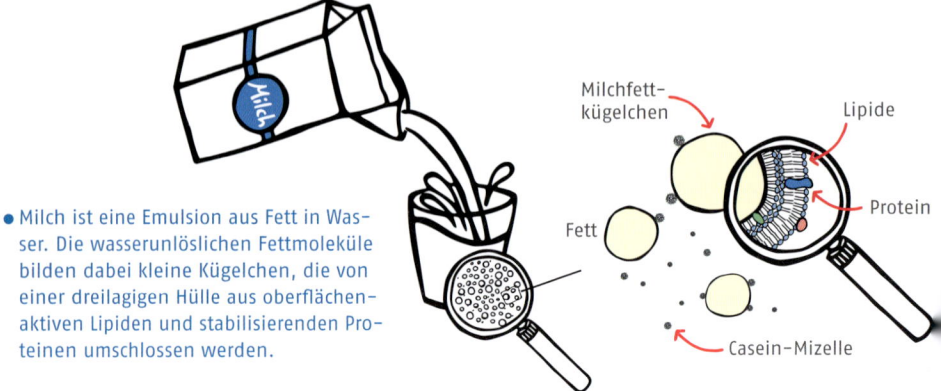

Milchfett-
kügelchen

Lipide

Fett

Protein

Casein-Mizelle

● Milch ist eine Emulsion aus Fett in Wasser. Die wasserunlöslichen Fettmoleküle
bilden dabei kleine Kügelchen, die von
einer dreilagigen Hülle aus oberflächenaktiven Lipiden und stabilisierenden Proteinen umschlossen werden.

sigkeit eine Emulsion kleiner Fetttröpfchen in einer wässrigen Lösung. Um die restlichen Bestandteile wie Proteine und Kohlenhydrate kümmern wir uns später. Sonnenlicht oder auch das Licht einer Glühbirne besteht aus verschiedenen Farben, deren Zusammenwirken unser Auge als weiß wahrnimmt. Die Wellenlänge des für uns sichtbaren Lichts liegt in einer ähnlichen Größenordnung wie der Durchmesser der in der Milch verteilten Fettkügelchen. Das Licht kann diese daher nicht einfach durchdringen, sondern wird fast vollständig von ihnen reflektiert und wie von unzähligen kleinen durcheinander schwimmenden Spiegeln hin- und hergeworfen. Dabei werden alle Farben des einfallenden Lichts gleichermaßen gestreut – was wir sehen, ist daher wieder ein weiß erscheinendes Farbgemisch. Da das Licht die Milch nicht durchdringen kann, sondern von den kleinen Globuli in alle möglichen Richtungen abgelenkt wird, ist sie außerdem trüb.

Riesenmoleküle mit besonderen Eigenschaften: Milchproteine

Milch ist viel mehr als nur eine Emulsion aus Fett und Wasser. Neben den kleinen Kügelchen aus Milchfett, wasserlöslichen Molekülen wie dem Milchzucker Laktose, Mineralien oder verschiedenen Vitaminen enthält Milch noch andere größere Partikel: Proteine. Und die beeinflussen die Eigenschaften der beliebten weißen Flüssigkeit aufgrund ihrer molekularen Struktur maßgeblich.

Milch hat eine äußerst komplexe Zusammensetzung und enthält eine große Bandbreite verschiedenster Proteine. Sie fungieren als Enzyme, wirken antimikrobiell und dergleichen mehr.[8] Praktischerweise kann man alle in der Milch enthaltenen Proteine in nur zwei Fraktionen unterteilen und das Ganze damit etwas vereinfachen.

Da wären zum einen die **Caseine**, die in Kuhmilch immerhin 80 % aller enthaltenen

Proteine ausmachen, und die restlichen 20 %, die unter der Bezeichnung **Molkenproteine** zusammengefasst werden. Deren Name stammt – man ahnt es schon – von der gelb-grünlichen Flüssigkeit, die bei der Herstellung eingedickter Milchprodukte neben der geronnenen Milch entsteht: der Molke. Die darin vorwiegend enthaltenen Proteine sind größtenteils kompakt gebaut, wasserlöslich und denaturieren bei Temperaturen von über 75 °C. Die Einwirkung von Säure oder den bei der Käseherstellung üblichen Verdauungsenzymen kann ihnen dagegen nur wenig anhaben.

Werfen wir nun aber einen Blick auf die Caseine. Die sind immerhin ein wichtiger Grund, warum man Milch ohne Probleme kochen kann, ohne dass sich dabei unschöne Flocken oder Klumpen bilden. Zugleich spielen sie eine wichtige Rolle für die Herstellung von Käse, Quark und Co. Doch dazu später mehr.

● Bei etwa 80 % der in Milch enthaltenen Proteine handelt es sich um Caseine. Diese kleinen Eiweiße lagern sich zu Tausenden zusammen und bilden dabei Mizellen, in die unzählige Cluster des schwer löslichen Salzes Calciumphosphat eingebunden sind.

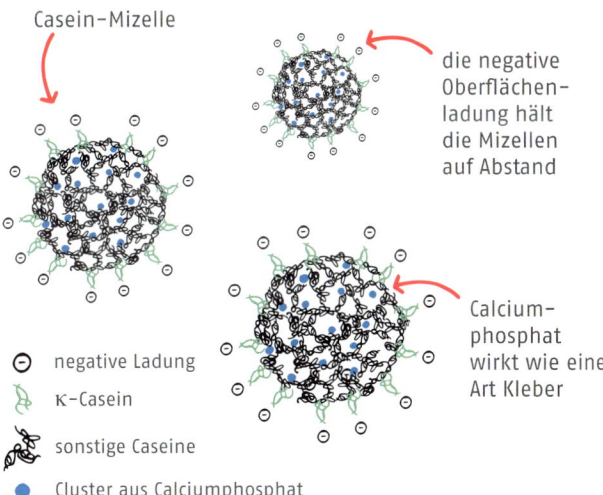

Casein-Mizelle

die negative Oberflächenladung hält die Mizellen auf Abstand

Calciumphosphat wirkt wie eine Art Kleber

⊖   negative Ladung

🐡   κ-Casein

🐛   sonstige Caseine

●   Cluster aus Calciumphosphat

Caseine sind, der Plural verrät es bereits, eine Mischung aus vier recht kleinen Proteinen, die sich in Milch zu Tausenden zusammenlagern und dabei Aggregate unterschiedlichster Größe bilden – die sogenannten Casein-Mizellen. Diese binden das in Wasser praktisch unlösliche Salz Calciumphosphat und ermöglichen damit nicht nur die Versorgung des Nachwuchses mit lebenswichtigem Calcium und Phosphat, sondern verhindern gleichzeitig, dass die Milchdrüsen der Mutter durch das sich absetzende Salz verstopfen.[9] Dabei funktionieren die Caseine im Grunde wie Emulgatoren: Die wasserlöslichen Teile des Proteinkomplexes sind nach außen, die wasserunlöslichen Regionen nach innen gerichtet. Da die Oberfläche der Mizellen negativ geladen ist, stoßen sich diese gegenseitig ab. Doch Caseine sind mehr

als nur die Transportverpackungen für lebenswichtige Mineralien. Sie bestehen aus einer Vielzahl verschiedener Aminosäuren, die das milchtrinkende Jungtier für eine optimale Entwicklung benötigt, und sind damit ein wichtiger Nährstoff.[9]

Über 100 °C? Kein Problem für Caseine

Man kennt das vom Spiegelei in der heißen Pfanne: Viele Proteine denaturieren unter Hitzeeinwirkung. Sie verlieren dabei ihre dreidimensionale Faltung und bilden – je nach Temperatur und Kochdauer – zarte Gele oder zähe und feste Strukturen. Nicht so die Caseine. Selbst längeres Kochen kann den in Mizellen angeordneten Proteinen nur wenig anhaben. Der Grund: Caseine sind verhältnismäßig klein, besitzen keine starr festgelegte dreidimensionale Struktur und sind daher äußerst flexibel – man könnte sie als bereits teilweise denaturiert bezeichnen. Steigt die Temperatur, ändert dies nichts oder nur wenig an dem Aufbau der einzelnen Proteine bzw. der gesamten Mizellen. Diese stoßen sich weiterhin gegen-

● Während hohe Temperaturen Casein-Mizellen recht wenig anhaben können, sorgt sowohl der Einfluss von Säure als auch das Einwirken bestimmter Enzyme für das Eindicken von Milch – allerdings auf unterschiedliche Art und Weise.

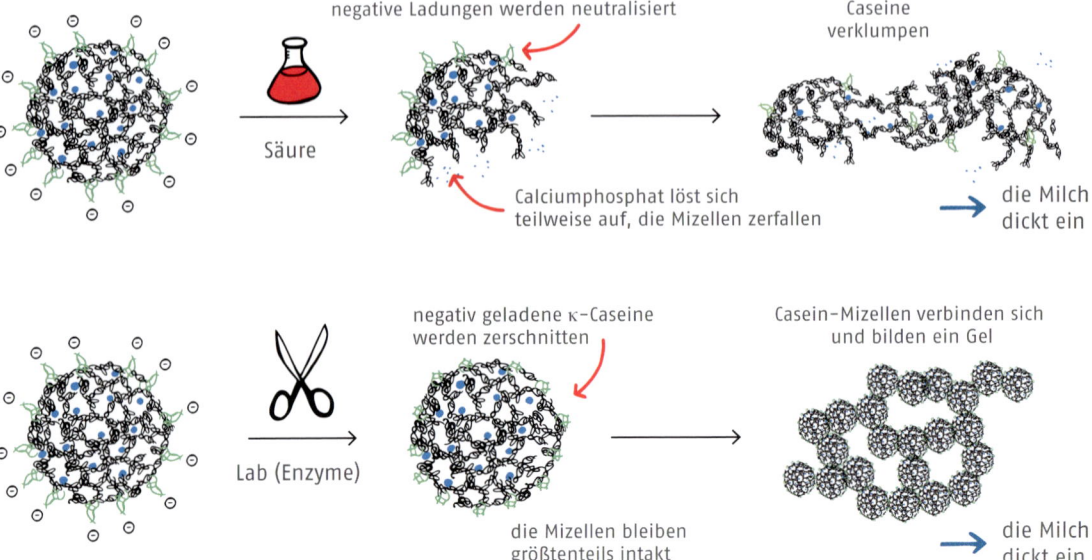

negative Ladungen werden neutralisiert

Caseine verklumpen

Säure

Calciumphosphat löst sich teilweise auf, die Mizellen zerfallen

die Milch dickt ein

negativ geladene κ-Caseine werden zerschnitten

Casein-Mizellen verbinden sich und bilden ein Gel

Lab (Enzyme)

die Mizellen bleiben größtenteils intakt

die Milch dickt ein

seitig ab und verklumpen nicht. Im Gegensatz übrigens zu den Molkenproteinen. Diese sind, wie bereits erwähnt, durchaus hitzelabil; einige von ihnen beginnen schon ab etwa 75 °C zu denaturieren. Interessanterweise flocken sie aber dennoch kaum aus der heißen Milch aus. Die meisten von ihnen lagern sich im entfalteten Zustand nicht etwa zusammen und vernetzen sich zu Gelen oder Klümpchen, sondern lagern sich stattdessen an die Oberfläche einzelner Casein-Mizellen an. Auf diese Weise bleiben die Proteine fein verteilt und die heiße Milch flüssig und glatt.[10]

Es gibt jedoch Umstände, die sogar Casein-Aggregate aus der Form bringen. Zum Glück, muss man sagen, denn sonst gäbe es weder Käse, Quark oder Joghurt, noch die zahlreichen anderen eingedickten Milchprodukte. Einer dieser Umstände ist eine saure Umgebung. Denn senkt man den pH-Wert lauwarmer Milch auf etwa 5, dann neutralisiert das die Oberflächenladung der Casein-Mizellen. Gleichzeitig löst sich das als eine Art zusammenhaltender Kleber fungierende Calciumphosphat teilweise auf. Die Mizellen zerfallen nicht nur und stoßen sich nicht mehr ab, sie verbinden sich auch miteinander – die Milch geliert und dickt

ein. Einen ähnlichen Effekt haben Enzyme wie Chymosin, das im Labmagen milchtrinkender Kälber vorkommt und dort dabei hilft, die getrunkene Milchmahlzeit zu verdauen (siehe auch Seite 137 f.). Chymosin knippst an der Oberfläche der Casein-Mizellen genau die Aminosäureketten ab, die für die Abstoßung der Proteinaggregate untereinander verantwortlich sind. Mit diesem Verdauungsenzym versetzte Milch dickt daher ein, ganz ohne einen säuerlichen Geschmack zu bekommen.

Ausgewählte Milchprodukte

Milch ist ohne Zweifel eine faszinierende Flüssigkeit. Sie enthält wertvolle Nährstoffe, besticht durch einen charakteristischen mild-säuerlichen Geschmack und vielseitige Einsetzbarkeit. Ganz egal ob als Mischgetränk, in Kaffee oder Tee, über dem allmorgendlichen Müsli, einfach pur oder als Zutat für Gebäck – Milch ist ein überaus beliebtes Nahrungsmittel. Und dennoch – auf Milch in ihrer mehr oder weniger ursprünglichen Form (von Homogenisierung und Haltbarmachung mal abgesehen) könnten viele Menschen womöglich noch halbwegs gut verzichten. Was das tierische Produkt in unserem täglichen Leben allerdings nahezu

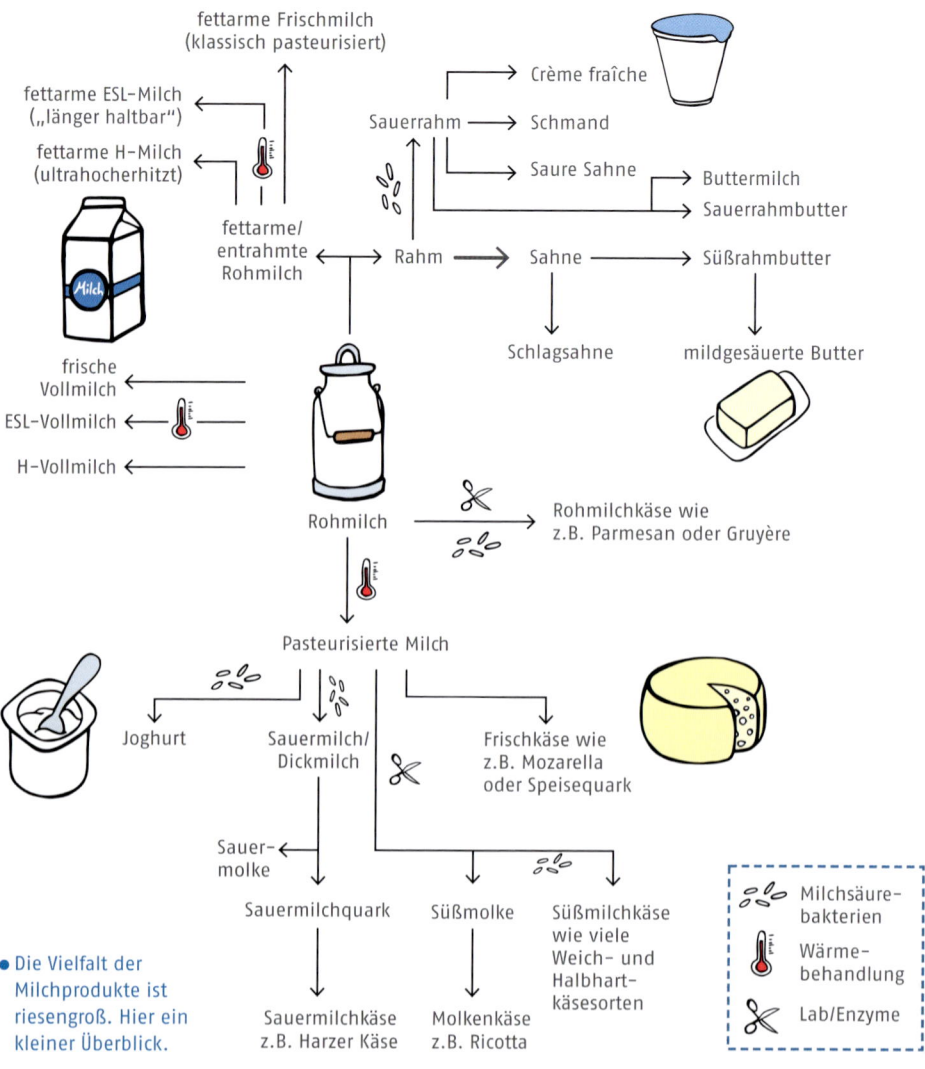

fettarme Frischmilch
(klassisch pasteurisiert)

fettarme ESL-Milch
(„länger haltbar")

fettarme H-Milch
(ultrahocherhitzt)

Crème fraîche

Sauerrahm → Schmand

Saure Sahne → Buttermilch
→ Sauerrahmbutter

fettarme/
entrahmte
Rohmilch ← → Rahm → Sahne → Süßrahmbutter

Schlagsahne

mildgesäuerte Butter

frische
Vollmilch

ESL-Vollmilch

H-Vollmilch

Rohmilch → Rohmilchkäse wie
z.B. Parmesan oder Gruyère

Pasteurisierte Milch

Joghurt

Sauermilch/
Dickmilch

Frischkäse wie
z.B. Mozarella
oder Speisequark

Sauer-
molke

Sauermilchquark

Süßmolke

Süßmilchkäse
wie viele
Weich- und
Halbhart-
käsesorten

● Die Vielfalt der
Milchprodukte ist
riesengroß. Hier ein
kleiner Überblick.

Sauermilchkäse
z.B. Harzer Käse

Molkenkäse
z.B. Ricotta

Milchsäure-
bakterien

Wärme-
behandlung

Lab/Enzyme

unentbehrlich macht, ist die unglaublich große Vielfalt an verschiedenen Milchprodukten: Sahne, Butter, Joghurt oder Crème fraîche, von unzähligen Käsesorten ganz zu schweigen. Doch wie hängen all diese verschiedenen Milchprodukte zusammen und wie entwickeln sich ihre vielfältigen Aromen, Texturen und Erscheinungsformen? Was ist der Unterschied zwischen Crème fraîche und Schmand und warum lässt sich Sahne eigentlich steif schlagen?

Die folgenden Seiten geben einen kurzen Überblick über die hierzulande gängigen Milchprodukte.

Viele Milchprodukte entstehen durch die Arbeit unzähliger kleiner mikrobieller Helfer und werden daher als fermentierte Milchprodukte bezeichnet. Doch dazu später mehr. Widmen wir uns erst einmal dem, was sich ohne den Einsatz von Bakterien und Enzymen aus Milch herstellen lässt.

Kondensmilch

Milch gibt es in vielerlei Varianten: in Form unbehandelter Rohmilch direkt aus dem Euter, als durch Pasteurisierung länger haltbar gemachte Frischmilch, vollfett, fettarm oder entrahmt, durch den Entzug von Wasser pulverisiert und dergleichen mehr. Auf eine Sorte verarbeiteter Milch möchte ich an dieser Stelle aber wegen einer besonders interessanten und vor allem leckeren Eigenschaft etwas detaillierter eingehen: auf Kondensmilch. Diese heutzutage häufig in handlichen kleinen Portionen abgepackte und vorwiegend zur Verfeinerung von Kaffee oder Tee eingesetzte Flüssigkeit wird aus Milch hergestellt, indem dieser mehr als die Hälfte des enthaltenen Wassers entzogen wird. In Zeiten, in denen heute übliche Prozesse wie Pasteurisierung oder Sterilisation noch unbekannt waren, war der ursprüngliche Gedanke hinter diesem Verfahren eine verbesserte Haltbarkeit. Denn der niedrige Wassergehalt erschwert, vor allem in Kombination mit dem üblicherweise in großen Mengen zugesetzten Zucker, vielen Mikroorganismen das Leben. Kondensierte Milch kann daher länger aufbewahrt und genossen werden.

Erhitzt man eine solche gezuckerte Kondensmilch 2 – 3 Stunden in einem Bad aus kochendem Wasser (dabei niemals geschlossene Dosen verwenden, diese könnten platzen und der heiße Inhalt schwere Verbrennungen verursachen), so erhält man eine aromatisch duftende karamellbraune Soße. Das ist erstaunlich, denn Zucker karamellisiert eigentlich erst ab Temperaturen von über 150 °C. Noch dazu muss er dabei sowohl permanent beaufsichtigt als auch ständig umgerührt werden und neigt dazu, sich in einem unachtsamen Moment in eine bittere schwarze Paste zu verwandeln. Weshalb „karamellisiert" Kondensmilch nun aber scheinbar schon bei 100 °C?

Der Grund ist folgender: Durch das entzogene Wasser ist Kondensmilch nichts anderes als eine konzentrierte Lösung von Fett, Proteinen, Zucker und weiteren Inhaltsstoffen. Wie auf Seite 92 f. genauer beschrieben, sorgt die bei der Zubereitung unzähliger proteinreicher Speisen und Gerichte ablaufende Maillard-Reaktion sowohl für eine ansprechende Bräunung als auch für die Bildung verschiedenster Aromen. Sie ist eine komplexe Reaktionskaskade zwischen bestimmten Zuckern und Teilen von Proteinen. Beides ist in Kondensmilch in hohen Konzentrationen enthalten. Noch dazu läuft die besagte Maillard-Reaktion im Vergleich zur Karamellisierung von Zuckern bereits bei milden Temperaturen und damit auch in kochender Kondensmilch ab. Selbst wenn Aroma und Erscheinung einen anderen Eindruck erwecken – bei auf diese Weise aus kondensierter Milch hergestellter Soße handelt es sich nicht um eine Karamellsoße, denn sie enthält gar keinen karamellisierten Zucker. Lecker ist sie aber natürlich dennoch.

(Schlag-)Sahne

Egal ob man sie Obers, Rahm oder Sahne nennt, ob man sie in flüssiger oder geschlagener Form verwendet oder ob man deftige Gerichte, frische Früchte, Gebäck oder Eis damit garniert – Sahne ist durch ihre besondere Konsistenz, ihr zart-cremiges Mundgefühl und das charakteristische Aroma etwas ganz Besonderes. Führt man sich diese Kombination aus verführerischen Eigenschaften vor Augen, so könnte man eigentlich meinen, dass es sich bei Sahne um ein hochoptimiertes Lebensmittel handelt; hergestellt in einer Reihe von komplizierten Prozessen, fokussiert auf unwiderstehlichen Genuss. Doch weit gefehlt. Auch wenn Sahne heute häufig durch verschiedene Verfahren besonders cremig oder schlagfähig gemacht wird – um an das schmackhafte Milchprodukt heranzukommen, genügen bereits ein Eimer frischer Rohmilch und 12 – 24 Stunden Zeit. Denn tatsächlich handelt es sich bei Sahne um nichts anderes als den fettreichen Teil der Milch, der aus kleinen, mit Fettmolekülen ge-

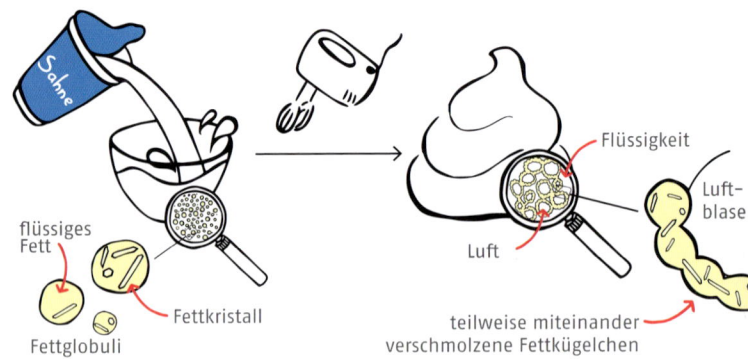

● Im Gegensatz zu Eischnee oder Milchschaum spielen beim Steifschlagen von Sahne nicht Proteine, sondern Fettmoleküle die Hauptrolle. Wichtig dabei: Die weiße Flüssigkeit muss so kalt sein, dass das enthaltene Fett teilweise kristallin ist. Dann verschmelzen die durch das heftige Rühren zerrissenen Fettkügelchen nur teilweise miteinander und bilden dabei ein stabilisierendes Netzwerk um zahlreiche kleine Luftbläschen.

flüssiges Fett

Fettglobuli

Fettkristall

Flüssigkeit

Luftblase

Luft

teilweise miteinander verschmolzene Fettkügelchen

füllten Tröpfchen besteht. Diese sind direkt nach dem Melken in der ansonsten wässrigen Milch fein verteilt und steigen aufgrund ihrer geringeren Dichte im Lauf der Zeit an die Oberfläche. Von dort kann die sahnige Schicht aus Milchfett einfach abgeschöpft werden. Heutzutage wird dieser Vorgang zwar mit Hilfe von Zentrifugen beschleunigt und die Sahne anschließend durch Pasteurisierung haltbar gemacht, das Produkt ist aber nach wie vor das gleiche: eine fettreiche cremig-köstliche Flüssigkeit.

Steife Sahne – das Fett macht's möglich

Durch den kurzen Einsatz von Schneebesen oder Handrührgerät lässt sich Sahne in eine luftige und formstabile Masse verwandeln. So dekoriert sie, egal ob verstrichen, mit geeigneter Tülle in Form gebracht oder einfach mit dem Löffel gekleckst, sowohl Kuchen als auch (Heiß-)Getränke. Doch wie ist das eigentlich möglich? Wird einem nicht beim Aufschlagen von Eiklar ständig eingebläut, dass Fett, egal ob es über Spuren von Eigelb oder Rückstände am Schneebesen in die Rührschüssel gelangt, der Feind eines jeden Schaumes ist? Auch Milch lässt sich am besten aufschäumen, wenn sie möglichst wenig Fett enthält. Schlagsahne besteht jedoch zu einem beträchtlichen Anteil aus diesem Schaumkiller – laut der deutschen Milcherzeugnisverordnung zu mindestens 30 %, um genau zu sein.

Tatsächlich spielen beim Steifschlagen von Sahne im Gegensatz zu Eischnee oder Milchschaum ausnahmsweise nicht Proteine, sondern Fettmoleküle die Schlüsselrolle. Aber von vorn. Wie in diesem Kapitel schon eingehend erläutert, liegt das Fett in Milch und Sahne in Form kleiner, von einer dünnen Membran umgebener Tröpfchen vor. Darüber hinaus ist es wichtig zu wissen, dass Fett bei niedrigen Temperaturen kristallisiert und damit aushärtet, genau wie Butter im Kühlschrank. Gekühlte Sahne ist zwar flüssig, das Fett in den einzelnen Tröpfchen jedoch teilweise kristallin – und dieser Zustand ist essenziell für das erfolgreiche Aufschlagen von Sahne.

Bearbeitet man Sahne mit einem Schneebesen, so wird nach und nach immer mehr Luft in Form kleiner Bläschen in die cremig-weiße Flüssigkeit eingearbeitet. Die Bläschen zerplatzen anfangs jedoch schnell wieder, denn es fehlt eine Komponente, die sie an Ort und Stelle hält. Das ändert sich bald. Zunächst entfalten sich einige der instabileren Proteine und legen sich um ein paar Luftblasen. Doch der Proteingehalt von Schlagsahne ist mit etwa 3 % zu gering für ein ausgedehntes stabilisierendes Proteinnetzwerk wie bei Eischnee. Zum Glück kommen bald die durch die mechanischen Kräfte mehr und mehr strapazierten Globuli aus Fett ins Spiel. Heftig hin- und hergeworfen und starken Scherkräften ausgesetzt, halten ihre schützenden Membranen irgendwann nicht mehr stand und reißen teilweise auf – Fettmoleküle kommen mit der wässrigen Phase in Kontakt. Um diesem ungeliebten Element zu entkommen, lagern sie sich an die Oberfläche der eingearbeiteten Luftbläschen an. Die Bläschen bekommen damit eine durchgehende Hülle aus Fett und werden stabilisiert. Und nicht nur sie. Auch das in der Sahne enthaltene Wasser und die anderen darin gelösten Inhaltsstoffe werden vom Fett an Ort und Stelle gehalten und können nicht mehr hin- und herfließen – die Sahne gewinnt an Volumen und wird fest.

Um genügend Luftblasen mit einer solchen Hülle zu ummanteln, muss zum einen der Fettgehalt der Sahne hoch genug sein, zum anderen muss der Großteil des Fettes in kristalliner Form vorliegen. Das ist bei Sahne aus dem Kühlschrank der Fall. Auf diese Weise können sich die aufgerissenen Fettkügelchen miteinander verbinden und bleiben gleichzeitig halbwegs formstabil. So bildet sich ein stabili-

> Homogenisierte Sahne lässt sich schlechter steif schlagen als nicht homogenisierte. Bei der Homogenisierung werden die Fettkügelchen verkleinert und auf eine einheitlichere Größe gebracht. Dabei lagern sich jedoch mehr Proteine an die Oberfläche der Fettkügelchen an und stabilisieren deren Membranen zusätzlich. Die kleinen Globuli zerreißen beim Aufschlagen nicht mehr so leicht und das Steifschlagen dauert länger.[11]

sierendes Netzwerk aus teilweise verbundenen Fettglobuli. Ist die Sahne zu warm und damit das Fett zu flüssig, verschmelzen die aus den Kügelchen austretenden Fettmoleküle zu großen Öltropfen ohne Form und Struktur – eine Stabilisierung von Luftblasen ist damit nicht mehr möglich. Aus diesem Grund sollte man Sahne vor dem Aufschlagen mindestens einen Tag lang im Kühlschrank lagern und auch nach dem Schlagen kalt stellen.

Doch Sahne kann noch mehr als lecker schmecken und in steif geschlagener Form Kuchen und Gebäck verzieren; sie bildet den Ausgangsstoff für weitere Milchprodukte wie Butter oder Buttermilch (beide werden auf Seite 75 – 78 näher erklärt), stichfesten Schmand, Crème fraîche und mehr.

Fermentierte Milchprodukte

Aus Milch lässt sich zwar köstliche süße Sahne und streichfähige Süßrahmbutter gewinnen, doch erst die Arbeit Millionen kleiner fleißiger Bakterien ermöglicht es, eine unglaublich große Palette verschiedenster Milchprodukte herzustellen. Oder sollte man besser sagen: „herstellen zu lassen"? Die mit Hilfe nützlicher Mikroorganismen produzierten, sogenannten fermentierten Milchprodukte sind meist besser bekömmlich, länger haltbar, ihr Aroma reicht von mild, sahnig und säuerlich bis hin zu würzig und sie können dickflüssig, cremig, stichfest, bröselig oder fest sein. Aber wie genau werden aus Milch Joghurt, Schmand, Quark und Käse?

Die wichtigste Rolle spielen dabei bestimmte Mitglieder einer umfangreichen Ordnung von Bakterien, die sich darauf spezialisiert haben, verschiedene Kohlenhydrate in Milchsäure umzuwandeln: Milchsäurebakterien. Manche von ihnen besiedeln zum Beispiel unseren Darm, andere kommen natürlicherweise in Milch vor. Und die haben gegenüber anderen Mikroorganismen einen ganz entscheidenden Vorteil; zu-

> Milchsäurebakterien haben bei der Produktion fermentierter Milchprodukte verschiedene Funktionen.

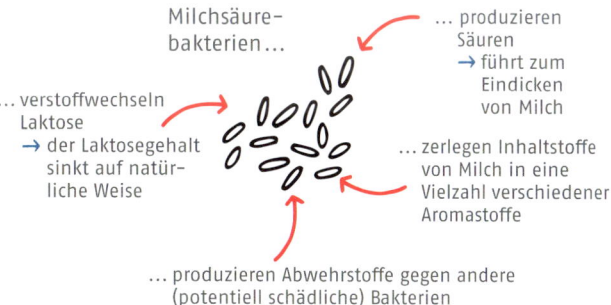

Milchsäurebakterien…

… verstoffwechseln Laktose
→ der Laktosegehalt sinkt auf natürliche Weise

… produzieren Säuren
→ führt zum Eindicken von Milch

… zerlegen Inhaltsstoffe von Milch in eine Vielzahl verschiedener Aromastoffe

… produzieren Abwehrstoffe gegen andere (potentiell schädliche) Bakterien

mindest wenn es darum geht, sich in der nährstoffreichen weißen Flüssigkeit zu vermehren.

Bei nahezu dem gesamten in Milch enthaltenen Zucker handelt es sich um Laktose. Die kommt jedoch, außer eben in Milch, in der Natur sonst nirgends vor. Um in Milch wachsen und sich vermehren zu können, müssen die meisten eindringenden Bakterien ihren Stoffwechsel zunächst auf die Verarbeitung dieses speziellen Kohlenhydrates umstellen. Die in der Milch angesiedelten Milchsäurebakterien sind dagegen bereits wahre Meister darin und gewinnen – gute Wachstumsbedingungen und geeignete Temperaturen vorausgesetzt – fleißig Energie, indem sie Laktose in Milchsäure umwandeln. Dieser bakterielle Stoffwechsel hat ein paar Nebenwirkungen, die sich der Mensch bereits seit mehreren Tausend Jahren zunutze macht.

Zum einen sinkt durch die entstehende Milchsäure der pH-Wert der Milch. Schon das macht vielen mikrobiellen Eindringlingen das Leben schwer. Darüber hinaus produzieren Milchsäurebakterien verschiedene Verbindungen, die auf andere Bakterienstämme toxisch wirken.[12] Eine Kombination, die potenziell schädliche Mikroorganismen wirksam in Schach hält und fermentierten Milchprodukten eine bessere Haltbarkeit beschert. Zum anderen sinkt durch die Arbeit der Milchsäurebakterien der Laktosegehalt der Milch. Der Milchzucker wird schließlich zur Energiegewinnung genutzt und in Säure und andere Verbindungen umgewandelt. Aus diesem Grund sind fermentierte Milchprodukte auch für die Menschen besser geeignet, denen zu große Laktosemengen auf Magen und Darm schlagen.[13]

Der oben erwähnte sinkende pH-Wert hat einen weiteren Effekt auf Milch – sie dickt ein. Der Grund hierfür wurde bereits auf Seite 118 f. genauer erklärt: In Milch bildet der Großteil der Proteine zusammen mit Calciumphosphat recht stabile Proteinaggregate, die sogenannten Casein-Mizellen. Ihre Oberflächen sind negativ geladen und sie stoßen sich daher gegenseitig ab. Auf diese Weise bleiben die Mizellen fein in der Milch verteilt und verklumpen selbst bei Temperaturen von über 100 °C nicht miteinander. Eine saure Umgebung hat auf ihre Struktur jedoch folgenschwere Auswirkungen: Durch den niedrigen pH-Wert und die damit verbundene hohe Konzentration positiv geladener Oxonium-Ionen wird die negative Oberflächenladung der Mizellen neutralisiert. Die Proteinaggregate stoßen sich nun nicht mehr ab, sondern ballen sich zusammen. Dabei schließen sie große Mengen Wasser mit ein und die ehemals flüssige Milch wird fest.

Und noch etwas bewirken die Milchsäurebakterien. Durch ihren Stoffwechsel und die von ihnen ausgeschütteten Enzyme werden bestimmte Inhaltsstoffe der Milch in eine Vielzahl verschiedener, teilweise äußerst aromatischer Verbindungen umgewandelt. Dadurch werden fermentierte Milchprodukte zu sehr schmackhaften Nahrungsmitteln. Je nachdem welche Bakterienkulturen bei der Produktion von Joghurt, Quark und Co. zum Einsatz kommen, ob Vollmilch oder Sahne als Ausgangsprodukt verwendet wird, welche genauen Bedingungen wie Temperatur oder Dauer der Fermentation gewählt werden, entstehen Milchprodukte mit völlig unterschiedlichen Eigenschaften.

Joghurt und Dickmilch

Joghurt ist im Grunde nichts anderes als mit Hilfe von Milchsäurebakterien eingedickte Milch. Hierzulande inzwischen äußerst beliebt und in allen erdenklichen Variationen und Geschmacksrichtungen erhältlich, gelangte die mild-säuerliche Speise erst Anfang des 20. Jahrhunderts aus Zentralasien und/oder dem Bal-

Joghurtsorten, die als „mild" gekennzeichnet sind, werden statt mit *Lactobacillus bulgaricus* mit anderen thermophilen Milchsäurebakterien hergestellt. Deren Stoffwechselprodukte schmecken weniger säuerlich und der entstehende Joghurt ist milder.

kan zu uns nach Europa. Joghurt ist mit der hier früher stärker verbreiteten Dickmilch eng verwandt und wird ganz ähnlich hergestellt, jedoch kommen bei der Säuerung und Dicklegung andere Bakterienkulturen zum Einsatz. An diesem Beispiel zeigt sich übrigens sehr gut, welchen Einfluss die klimatischen Gegebenheiten verschiedener Regionen dieser Erde auf die Entwicklung der Milchprodukte hatten. Denn an der Herstellung von Joghurt waren traditionell und sind noch immer vor allem thermophile (wärmeliebende) Milchsäurebakterien der Arten *Streptococcus thermophilus* und *Lactobacillus bulgaricus* beteiligt. Sie gedeihen bei Temperaturen von 42–45°C am besten und sind daher in warmem Klima besonders aktiv. Unter diesen Bedingungen arbeiten sie äußerst schnell, so dass man mit ihrer Hilfe in wenigen Stunden aus flüssiger Milch ein löffel- oder trinkbares Sauermilchprodukt machen kann.

Bei der Herstellung von Dickmilch kommen dagegen vor allem mesophile Milchsäurebakterien zum Einsatz. Deren Wohlfühltemperatur von milden 22–30°C konnte hierzulande früher auch problemlos ohne den Einsatz spezieller Temperieranlagen erreicht werden. So genügte es bereits, Rohmilch 1–2 Tage stehen zu lassen und den darin natürlich vorkommenden Bakterien die Arbeit zu überlassen. Heute werden Dickmilch und Joghurt, genau wie viele andere fermentierte Milchprodukte, aus pasteurisierter Milch hergestellt, der die gewünschten Bakterienkulturen gezielt zugesetzt werden. Da Joghurt (genau wie Dickmilch) nach der Fermentation nicht mehr wärmebehandelt werden darf, enthält er aktive Milchsäurebakterien und kann, wie auf den nächsten Seiten beschrieben, ganz einfach zur Herstellung von selbstgemachtem Joghurt verwendet werden.

Kleines Experiment

Bakterien in Aktion – Joghurt selber machen

Egal ob Dickmilch, Schmand, Crème fraîche oder saure Sahne – ohne die Arbeit bestimmter Bakterienkulturen würde man manch schmackhaftes Milchprodukt im Kühlregal vergeblich suchen. So auch Joghurt. Was für ein Glück also, dass wir uns auf die nützlichen kleinen Helfer nicht nur verlassen können, sondern dass diese auch in handelsüblichem Naturjoghurt noch immer quietschfidel sind. Denn dadurch reicht bereits eine kleine Portion davon, um Milch in köstlichen und vor allem hausgemachten Joghurt zu verwandeln. Ganz nebenbei lassen sich bei diesem kleinen Experiment faszinierende Bakterien ganz bewusst in Aktion erleben. Das Beste: Alles was man dafür braucht, ist Milch, Naturjoghurt, die richtige Temperatur und etwas Geduld.

Benötigt werden:

- 500 ml Milch (z. B. frische oder haltbare Vollmilch)
- mehrere kleine Gläser samt Deckel
- 50 g Naturjoghurt
- großer Topf mit Deckel
- Küchenthermometer

Übrigens: Man muss für die Herstellung von hausgemachtem Joghurt nicht zwangsläufig Kuhmilch verwenden. Auch andere Arten wie Ziegen- oder sogar Sojamilch lassen sich mit Hilfe bestimmter Bakterien in Joghurt verwandeln. Zudem sind Bakterienkulturen in isolierter Form in vielen Reformhäusern erhältlich.

1. Gläser und Deckel 5 Minuten lang in kochendes Wasser legen, herausnehmen und abkühlen lassen. Die frische Milch ebenfalls 5 Minuten lang auf mindestens 90 – 95 °C erhitzen, um unerwünschte Keime abzutöten (bei haltbarer Milch ist dieser Schritt nicht nötig). Die Milch auf 50 °C abkühlen lassen, dabei immer wieder umrühren (haltbare Milch auf 50 °C erwärmen). Währenddessen den Backofen auf knapp 50 °C vorheizen.
2. Den Naturjoghurt zur Milch geben und mit einem Schneebesen gründlich verrühren. Die Mischung in die Gläser füllen, diese dicht verschließen und für 30 Minuten in den Backofen stellen. Währenddessen einen ausreichend großen Topf mit Wasser füllen und auf 50 °C erwärmen.
3. Die Gläser in das warme Wasser stellen. Sie sollten möglichst von Wasser bedeckt sein. Den Deckel auf den Topf setzen, den Topf in den warmen Ofen stellen und diesen nach 5 Minuten ausschalten.
4. Nun heißt es abwarten. Damit die Temperatur im Inneren des Ofens möglichst konstant bleibt, sollte dieser für mindestens 8 – 10 Stunden nicht geöffnet werden. Den selbstgemachten Joghurt anschließend kalt stellen und die schmackhafte Arbeit der fleißigen Bakterienkulturen bestaunen und, natürlich, genießen.

Saure Sahne, Schmand und Crème fraîche

Bei saurer Sahne (auch Sauerrahm genannt) ist der Name Programm. Wie Joghurt oder Dickmilch ist sie ein durch Milchsäurebakterien fermentiertes Milchprodukt, wird jedoch nicht aus Milch, sondern aus Sahne hergestellt. Laut der deutschen Milcherzeugnisverordnung muss sie einen Mindestfettgehalt von 10 % besitzen.

Genau wie Joghurt und andere Sauermilch- bzw. Sauerrahmprodukte mit einem relativ niedrigen Fettgehalt flockt saure Sahne bei hohen Temperaturen und damit beim Kochen aus. Die Fermentation und die dabei freiwerdenden Säuren haben den Proteinen der sauren Sahne bereits gehörig zugesetzt. Kommen nun auch noch hohe Temperaturen und eventuell weitere Zutaten wie Säure oder Salz hinzu, so führt dies dazu, dass die bereits miteinander vernetzten und zusammengelagerten Proteine noch stärker denaturieren. Dabei verbinden sie sich immer fester miteinander und drücken das in ihrer Mitte eingebundene Wasser heraus. Das Resultat sind feste Proteinflocken – in den meisten Suppen und Gerichten absolut unerwünscht. Um das zu verhindern, sollte man solche gesäuerten Milchprodukte möglichst nicht oder nur leicht erwärmen und dabei heftiges Rühren und die Zugabe von Säure oder Salz vermeiden.

Wie unterscheiden sich nun aber saure Sahne, Schmand, Crème fraîche oder Crème légère? Der Hauptunterschied zwischen all diesen Sauermilchprodukten ist tatsächlich der Fettgehalt. Während saure Sahne mit ihren 10 % eher leicht daherkommt, enthält Crème légère knapp 20, Schmand immerhin 20 bis 30 und Crème fraîche sogar mindestens 30 % Fett. Crème fraîche hat neben einer seidig-weichen Konsistenz und einem vollmundigen Aroma – das wie bei allen Milchprodukten von den eingesetzten Rohstoffen, den genauen Fermentationsbedingungen und den dafür verwendeten Bakterienkulturen abhängt – beim Einsatz in der Küche einen großen Vorteil: Sie lässt sich erhitzen, ohne dabei zu verklumpen.

Der Grund dafür ist schlicht der hohe Fettgehalt. Die vielen in Crème fraîche verteilten Fettkügelchen haben die Fähigkeit, einen Teil der durch Säure und Hitze angeschlagenen Milchproteine an ihrer Oberfläche zu binden und damit voneinander fernzuhalten. So können die Proteine sich nicht noch fester miteinander verbinden und unschöne Klumpen bilden. Schmand mit einem ähnlich hohen Fettgehalt verhält sich beim Kochen übrigens genauso vorteilhaft.

Dem aus Frankreich stammenden Sauerrahmprodukt Crème fraîche dürfen, um den natürlich säuerlichen Geschmack zu überdecken, bis zu 15 % Saccharose (Haushaltszucker) zugesetzt werden. Noch dazu darf sie, genau wie Schmand, Verdickungsmittel wie Gelatine enthalten. Ein Blick auf die Inhaltsstoffe kann sich also durchaus lohnen.

Der ursprünglich aus Italien stammende und mit einem Fettgehalt von knapp 50 % sehr gehaltvolle Frischkäse **Mascarpone** ist übrigens kein fermentiertes Milchprodukt. Er wird durch die Zugabe von Zitronen- oder Essigsäure, nicht aber durch den Einsatz von Milchsäurebakterien eingedickt. Das beeinflusst die Haltbarkeit: Verschiedene Stoffwechselprodukte von Milchsäurebakterien wirken auf viele andere Mikroorganismen toxisch und zögern dadurch den Verderb fermentierter Lebensmittel hinaus. Diese sogenannten Bakteriocine fehlen jedoch in Mascarpone, weshalb der Frischkäse nur vergleichsweise kurz haltbar ist.

Käse

Hart, weich, mit oder ohne Rinde, würzig, mild, jung, monatelang gereift, mit oder ohne Löchern, aus Kuh-, Schafs-, Büffel- oder Ziegenmilch – die Vielfalt der Käsesorten ist unglaublich. Wo er geschätzt und schon seit vielen Jahrzehnten oder gar Jahrhunderten hergestellt wird, hat jede Region, jede Stadt und jede Kä-

Häufig, aber nicht immer spielen die Molkenproteine bei der Käseherstellung nur eine Nebenrolle. Der italienische Frischkäse Ricotta zum Beispiel wird vorwiegend aus Süßmolke hergestellt.

serei ihre ganz eigenen Spezialitäten. Die Welt des Käses ist riesengroß und dieses facettenreiche Milchprodukt hier an dieser Stelle im Rahmen eines kurzen Abschnittes zu behandeln, kann ihm kaum gerecht werden. Und trotzdem, schon allein der Vollständigkeit halber möchte ich dieses äußerst spannende Lebensmittel zumindest anschneiden.

Die Geschichte von Gorgonzola, Feta und Co. begann bereits vor mehr als 7000 Jahren. Damals stellte man in Regionen wie dem Nahen Osten oder Südosteuropa fest, dass nahrhafte aber sehr leicht verderbliche Milch länger genießbar gemacht werden konnte, indem man sie sauer werden ließ. Die geronnene Masse wurde von überschüssiger Flüssigkeit befreit und mit Salz konserviert.[14] Das Ergebnis dieser jungsteinzeitlichen Käsereiarbeit: ein leicht transportierbarer, besser bekömmlicher Salzlakenkäse, der dem auch heute noch aus der Balkanregion bekannten Weißkäse vermutlich gar nicht einmal so unähnlich war.

Neben der Zuhilfenahme natürlicher Milchsäurebakterien brachte noch eine weitere, vermutlich zufällige Entdeckung die Entwicklung von Käse entscheidend voran: In Ermangelung von Kunststoffeimern, Flaschen und Getränkekartons dienten früher unter anderem die Mägen von Tieren zur Aufbewahrung von Flüssigkeiten wie Milch. Wurden dabei die (häufig nicht besonders gründlich gereinigten) Mägen junger Wiederkäuer verwendet, so dickte die darin gelagerte Milch nicht nur sehr schnell ein, sie schmeckte auch kaum sauer und erhielt zudem eine angenehm geschmeidige Konsistenz.

Der Grund für diese Veränderungen waren bestimmte in den Mägen enthaltene Enzyme, die ein Jungtier zur Verdauung von Milch be-

nötigt. Sie zerschneiden ganz gezielt genau die Proteine, die den in der Milch verteilten Casein-Mizellen eine negative Oberflächenladung verleihen (siehe Seite 118 f.). Die Proteinaggregate selbst bleiben bei dieser enzymatischen Behandlung größtenteils intakt, stoßen sich jedoch ohne ihre negative Ladung nicht mehr ab und vernetzen zu einer gallertartigen Masse – ein essenzieller Schritt bei der Herstellung vieler heute bekannter Käsesorten.

Egal wie viel detailliertes Wissen und technische Finesse zu diesen grundlegenden Erfahrungen mit Milch und Milchprodukten auch hinzugekommen sein mögen, das Prinzip der Käserei ist bis heute das gleiche geblieben: In der Milch enthaltene Proteine werden mit Hilfe säureproduzierender Bakterienkulturen und/oder bestimmter Enzyme zur Gerinnung gebracht und die wässrige, grün-gelbliche Molke abgetrennt. Die anschließende Bearbeitung, die Dauer sowie die Art und Weise der Reifung – bei der Bakterien und Milchenzyme verschiedene Inhaltsstoffe in charakteristische aromatische Verbindungen umwandeln – entscheiden maßgeblich über Konsistenz und Geschmack des entstehenden Käses.

Besonders beliebter Käse: Quark

Egal ob im Müsli, als Backzutat, als Bestandteil von Desserts oder salzigen Dips – Quark ist ein in Deutschland äußerst beliebtes Milchprodukt. Die mild säuerliche Speise wird gewöhnlich aus fettarmer pasteurisierter Milch hergestellt, der erst nach ihrer Dicklegung Milchfett zugesetzt wird – je nachdem welche Rahmstufe genau erreicht werden soll. Im Gegensatz zu Joghurt oder Schmand wird Speisequark nicht immer nur durch den Einsatz von

Da Quark genau wie Hütten- oder Schichtkäse zum Frischkäse gezählt wird, muss seine fettfreie Käsemasse laut der deutschen Käseverordnung einen Wassergehalt von mindestens 73 % aufweisen.

Milchsäurebakterien, sondern häufig auch mit Labenzymen zur Gerinnung gebracht. Dadurch schmeckt die weiche weiße Masse zwar milder und eignet sich auch für den Einsatz in süßen Speisen, ist aber, je nachdem wie die verwendeten Enzyme genau gewonnen wurden, nicht unbedingt vegetarisch.

Von Käse und Fäden

Es gibt wahnsinnig viele verschiedene Käsesorten. Sie unterscheiden sich nicht nur in Geschmack, Aussehen oder Konsistenz, sondern auch darin, wie sie schmelzen. Denn während der eine Käse im Fonduetopf zu einer wunderbar cremigen Masse zerläuft und der andere auf Pizza oder Toastbrot ellenlange Fäden zieht, behält der nächste seine Form sogar noch in der größten Gluthitze. Was sind eigentlich die Gründe für diese Unterschiede?

Um das zu beantworten, sollte man sich zuerst noch einmal klarmachen, was Käse eigentlich ist. Wie im Abschnitt zuvor beschrieben, besteht dieser vor allem aus geronnener und gereifter Milch. Für die Herstellung der meisten gängigen Sorten werden zunächst die Hauptproteine von Milch, die Caseine, mit Hilfe von Säuren oder bestimmten Enzymen zur Gerinnung gebracht. Die überstehende Flüssigkeit, die sogenannte Molke, wird abgetrennt und die eingedickte Masse ganz individuell weiterverarbeitet.

Wie genau die Milch dabei zur Gerinnung gebracht wird, macht später beim Schmelzen von Käse einen großen Unterschied. Werden Labenzyme für die Dicklegung verwendet, so verbinden und vernetzen sich große intakte Casein-Mizellen miteinander, ohne dabei zu zerfallen. Säure hingegen führt dazu, dass die Casein-Mizellen in ihre einzelnen Eiweißbausteine zerfallen und diese fest miteinander verklumpen (siehe Seite 118 f.). Während also durch beide Verfahren eingedickte Milch entsteht, ist ihr molekularer Aufbau sehr unterschiedlich. Und das macht sich später beim Käse bemerkbar. Unter anderem beim Schmelzen.

Erwärmt man einen Käse, so schmilzt ab recht milden 30 °C zunächst das Milchfett und setzt sich teilweise an der Oberfläche ab. Wird es um den Käse herum noch wärmer, brechen bei mit Lab hergestellten Sorten nach und nach immer mehr der vergleichsweise schwachen Bindungen zwischen einzelnen Casein-Mizellen. Diese können sich nun immer freier bewegen und der Käse wird flüssig. Wie flüssig genau, das hängt stark vom Wassergehalt ab. In hartem Käse sind die Proteine einander sehr nah und fest miteinander verbunden; es bedarf nicht nur höherer Temperaturen, um sie auseinanderzubringen, sie haben gleichzeitig weniger Flüssigkeit, in der sie hin- und herschwimmen können. Parmesan beispielsweise schmilzt deshalb nicht nur später, er wird auch nicht so flüssig wie Sorten mit einem höheren Wassergehalt.

Nun aber endlich zu den so appetitlich aussehenden Käsefäden. Die sind lange dehnbare Ketten und Fasern, die aus vielen miteinander verbundenen Casein-Mizellen bestehen. Sind diese Mizellen größtenteils intakt und wurden nicht durch besonders harsche Bedingungen wie hohe Salzkonzentrationen, lange Reifezei-

Möchte man, zum Beispiel für ein Fondue, cremig geschmolzenen Käse ohne Klumpen, dann kann etwas Weißwein oder Zitronensaft Wunder wirken. Durch die Säure wird der Kleber aus Calciumphosphat zerstört, der die vielen Casein-Mizellen zusammenhält. Sie lösen sich dadurch besser voneinander und der Käse schmilzt gleichmäßiger.

ten oder aggressive Reifeenzyme in Mitleidenschaft gezogen, so lassen sich die Proteinketten erstaunlich weit auseinanderziehen, ohne zu zerreißen. Binden die Casein-Mizellen dagegen zu fest aneinander, lässt sich der warme Käse kaum ziehen und reißt sehr schnell. Genau wie ein zu starres Gummiband. Die stabilsten und längsten Fäden ziehen daher Käsesorten wie Mozzarella, Emmentaler oder Cheddar, die mit Lab und unter recht milden Bedingungen hergestellt wurden.

Viele mit Säure produzierte Käsesorten, wie zum Beispiel indischer Panir, schmelzen dagegen überhaupt nicht. Stattdessen werden sie einfach nur immer fester und trockener. Der Grund: Durch die Säure sind die Casein-Mizellen in ihre Einzelteile zerfallen und diese Einzelteile fest miteinander verklumpt. Durch Hitze lassen sich die starken Bindungen nicht wieder lösen, sondern es verdampft lediglich das gebundene Wasser.

Wie kommt die Haut auf die Milch?

Wie bereits erwähnt, lässt sich Milch problemlos kochen, ohne dass die in ihr enthaltenen Proteine miteinander verklumpen und ausflocken. Doch warum bildet sich auf der Oberflä-

- Dass auf heißer Milch eine Haut entsteht, liegt vorwiegend an sich entfaltenden Molkenproteinen. Diese bilden eine Art Netz, in das sowohl Casein-Mizellen als auch Fettkügelchen eingebunden werden. Gleichzeitig verdampft Wasser, so dass an der Oberfläche der Milch die Konzentration der verschiedenen Inhaltsstoffe steigt.

Die Haut, die sich auf heißer Milch bildet, ist der Grund dafür, dass diese so leicht und vor allem schlagartig überkocht. In siedender Milch steigen Gasbläschen auf. Sie können jedoch nicht alle entweichen, sondern werden teilweise von der sich bildenden Haut zurückgehalten. Es entsteht ein Schaum, der die darunterliegende Milch isoliert. Dadurch erhitzt diese sich immer stärker es entstehen immer mehr Gasbläschen und damit auch immer mehr Schaum, der die Milchhaut schließlich schlagartig anhebt. Wird die Bildung der Haut nicht durch stetiges Rühren gestört, steigt die Milch nach oben und kocht über.

che von heißer Milch dann trotzdem eine Haut, die nicht unbedingt jeder Puddingfan und Milchgenießer lecker findet?

Tatsächlich ist der Großteil der Proteine in Kuhmilch erstaunlich hitzestabil. Die Milchproteine, die bereits ab etwa 75 °C denaturieren, lagern sich, statt miteinander zu verklumpen, viel lieber an die Oberfläche großer stabiler Casein-Mizellen an. Auf diese Weise bleiben die denaturierten Eiweiße in Lösung und die Milch glatt. Das gilt zwar für die meisten der in Milch enthaltenen Proteine, jedoch nicht für alle. Ein kleiner Teil der entfalteten Makromoleküle bildet beim Erhitzen tatsächlich eine Art Netz, in dem auch Casein-Mizellen, Fettkügelchen und andere Bestandteile der Milch festgehalten werden können.

Das allein würde allerdings nur wenig auffallen. Der wahre Knackpunkt: Das in der Milch

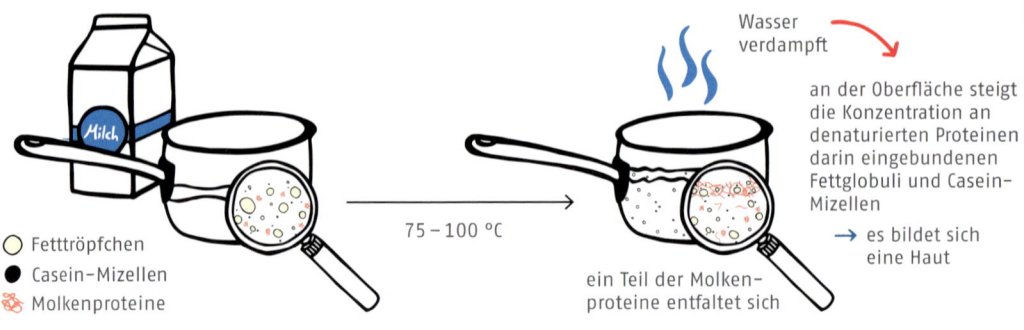

Fetttröpfchen
Casein-Mizellen
Molkenproteine

75–100 °C

ein Teil der Molkenproteine entfaltet sich

Wasser verdampft

an der Oberfläche steigt die Konzentration an denaturierten Proteinen darin eingebundenen Fettglobuli und Casein-Mizellen

→ es bildet sich eine Haut

enthaltene Wasser verdunstet bei hohen Temperaturen und verlässt den Topf in Form von Wasserdampf. Dadurch steigt an der Oberfläche der Milch die Konzentration der im Proteinnetz gefangenen Inhaltsstoffe und es entsteht eine merkliche Haut.[15] Deren (un-)geliebte Bildung kann verhindert werden; sowohl stetiges Umrühren als auch das direkte Auflegen von Frischhaltefolie oder eines Deckels helfen. Auf diese Weise bleiben die Wassermoleküle nämlich in der Milch und deren Oberfläche hautfrei.

Milchschaum
Luftiger Traum in Weiß

Milchschaum ist einfach köstlich, aber er kann noch mehr. Auf Cappuccino, Latte Macchiato und Co. wirkt er wie eine isolierende Schicht. Diese schützt die beliebten Heißgetränke sowohl vor dem allzu schnellen Abkühlen als auch deren Oberfläche vor der Bildung einer meist als unappetitlich empfundenen Haut. Doch wie genau entsteht Milchschaum eigentlich?

Wie schon auf Seite 52 ff. am Beispiel von Eischnee ausführlich beschrieben, versteht man unter einem Schaum kleine gasgefüllte Bläschen, die in einer flüssigen Komponente verteilt sind. Genau wie bei Eischnee sind auch bei Milch vor allem die Proteine dafür verantwortlich, dass die mit Hilfe von Dampfdüsen oder durch kräftiges Rühren eingearbeitete Luft in Form kleinster Bläschen in der Milch bleibt – im Optimalfall mindestens so lange, bis Cappuccino oder Latte Macchiato samt weißer Haube leer getrunken wurden.

Aber der Schaum aus Milch ist bei weitem nicht so formstabil und langlebig wie das Pendant aus Eiklar. Das hat verschiedene Gründe: Zum einen enthält Milch viel weniger Proteine als Eier – nämlich nur 3 statt etwa 10 % – zum anderen ist der Großteil dieser in Milch enthaltenen biologischen Makromoleküle äußerst stabil und lässt sich nicht so leicht auseinanderfalten. Die Denaturierung von Proteinen

● Auf Heißgetränken wie Cappuccino oder Latte Macchiato ist Milchschaum besonders beliebt. Er schmeckt lecker, isoliert das Getränk und verhindert die Entstehung einer unappetitlichen Haut.

ist für einen stabilen Milchschaum jedoch sehr wichtig. Nur so werden die zuvor eher kompakt gebauten Moleküle zu oberflächenaktiven Stoffen, die sich miteinander vernetzen, die eingearbeiteten Luftbläschen in Form eines dünnen Netzwerkes umhüllen und damit stabilisieren können.

Wie gut sich eine Milch aufschäumen lässt, hängt zudem stark von ihrer genauen Zusammensetzung, dem Fettgehalt, der Wärmebehandlung nach dem Melken oder auch der Temperatur beim Aufschäumen ab.[16]

Nehmen wir zum Beispiel das Fett. Es liegt in Milch in Form kleiner Tröpfchen vor, die von einer dünnen Membran aus verschiedenen Lipiden und Proteinen ummantelt werden. Durch die beim Aufschäumen auftretenden Kräfte zerreißen einige dieser Kügelchen und die enthaltenen Fettmoleküle treten aus. Sie sind in Wasser unlöslich und streben danach, diesem zu entkommen. Daher ordnen sie sich an der Grenzfläche zur Luft an – auch wenn es sich bei dieser Luft nur um ein winzig kleines Bläschen handelt. Dabei verdrängen die Fettmoleküle die sich vernetzenden Proteine und destabilisieren auf diese Weise den Schaum.

Auch die zerrissenen Membranen der Fettkügelchen sind ein Problem. Sie bestehen aus oberflächenaktiven Lipiden, die wie Seife hervorragende Schaumbildner sind. Genau wie die Fettmoleküle verdrängen die Lipide die Proteine von ihrem Platz an der Luftblase, ohne diese jedoch zu stabilisieren. Aus diesem Grund lässt sich fettarme Milch besser aufschäumen als

Vollmilch. Obwohl Letztere einen deutlich vollmundigeren Geschmack und ihr Schaum eine etwas cremigere Konsistenz besitzt.

Auch die Temperatur hat einen wichtigen Einfluss auf Milchschaum. Verschiedene Versuchsreihen haben gezeigt, dass sich fettarme Milch bei 45 °C am besten zu einem voluminösen und gleichzeitig relativ stabilen Schaum aufschlagen lässt.[17] Bei dieser Temperatur wird die Oberflächenspannung des Wassers leicht heruntergesetzt, was ein besseres Schäumen ermöglicht. Zu warme und damit *zu* dünnflüssige Milch dagegen fließt zu schnell aus den Zwischenräumen zwischen den einzelnen Bläschen nach unten ab – der Schaum verliert Volumen. Noch dazu beeinflusst die Temperatur komplexe Wechselwirkungen zwischen den einzelnen Milchbestandteilen. Man ahnt also, warum die Herstellung eines gelungenen Milchschaums einer wahren Kunst gleicht.

Kann man Milch einfrieren?

So problemlos man Kuhmilch auch kochen kann – einfrieren sollte man sie lieber nicht. Zwar ist Milch in gefrorener Form länger haltbar und nach dem Auftauen durchaus noch genießbar, sie verändert jedoch sowohl ihr Aussehen als auch ihre Textur. Und das ist nicht jedermanns Geschmack.

Der Grund für diese Verwandlung sind die Fettkügelchen. Gefrieren Wasser oder Fett, so bilden sie große scharfkantige Kristalle. Und die wirken auf die dünnen Membranen der Fetttröpfchen wie unzählige kleine Messer. In aufgetauter Milch schwimmen daher zerschnittene und zerstochene Teile von Membranen herum und verursachen beim Genuss ein etwas sandiges Mundgefühl. Die frei gewordenen Fettmoleküle – ihrer emulgierenden Hülle beraubt – setzen sich zudem wie bei einer fettigen Suppe auf der Oberfläche der Milch ab und die einstmals glatte Flüssigkeit verliert ihre Homogenität. Fettarme Milch übersteht das Einfrieren etwas besser als Vollmilch.

Die Sache mit dem Donner und der Milch

Wird Milch bei Blitz und Donner wirklich schneller schlecht? Besitzt man einen Kühlschrank und bewahrt die weiße Flüssigkeit auch während eines warmen, schwülen Sommers darin auf, so lautet die Antwort: nein. Der Mythos, dass Milch durch ein niedergehendes Gewitter besonders schnell verdirbt, stammt aus Zeiten, in denen eine geschlossene Kühlkette noch keine Selbstverständlichkeit war. Entladen sich Gewitter, dann geschieht dies meist bei warmem, feuchtem Wetter und damit bei optimalen Wachstumsbedingungen für Bakterien aller Art. Die Wahrscheinlichkeit, dass Milch verdirbt, wenn man sie nicht ausreichend kühlt, ist bei diesen Gegebenheiten natürlich größer. Das hat aber mit den elektrischen Entladungen von Blitzen oder gar dem Donner nichts zu tun.[18]

Selbstgemachte Dickmilch Früher und heute

Egal ob zum Frühstück, als kleines Dessert, zusammen mit Obst oder einfach pur: Dickmilch und vor allem Joghurt sind nicht nur äußerst beliebte Milchprodukte, sie lassen sich auch denkbar einfach herstellen. Dafür genügt es bereits, frisch gemolkene Rohmilch für mehrere Stunden bis wenige Tage stehen zu lassen und den natürlich in der Milch vorkommenden Milchsäurebakterien die Arbeit zu überlassen. Werden geeignete Bedingungen gewählt und ist die Milch richtig temperiert, dann setzen sich in der nährstoffreichen Flüssigkeit verschiedene, für uns Menschen unbedenkliche, Bakterien gegen andere Mikroorganismen durch. Dabei wandeln sie den Milchzucker Laktose in Milchsäure und weitere Stoffwechselprodukte um. Die Milch wird sauer und dickt ein, bleibt aber genießbar. Doch warum lässt sich heutzutage die Milch aus dem Supermarkt nicht genau so einfach in Dickmilch oder Joghurt verwandeln, sondern wird durch mehrstündiges Stehenlassen zwar dick, aber leider auch schlecht?

Der Grund hierfür liegt in der Haltbarmachung der Milch. Da diese ein leicht verderbliches Lebensmittel ist und sich in ihr auch potenzielle Krankheitserreger vermehren könnten, muss sie in Deutschland pasteurisiert werden, bevor sie verkauft oder weiterverarbeitet werden darf. Dabei wird durch kurzes Erhitzen der Großteil der natürlich darin enthaltenen Mikroorganismen abgetötet und die Milch ist länger haltbar. Bei diesem Verfahren sterben jedoch nicht nur viele schädliche Keime, sondern auch die nützlichen Milchsäurebakterien. Lässt man pasteurisierte Milch ungekühlt stehen, so wird sie zwar ebenfalls sauer und dick, die darin angesiedelten Bakterien können aber gesundheitsschädlich sein.

Möchte man dennoch eingedickte Milchprodukte selber machen, so kann man pasteurisierte Milch einfach mit einer kleinen Menge fertiger Dickmilch oder gekauften Joghurts versetzen und je nach Rezept bei 25–50 °C stehen lassen (siehe kleines Experiment Seite 126). Beide Produkte enthalten lebende Bakterienkulturen, die sich in der keimarmen Milch vermehren, sie säuern und wie gewünscht eindicken können.

Ungeliebte Flocken im Milchkaffee

Liebhaber von Milchkaffee kennen das Phänomen: Der aromatische Wachmacher ist gerade fertig aufgebrüht, sein Duft erfüllt bereits den Raum und die Vorfreude auf den ersten köstlichen Schluck wächst. Um den Genuss perfekt zu machen, fehlt nur noch ein kleiner Schuss frischer Milch – da passiert es. Schon während des Hineingießens bilden sich unschöne Klumpen, die Milch flockt aus.

Was ist passiert? War die Milch etwa schlecht? Keine Sorge! Der Verursacher dieses ungern gesehenen, aber harmlosen Niederschlages ist Säure. Wie auf Seite 118 f. beschrieben, sorgt diese dafür, dass die in Milch enthaltenen Ca-

● Nicht nur in Kaffee, auch in schwarzem Tee flockt Milch manchmal aus. Grund dafür sind Casein-Proteine, die durch zu viel Säure miteinander verklumpen.

sein-Mizellen ihre negative Oberflächenladung verlieren, sich miteinander verbinden und dadurch sichtbare Flocken bilden. Kaffee hat einen leicht sauren pH-Wert, der noch weiter sinkt, je länger das dunkle Heißgetränk auf der Warmhalteplatte steht. Und dieser pH-Wert reicht häufig, vor allem in Kombination mit einer hohen Temperatur, bereits aus, um die in der Milch enthaltenen Proteine zum Verklumpen zu bringen.

Der pH-Wert von Kaffee variiert je nach Sorte und Röstung. Doch sogar in relativ mildem Kaffee kann Milch, genau wie in dem einen oder anderen Tee, unschöne Flocken bilden. Die im Supermarkt erhältliche Frischmilch wird zur besseren Haltbarmachung zwar stets pasteurisiert, vollständig frei von Mikroorganis-

men ist sie aber dennoch nicht. Bakterien, die die Wärmebehandlung überlebt haben oder von außen in die geöffnete Packung gelangt sind, säuern die Milch im Lauf der Zeit mehr und mehr an. Und das kann auch bei noch wunderbar genießbarer Milch bei Temperaturen um 100 °C zu sichtbaren Flocken führen.

Traditionell hergestellt oder länger frisch? Verwirrung im Kühlregal

Milch ist ein leicht verderbliches Produkt. Damit sie den weiten Weg vom Euter bis in unseren Kühlschrank unverdorben und in flüssiger Form übersteht, wird sie bereits seit mehreren Jahrzehnten mit verschiedenen Verfahren haltbar gemacht. Trotz geschlossener Kühlkette und Wärmebehandlung hielt sich die bis vor wenigen Jahren im Supermarkt erhältliche Frischmilch jedoch „nur" wenige Tage und wer Milch auf Vorrat kaufen wollte, der musste wohl oder übel zu haltbarer Milch greifen. Diese lässt sich zwar selbst ungekühlt für mehrere Monate lagern, der Preis dafür ist allerdings ein leicht veränderter Geschmack und ein etwas schlechterer Nährwert.

Inzwischen hat sich in den deutschen Kühlregalen einiges getan. „Frische" Milch hält sich inzwischen wochenlang bei kaum verändertem Geschmack. Doch wie ist das eigentlich möglich? Und wie wird diese sogenannte ESL-Milch (von englisch *extended shelf-life*, verlängerte Haltbarkeit) eigentlich hergestellt? Um dem Ganzen auf den Grund zu gehen, werfen wir zunächst einen kurzen Blick auf die gängigen Methoden zur Haltbarmachung von Milch.

Pasteurisierte Milch

Traditionell wird Milch durch eine nur 15 – 30 Sekunden dauernde Erwärmung auf 72 – 75 °C pasteurisiert.[19] Bei diesem relativ schonenden Verfahren, benannt nach dem Chemiker Louis Pasteur, werden viele Sporen und andere Mikroorganismen inaktiviert oder abgetötet.

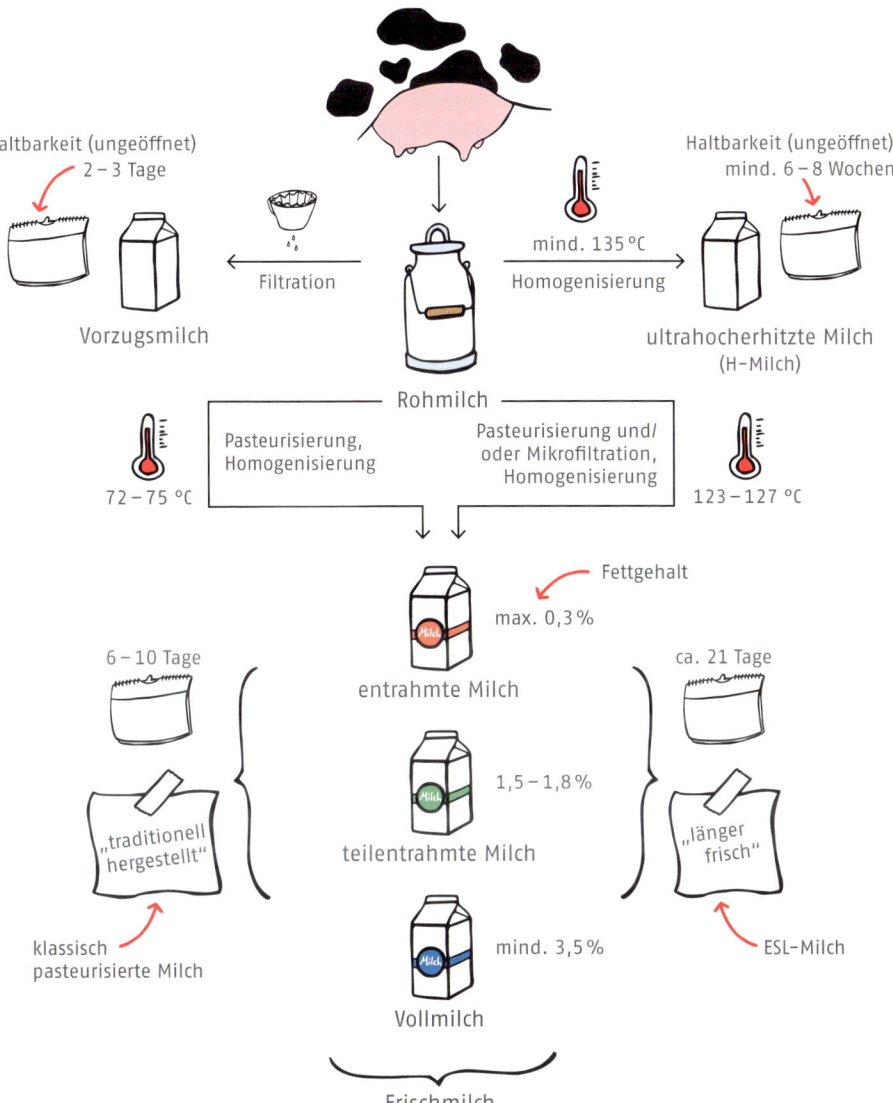

Haltbarkeit (ungeöffnet)
2 – 3 Tage

Filtration

Vorzugsmilch

Homogenisierung

mind. 135 °C

Haltbarkeit (ungeöffnet)
mind. 6 – 8 Wochen

ultrahocherhitzte Milch
(H-Milch)

Rohmilch

Pasteurisierung,
Homogenisierung

72 – 75 °C

Pasteurisierung und/
oder Mikrofiltration,
Homogenisierung

123 – 127 °C

Fettgehalt

max. 0,3 %

entrahmte Milch

6 – 10 Tage

ca. 21 Tage

„traditionell
hergestellt"

1,5 – 1,8 %

teilentrahmte Milch

„länger
frisch"

klassisch
pasteurisierte Milch

mind. 3,5 %

ESL-Milch

Vollmilch

Frischmilch

● Traditionell hergestellt oder länger haltbar? Das Schaubild erläutert die Unterschiede zwischen haltbarer, klassisch pasteurisierter und sogenannter ESL-Milch.

Gleichzeitig bleiben Nährstoffe, Geschmack und Aussehen der Milch größtenteils erhalten. Pasteurisierte Milch ist nicht keimfrei und muss deshalb gekühlt gelagert werden.

Ultrahocherhitzte Milch

Durch Ultrahocherhitzung haltbar gemachte Milch (H-Milch) wurde kurzzeitig auf über 135 °C erwärmt. Bei diesen Temperaturen werden auch temperaturstabilere Mikroorganismen abgetötet oder inaktiviert. Derart behandelte H-Milch hält sich zwar auch ungekühlt

mehrere Monate, unter den recht harschen Bedingungen leiden jedoch nicht nur Bakterien. Auch der Vitamingehalt, der Geschmack oder die Textur der Milch verändern sich. Ultrahocherhitzte Milch ist deshalb nicht jedermanns Sache.

ESL-Milch

Sowohl die Haltbarkeit als auch die Herstellung der sogenannten ESL-Milch, die die früher übliche pasteurisierte Milch mehr und mehr aus den deutschen Kühlregalen verdrängt, lassen

sich zwischen pasteurisierter und ultrahocherhitzter Milch einordnen. Zwar sind weder das genaue Verfahren noch die Bezeichnung in der Europäischen Union gesetzlich reglementiert, die länger haltbare Milch wird in der Regel aber durch eine Kombination aus Mikrofiltration und einer kurzzeitigen Erwärmung auf 127 °C von vielen Sporen und Bakterien befreit. Auf diese Weise behandelte Milch ist etwa 3 Wochen haltbar, ähnelt in ihrem Geschmack und ihren sensorischen Eigenschaften aber eher der klassisch pasteurisierten Frischmilch.

Was vielen Verbraucherschützern ein Dorn im Auge ist: Seit August 2007 zählt die auf oben genannte Weise behandelte Milch zu pasteurisierter Frischmilch und muss nicht mehr mit dem Zusatz „hocherhitzt" gekennzeichnet werden. Somit ist für den Verbraucher nicht auf den ersten Blick ersichtlich, wie die Milch genau behandelt wurde – auch wenn eine Haltbarkeit von mehreren Wochen ein sehr deutlicher Hinweis auf ESL-Milch ist. Im Februar 2009 haben sich die Hersteller solcher Konsummilch jedoch freiwillig dazu verpflichtet, klassisch pasteurisierte Milch mit dem Zusatz **„traditionell hergestellt"** und ESL-Milch mit dem Zusatz **„länger haltbar"** zu versehen. Gesetzlich ist diese Kennzeichnung aber nach wie vor nicht vorgeschrieben.

Ist ESL-Milch nun schlechter als klassisch pasteurisierte Frischmilch? Mehrere Studien zu diesem Thema, zum Beispiel eine des Max-Rubner Institutes aus dem Jahr 2011, kamen zu dem Schluss, dass sich die länger haltbare Milch trotz der stärkeren Erwärmung in Sachen Nährstoffgehalt und sensorischen Eigenschaften kaum von traditionell haltbar gemachter Milch unterscheidet.[19, 20]

● Egal ob mit H–, ESL– oder traditionell hergestellter Milch, Eiskaffee schmeckt einfach immer.

Denkanstoß ·······································

Tierisch oder mikrobiell hergestellt? Die Sache mit dem Lab

Wenn aus Milch streichfähiger, weicher oder gar fester Käse werden soll, dann führt an der Dicklegung der weißen Flüssigkeit kein Weg vorbei. Um die darin enthaltenen Proteine zur Gerinnung zu bringen und die Milch dadurch einzudicken, gibt es zwei verschiedene Möglichkeiten: den Einsatz von Säure und den von Labenzymen.

Säure, egal ob sie in Form von Zitronensaft, Essigsäure oder durch säurebildende Bakterien in die Milch gelangt, neutralisiert die negative Oberflächenladung von Casein-Mizellen (siehe Seite 118 f.). Derart verändert, stoßen sich die kleinen Proteinkügelchen nicht mehr gegenseitig ab, sondern verklumpen miteinander – die Milch gerinnt. Gleichzeitig verleiht Säure Milchprodukten wie saurer Sahne, Joghurt oder Schmand eine mehr oder weniger ausgeprägte säuerliche Note. Und nicht nur das. Ein niedriger pH-Wert führt außerdem zur teilweisen Zersetzung des Salzes Calciumphosphat, das die einzelnen Casein-Mizellen wie eine Art Kleber zusammenhält. Dadurch gelangen nicht nur die wertvollen Mineralstoffe Calcium und Phosphat in die Molke und werden später mit ihr aus dem Käse geschwemmt, es zerfallen auch die einzelnen Casein-Mizellen. Das Resultat ist eine Masse mit einer etwas brüchigen, klumpigeren Konsistenz.

Und noch ein Problem bringt die ausschließliche Verwendung von Säure zum Eindicken von Milch mit sich. Egal ob mild oder kräftig, jeder Käse hat ein ganz typisches Aroma. Für dessen Entwicklung sind bestimmte Bakterienkulturen und milcheigene Enzyme zuständig, die während des Reifungsprozesses verschiedene Inhaltsstoffe der Milch in geschmackvolle Verbindungen zerlegen. Sinkt der pH-Wert der Milch jedoch zu stark, können viele dieser kleinen Helfer nicht mehr effektiv arbeiten.

Aus diesen Gründen kommt bei der Herstellung der meisten Käsesorten Lab zum Einsatz. Dabei handelt es sich um eine Mischung verschiedener Enzyme (vor allem Pepsin und Chymosin), die im Magen von Wiederkäuer-Säuglingen bei der Verdauung der Milchmahlzeiten helfen. Die Enzyme knipsen selektiv genau das Protein von der Oberfläche der Casein-Mizellen ab, das diesen ihre negative Ladung verleiht. Das Ergebnis ist das gleiche wie beim Einsatz von Säure: Die ungeladenen Proteinaggregate stoßen sich nicht mehr ab, sondern verbinden sich miteinander. Da die Proteinkügelchen dabei intakt bleiben und nicht zerfallen, verklumpen sie nicht einfach, sondern vernetzen sich zu einem elastischen, weichen Gel.

Doch woher stammt das dafür verwendete Lab und wie genau muss es auf den Packungen von Käse, Quark und Co. gekennzeichnet werden? Wie schon erwähnt, kommt die als Lab bezeichnete Enzymmischung in den Mägen junger Wiederkäuer vor und ist auch heute noch ein Nebenerzeugnis der Kalbfleischproduktion. Obwohl damit wenigstens auch solche Teile der Tiere verwertet werden, die später nicht auf dem Teller landen, sind viele Milchprodukte und Käsesorten wegen des verwendeten Naturlabs für so manchen Vegetarier ein rotes Tuch.

Heutzutage gibt es allerdings noch andere Möglichkeiten Enzyme zu gewinnen, die sich für die Herstellung von Käse eignen. Solche Labaustauschstoffe können beispielsweise mit Hilfe spezieller Schimmelpilze („mikrobielles Lab") oder gentechnisch veränderter Mikroorganismen („biotechnologisch hergestelltes Lab") produziert werden. Doch auch diese manchmal fälschlicherweise als pflanzliches Lab bezeichneten Austauschstoffe können aus der Sicht von Vegetariern einen Haken haben: Die Mikroorganismen gedeihen auf speziellen Nährmedien, deren Proteinquelle ebenfalls tierischen Ursprungs sein kann. Für den Verbraucher ist die Art der verwendeten Nährmedien jedoch leider nur schwer oder gar nicht nachvollziehbar.

Wie erkennt man überhaupt, mit welcher Art von Lab der Lieblingskäse zubereitet worden ist? Tatsächlich ist das gar nicht so einfach. Lab zählt in Deutschland nicht als Lebensmittelzusatzstoff und muss damit im Endprodukt nicht zwingend gekennzeichnet werden. Dennoch geben inzwischen mehr und mehr Käsehersteller den Ursprung der verwendeten Enzyme an. In allen anderen Fällen hilft leider nur gezieltes Nachfragen.

Zahlen und Fakten

- Im Jahr 2016 lag der Pro-Kopf-Verbrauch von Buttermilcherzeugnissen und Konsummilch, also Milch in ihrer ursprünglichen Form, bei **54,3 kg**.[5]

- Eine Milchkuh gab in Deutschland im Jahr 2016 durchschnittlich **7746 kg** Milch. Im Jahr 1990 waren es noch 4710 kg.[21]

- Der Milchzucker Laktose ist **weniger als halb so süß** und nur **ein Zehntel** so wasserlöslich wie der Haushaltszucker Saccharose.[22]

- Es dauert ca. **12 – 24 Stunden**, bis sich der Rahm auf frischer Rohmilch von allein abgesetzt hat und zur Sahne- oder Butterherstellung abgeschöpft werden kann.

- Muttermilch enthält mit etwa **7 Gewichtsprozent** mehr Laktose als Kuh-, Schafs- oder Ziegenmilch. Deren Laktosegehalt liegt nur bei knapp 5 %.[3]

- Casein-Mizellen machen etwa **ein Zehntel** des Volumens von unbehandelter Kuhmilch aus.[23]

- Die Fettkügelchen in unbehandelter Rohmilch haben zum Teil einen Durchmesser von mehr als **0,015 mm**. In homogenisierter Milch beträgt ihr Durchmesser nur noch **0,001 – 0,002 mm**.[7]

- Casein-Mizellen variieren stark in ihrer Größe. Im Durchschnitt haben die kleinen Proteinkugeln einen Durchmesser von **100 – 200 nm** (100 nm = 0,0001 mm).[9]

- Bezogen auf den prozentualen Anteil enthält Kuhmilch etwa **viermal so viele** Caseine wie Molkenproteine.[23]

- Etwa **15 %** der Menschen in Deutschland sind laktoseintolerant.[4]

- Der Fettgehalt von Wal- oder Robbenmilch liegt bei über **40 %**. Wir Menschen schaffen es dagegen nur auf etwa 4 % Fett.[23]

- Die Zusammensetzung von Kuhmilch variiert je nach Rasse und Züchtung. Im Durchschnitt enthält sie rund 4 % Fett, 3,5 % Eiweiß, 0,7 % Mineralstoffe, 4,8 % Kohlenhydrate und 87 % Wasser.[23]

- Gemäß der deutschen Käseverordnung muss Frischkäse einen Wassergehalt von mindestens **73 %** aufweisen.

- Eine einzige Casein-Mizelle besteht aus **mehreren Tausend** einzelnen Casein-Proteinen und **mehreren Hundert** winzig kleinen Clustern aus Calciumphosphat.[9]

Das Verhältnis zwischen Mensch und Schokolade ist bekanntlich etwas, nun ja, ambivalent. Wir lieben Schokolade, belohnen uns mit ihr, schieben uns verstohlen das allerallerletzte Stückchen in den Mund – und nehmen uns kurze Zeit später das nun aber *wirklich* letzte. Sind da nicht sowieso irgendwelche Stoffe im Kakao, die süchtig machen und uns quasi gar keine andere Wahl lassen, als immer wieder zuzugreifen? Und ist Schokolade nicht auch gesund? Wenigstens ein ganz kleines bisschen? Naja, und selbst wenn nicht; die Angst vor dem Zahnarzt und die Sorgen um die diesjährige Bikini- oder Badehosenfigur sind bei der Aussicht auf einen kleinen Moment voll zartschmelzenden Genusses schnell vergessen.

Doch was genau macht Schokolade eigentlich zu etwas so Unwiderstehlichem? Ist es der einzigartige Geschmack? Die unverwechselbare Textur? Dass man, so scheint es zumindest, alles Essbare dieser Erde noch leckerer machen kann, indem man es mit einer Schicht Schokolade überzieht? Oder ist es schlicht und einfach der Reiz des Verbotenen? Und überhaupt, was geht da unter der Oberfläche der wohl komplexesten Koproduktion von Natur und Mensch eigentlich genau vor sich? Wie schmilzt man Schokolade richtig und wie wird aus der geschmolzenen Masse wieder ein seidig-glänzender Leckerbissen, der beim Zerbrechen sanft knackt und doch zart auf der Zunge zergeht? Und nicht zuletzt: **Was *ist* Schokolade eigentlich genau?**

Zumindest die letzte Frage ist relativ schnell beantwortet. Chemisch und zugegebenermaßen etwas nüchtern betrachtet, ist Schokolade eine Art erstarrte Suspension. Das bedeutet, sie besteht aus einer je nach Temperatur mehr oder weniger flüssigen Komponente, nämlich der Kakaobutter, sowie aus fein darin verteilten winzig kleinen Kakaopartikeln und Zuckerkristallen. Das klingt erst einmal recht simpel, oder? Und doch ist Schokolade so ziemlich alles, nur nicht simpel.

Zwar benötigt man für eine klassische dunkle Schokolade im Grunde genommen nur drei Zutaten, nämlich Kakao, Kakaobutter und Zucker, doch alle drei haben es wahrlich in sich. Und nicht nur das: Für die Herstellung eines Produktes, das wegen seiner einzigartigen Kombination aus zartschmelzender Textur und unverwechselbarem Geschmack zu den beliebtesten Genussmitteln – oder sollte ich besser sagen Suchtmitteln? – überhaupt gehört, ist sehr viel Fingerspitzengefühl, Erfahrung und Perfektion nötig. Doch fangen wir bei der Grundzutat an, dem Kakao.

Kakaobutter

Zuckerkristall

ca. 20 µm (0,02 mm)

Kakaopartikel

- Schokolade ist eine Suspension aus in Kakaobutter verteilten Zuckerkristallen und Kakaopartikeln. Diese sind so klein, dass unsere Zunge sie nicht ertasten kann.

Von der Bohne bis zur Tafel
Die Herstellung von Schokolade

Zu Beginn eines jeden Schokoladengenusses steht der Kakaobaum, dessen botanischer Name *Theobroma cacao* (von griechisch *theos*, „Gott" und *broma*, „Speise") bereits Großes erahnen lässt. Er gedeiht in feuchtwarmen Regionen wie Westafrika, Südostasien und Südamerika. In seinen zeppelin- bis melonenförmigen Früchten reifen, ummantelt von weißem süßlich-klebrigem Fruchtfleisch, etwa 30 – 60 sehr helle, vor allem aber noch extrem bittere und somit ungenießbare Samen – die Kakaobohnen.

Von diesem Rohstoff ist es noch ein weiter Weg, bis endlich ein Stückchen des weltbekannten Glücklichmachers auf unserer Zunge zergeht. Und damit meine ich nicht nur die vielen Tausend Kilometer, die die unscheinbaren Bohnen auf dem Weg in die Schokoladenfabriken und Manufakturen dieser Welt zurücklegen müssen. Nein, ganz bestimmte, von Chemikern, Ingenieuren und Chocolatiers in jahrhundertelanger Feinarbeit ausgetüftelte Verarbeitungsschritte sind nötig, um aus den bitteren Bohnen ein zartschmelzendes Schokoladenprodukt zu machen.

Den Anfang machen Milliarden von Mikroorganismen. Denn ganz abgesehen davon, dass unzählige Arbeitskräfte für die auch heute noch von Hand erfolgende Kakaobohnen-Ernte nötig sind, gäbe es ohne die Hilfe von Bakterien und Hefen weder Kakao noch Schokolade. Als Erstes werden die frisch geernteten Kakaofrüchte geöffnet. Die darin liegenden Bohnen werden grob gesäubert und anschließend auf großen Bananenblättern angehäuft oder in spezielle, mit Löchern versehene Holzkisten gefüllt.

Im tropischen Klima beginnen nun mikroskopisch kleine Helfer ihre 5–6 Tage dauernde, von Menschenhand weitgehend ungestörte Arbeit – die Fermentation. Nur gelegentliches

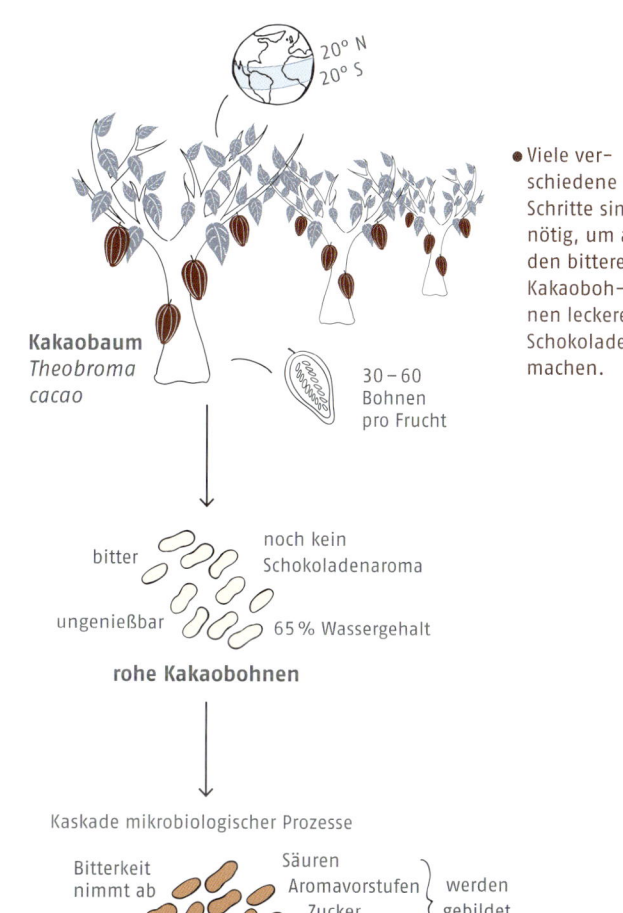

Kakaobaum
Theobroma cacao

30 – 60 Bohnen pro Frucht

bitter — noch kein Schokoladenaroma

ungenießbar — 65 % Wassergehalt

rohe Kakaobohnen

Kaskade mikrobiologischer Prozesse

Bitterkeit nimmt ab

Dauer: 5 – 6 Tage

Säuren
Aromavorstufen
Zucker
Farbstoffe
} werden gebildet

Fermentation

● Viele verschiedene Schritte sind nötig, um aus den bitteren Kakaobohnen leckere Schokolade zu machen.

Gehalt	[%]
Wasser	2 – 5
Fett	48 – 57
Proteine	11 – 16
Stärke	6 – 9
Ballaststoffe	2,1 – 3,2
Mineralstoffe	2,6 – 4,2
Theobromin	0,8 – 1,4
Koffein	0,1 – 0,7

● Typische Zusammensetzung fermentierter Kakaobohnen ohne Schale[1]

Wenden ist nötig, während Milchsäurebakterien, Hefen und andere Kleinstlebewesen in einer noch immer nicht lückenlos aufgeklärten Reihe mikrobiologischer Prozesse dafür sorgen, dass der Keimling abstirbt und der Inhalt der Bohne durch frei werdende Enzyme unter anderem in Zucker, Säuren, Farbstoffe und Vorstufen der späteren Kakaoaromen umgewandelt wird. Die Konzentration der für die extreme Bitterkeit der Bohnen verantwortlichen Methylxanthine sinkt zudem um etwa 30 %.[1]

Doch auch wenn es so wirken mag, als würde die Fermentation der Kakaobohnen wie von selbst ablaufen – die Erfahrung und das Finger-

Criollo

Der Criollo gilt als die edelste Varietät des Kakaobaumes. Er wird unter anderem in Zentralamerika und Madagaskar angebaut. Die Pflanzen sind zwar nicht sehr ertragreich und relativ anfällig für Krankheiten, der Kakao ist jedoch sehr mild und hocharomatisch.

Forastero

Der Forastero stammt ursprünglich aus dem Amazonasgebiet und ist die am weitesten verbreitete Varietät des Kakaobaumes. Die Pflanzen sind robuster und ertragreicher als die des Criollo, der Kakao ist geschmacklich jedoch von geringerer Qualität.

Trinitario

Der Trinitario ist eine Kreuzung aus Forastero und Criollo. Der aus seinen Bohnen gewonnene Kakao zählt wie der des Criollo zum Edelkakao.

spitzengefühl der Kakaobauern sind unverzichtbar. Schon eine etwas zu lange Fermentation oder zu hohe beziehungsweise zu niedrige Temperaturen können zur Entwicklung ungewollter Aromen führen und die wertvolle Ernte für die Schokoladenherstellung unbrauchbar machen.

Damit die fermentierten Bohnen während der Lagerung oder des anschließenden Transports nicht schimmeln, müssen sie getrocknet werden. Wo Klima und Wetter es zulassen, werden die Bohnen für 1–2 Wochen in der Sonne ausgebreitet und mehrmals gewendet. In eher feuchten Regionen wie Asien sind dagegen spezielle Öfen nötig. Beim Trocknen verdampft nicht nur ein Großteil des Wassers, auch ein Teil der bei der Fermentation gebildeten Säuren verflüchtigt sich. Und hierbei ist ebenfalls

Fingerspitzengefühl gefragt. Werden die Bohnen zu stark getrocknet, kann die schützende Schale brüchig und dadurch leichter beschädigt werden. Zu schnelles Trocknen wiederum kann dazu führen, dass die Schale sich verfestigt und unliebsame säuerliche Substanzen eingeschlossen werden.

Fermentierte und getrocknete Bohnen bestehen aus den sogenannten Kakaonibs, umgeben von einer dünnen, aber festen Schale. In dieser Form machen sie sich auf die Reise in die Schokoladenfabriken dieser Welt.

Was jetzt folgt, kennen wir alle: Eine starke Bräunung sorgt für einen starken Geschmack. Genau das gilt auch für Kakaobohnen. Je nach Hersteller und Verfahren werden daher entweder die ganzen Bohnen oder nur deren Inhalt, die sogenannten Kakaonibs, in speziellen Anlagen 1–2 Stunden lang bei 110–140 °C geröstet. Dabei entstehen in komplexen Reaktionen aus den bei der Fermentation gebildeten Aromavorstufen etwa 600 verschiedene Aromastoffe.[1] Viele unerwünschte Verbindungen wie Essig- oder Buttersäure verdampfen, genau wie der Großteil des noch vorhandenen Wassers. Zudem werden eventuell vorhandene Krankheitserreger wie Salmonellen durch die hohen Temperaturen abgetötet. Die zunächst noch muffig, bitter und säuerlich schmeckenden Kakaobohnen entwickeln also erst beim Rösten ihren typischen Geschmack und ihre schokobraune Farbe.

Schokolade wäre jedoch kein zartschmelzender Genuss, wäre da nicht die Kakaobutter.

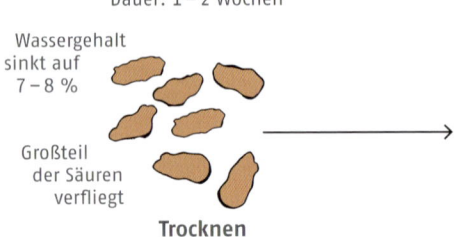

Dauer: 1–2 Wochen

Wassergehalt sinkt auf 7–8 %

Großteil der Säuren verfliegt

Trocknen

1–2 h bei 110–140 °C
typische Farbe entsteht
Aromastoffe werden gebildet

Rösten

Kakaonibs
ungeröstet

geröstet

geröstete Bohnen

● Ungeröstete
und geröstete
Kakaobohnen
der Sorte Criollo.
Die Schale und
die Kakaonibs
von ungeröste-
ten Bohnen sind
deutlich heller
als die der ge-
rösteten.

Sie verleiht dem Leckerbissen seinen seidig matten Glanz, ist der Grund für das einzigartige Mundgefühl und sorgt zudem für ein sattes „Knack" beim Zerbrechen eines Schokoriegels. Darüber hinaus ist sie, wie andere Fette, ein sehr guter Geschmacksträger. Bei gerösteten Bohnen ist das wertvolle Pflanzenfett jedoch größtenteils noch in intakten Zellstrukturen gefangen. Um es freizusetzen, werden die Bohnen von ihrer Schale befreit und mit großen Mühlen und Walzen fein zermahlen.

Dabei entsteht der Ausgangsstoff aller Schokoladenprodukte: die Kakaomasse. Diese ist braun und riecht auch schon nach Schokolade, der Weg zur fertigen Tafel ist jedoch noch immer ziemlich weit. Für die Produktion von Schokolade wie wir sie kennen, ist außerdem mehr Kakaobutter nötig, als in der Bohne und somit in der Kakaomasse enthalten ist. Das ist übrigens auch der Grund, warum dieses Pflanzenfett verglichen mit Kakaopulver sehr teuer ist. Um die wertvolle Kakaobutter zu gewinnen, presst man diese mit hohem Druck aus der Kakaomasse heraus. Dabei bleibt entölter Kakao als Presskuchen zurück; er findet zu Pulver zermahlen den Weg in unsere Küchen.

Bleiben wir kurz beim Kakao. Die Komplexität seiner Inhaltsstoffe fasziniert seit jeher die Wissenschaft, und kaum einem anderen Nahrungsmittel wird eine so große Vielzahl ver-

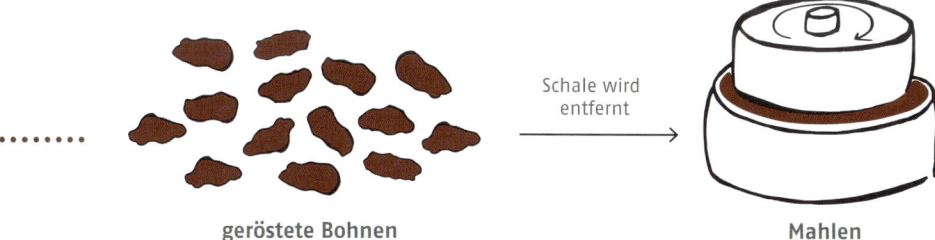

geröstete Bohnen

Schale wird entfernt

Mahlen

schiedener Auswirkungen auf Gesundheit, Gemütszustand oder Hautbild zugeschrieben wie ihm. Er enthält unter anderem wach machende Methylxanthine wie Koffein und Theobromin, der Droge Amphetamin ähnliches stimmungsaufhellendes Phenylethylamin, Antioxidantien wie Catechin und Epicatechin und vieles mehr.[2, 3]

Obwohl Kakao die meisten dieser Substanzen in viel zu geringen Konzentrationen enthält, als dass uns der Genuss eines Riegels Schokolade glücklich oder gar abhängig machen könnte, scheint der Gedanke, dass wir Schoko-

lade ja praktisch gar nicht widerstehen *können*, einfach zu verlockend. Und wenn Widerstand schon zwecklos ist, wäre es ja eigentlich nur fair, wenn kakaohaltige Leckereien nicht nur dick machen und den Zähnen schaden, sondern auch ein kleines bisschen gesund machen würden, oder nicht?

Eine ausführliche Diskussion der teilweise noch immer kontrovers diskutierten gesundheitlichen Vor- und Nachteile des Schokoladengenusses würde hier schlicht den Rahmen sprengen. Festzustehen scheint lediglich, dass Kakao so viele lebenswichtige Mineralien wie Eisen, Magnesium oder Zink enthält wie kaum ein anderes pflanzliches Nahrungsmittel und dass er uns, in Form von Schokolade genossen und als Teil einer ausgewogenen Ernährung, durchaus das Leben versüßen kann. Wenn auch vielleicht nur deshalb, weil uns seine Vielzahl an Aromen in Verbindung mit Zucker und Fett schlicht ein breites Lächeln ins Gesicht zaubert.

Aber zurück zur Schokoladenherstellung. Die aus gemahlenen Bohnen erhaltene Kakaomasse wird mit zusätzlicher Kakaobutter und weiteren Zutaten wie Zucker und Milchpulver versetzt. Die in diesem Gemisch enthaltenen Kakao- und Zuckerpartikel sind jedoch noch relativ groß. Damit sich die Schokolade später im Mund nicht sandig anfühlt, wird die Schokoladenmasse als nächstes fein gewalzt. Dabei macht es geschmacklich übrigens einen großen Unterschied, ob die Zutaten erst fein gemahlen und dann zusammengefügt oder erst zusammengefügt und dann gemeinsam zermahlen werden. Studien haben gezeigt, dass gemeinsames Mahlen ein geschmackvolleres Produkt erzeugt.[2, 4] Woran liegt das?

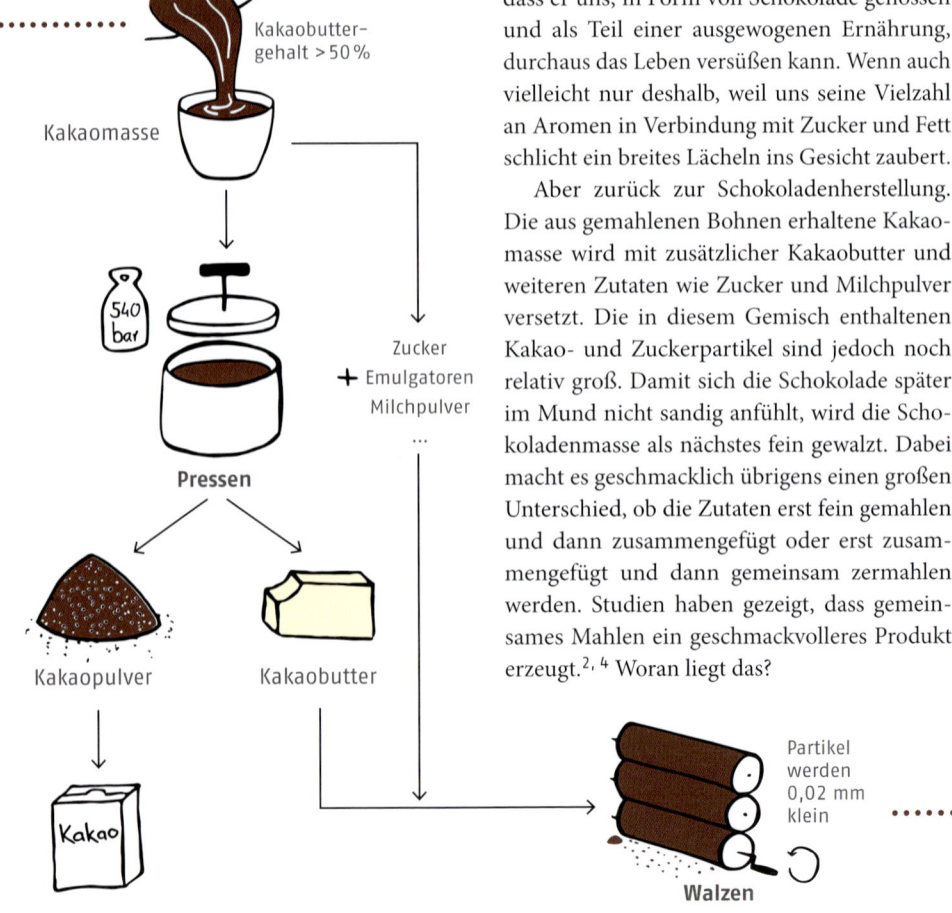

Kakaobutter-gehalt > 50 %

Kakaomasse

540 bar

Zucker
+ Emulgatoren
Milchpulver
...

Pressen

Kakaopulver

Kakaobutter

Kakao

Partikel werden 0,02 mm klein

Walzen

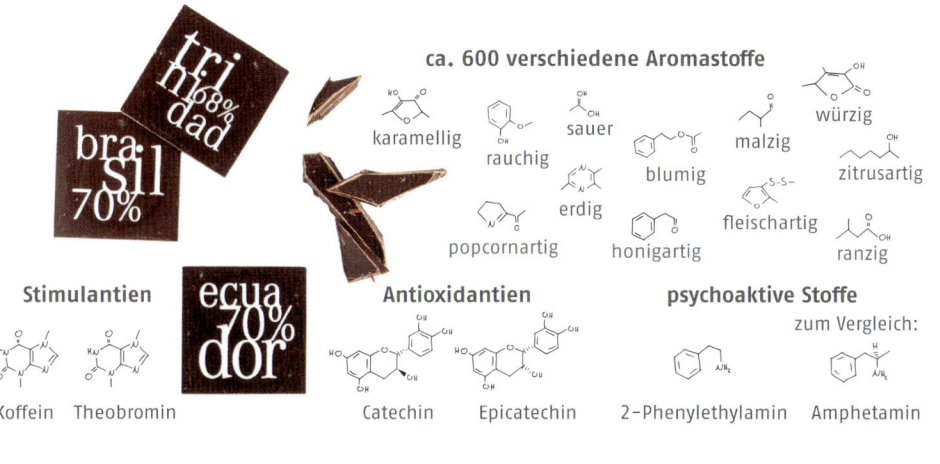

ca. 600 verschiedene Aromastoffe

karamellig
rauchig
sauer
würzig
malzig
blumig
zitrusartig
erdig
popcornartig
honigartig
fleischartig
ranzig

Stimulantien

Koffein   Theobromin

Antioxidantien

Catechin   Epicatechin

psychoaktive Stoffe

zum Vergleich:

2-Phenylethylamin   Amphetamin

● Neben etwa 600 verschiedenen Aromastoffen enthält Kakao viele pharmakologisch aktive Inhaltsstoffe. Die meisten davon jedoch in sehr niedrigen Konzentrationen.[3] (Grand Cru Carrés von Läderach chocolatier suisse)

Bisher geht man davon aus, dass die beim Walzen auftretende starke Reibung und die dadurch entstehenden hohen Temperaturen den Großteil des Zuckers glasartig, also amorph werden lassen. Aufgrund seiner molekularen Struktur ist amorpher Zucker in der Lage, wertvolle flüchtige Kakaoaromen an sich zu binden, die sonst verfliegen würden.[1] Zwar kristallisiert der Großteil des amorphen Zuckers nach dem Walzen wieder aus, er gibt die Aromen dabei jedoch an die ihn umgebende Kakaobutter ab. Und immerhin besteht je nach Sorte etwa die Hälfte einer Schokoladentafel aus Zucker.

Magie im Muscheltrog: die Conche

Die fein gemahlene Schokoladenmasse enthält jetzt alle Grundzutaten und schmeckt auch schon nach Schokolade, das Aroma ist jedoch noch nicht ganz ausgereift. Zudem wurde der Zucker zwar fein zermahlen, aber noch nicht ausreichend in die Kakaobutter eingearbeitet. An dieser Stelle kommt nun die berühmte Conche ins Spiel.

Von allen auf einen perfekten Schokoladengenuss ausgerichteten Arbeitsschritten ist das Conchieren wohl einer der komplexesten. In einem noch immer nicht vollständig aufgeklärten Prozess bekommen nun die Textur sowie das Aroma der Schokolade den letzten Schliff. Von Rudi Lindt 1878 erfunden, bestand das dazu verwendete Gerät ursprünglich aus einer muschelförmigen Granitwanne (daher der Name, von spanisch *la concha*, „Muschel") und einer Granitwalze. Form und Materialien wurden vielfach optimiert, das Prinzip bleibt jedoch das gleiche: Die zunächst pulverförmige und später flüssige Masse wird stundenlang hin und her gewalzt.

Durch die Reibung entsteht Wärme, die Kakaobutter wird flüssig und noch enthaltene Feuchtigkeit verdampft zusammen mit bitteren und säuerlichen Substanzen. Durch den Entzug des Wassers steigt der Fettgehalt und das Flussverhalten verbessert sich. Zudem werden die Zuckerkristalle von einer dünnen Schicht aromatischer Kakaobutter umhüllt und wan-

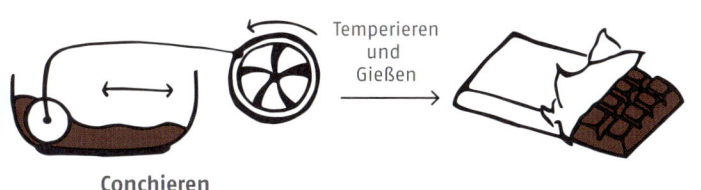

Temperieren und Gießen

Conchieren

● In der Conche erhält die Schokoladenmasse ihren letzten Schliff. Durch stundenlanges Hin- und Herwalzen erwärmt sich die Masse. Wasser und Säuren verdampfen, Aromen werden umverteilt und Zucker wandelt sich zum Geschmacksträger.

deln sich so vom schnöden Süßungsmittel zum wichtigen Geschmacksträger. Seit den 1930er Jahren wird außerdem bei vielen Schokoladen der Emulgator Lecithin zugesetzt, welcher die Verbindung von Zucker und Fett verbessert.

Das Geheimnis der seidigen Oberfläche

Bevor die aromatische cremige Schokoladenmasse nun endlich in Form gegossen werden kann, gibt es jedoch noch eine Kleinigkeit zu beachten. Nahezu jeder Schokoladengenießer, passionierter Kuchen-mit-Schokolade-Überzieher und Hobby-Chocolatier kennt das ungeliebte Phänomen, das oft fälschlicherweise mit Schimmel verwechselt wird: die Fettblüte. Was eigentlich seidig glänzen sollte, ist matt und gräulich, und so richtig zartschmelzend ist die geliebte Schokolade auch nicht mehr. Wie kommt das?

Über die Textur und das Aussehen von Schokolade entscheidet die molekulare Struktur der darin enthaltenen Kakaobutter. Schokolade besteht zu ungefähr einem Drittel aus diesem eher simpel aufgebauten Fett. Dessen genaue Zusammensetzung variiert zwar je nach Herkunft, es besteht jedoch vorwiegend aus den Triacylglycerinen von nur drei Fettsäuren, nämlich Stearinsäure, Palmitinsäure und Ölsäure.[5] Kühlt man geschmolzene Kakaobutter ab, so lagern sich die Fettmoleküle in einem regelmäßigen dreidimensionalen Gitter zusammen – die Kakaobutter kristallisiert und härtet aus. Genau wie viele ähnlich einfach aufgebaute Fette kann Kakaobutter in verschiedenen Formen kristallisieren – sie ist polymorph. Die Kristallformen haben zwar am Ende die gleiche chemische Zusammensetzung, die physikalischen Eigenschaften wie Schmelzpunkt, Glanz, Härte oder Volumen unterscheiden sich aber zum Teil deutlich.

Kakaobutter kristallisiert in sechs verschiedenen Formen, die nach Wille und Lutton mit römischen Zahlen bezeichnet werden.[6] Von diesen Kristallformen verleiht jedoch nur eine einzige der Schokolade seidigen Glanz und ist zudem gleichzeitig bei Raumtemperatur fest und bei Körpertemperatur flüssig: Kristallform V.[5]

Damit Kakaobutter beim Aushärten in genau dieser Form kristallisiert, muss sie sorg-

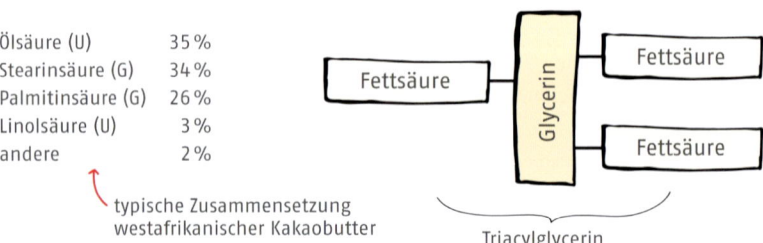

● Kakaobutter ist recht simpel aufgebaut und besteht größtenteils aus Triacylglycerinen dreier Fettsäuren.

Ölsäure (U)	35 %
Stearinsäure (G)	34 %
Palmitinsäure (G)	26 %
Linolsäure (U)	3 %
andere	2 %

typische Zusammensetzung westafrikanischer Kakaobutter

Fettsäure — Glycerin — Fettsäure / Fettsäure

Triacylglycerin

genauer:

Stearinsäure

gesättigte Fettsäuren (G)

Palmitinsäure

ungesättigte Fettsäure (U)

Glycerin

Ölsäure

Durch die verschiedenen Fettsäuren ergeben sich viele mögliche Triacylglycerine. Anordnung und Zusammensetzung variieren je nach Herkunft der Kakaobutter.

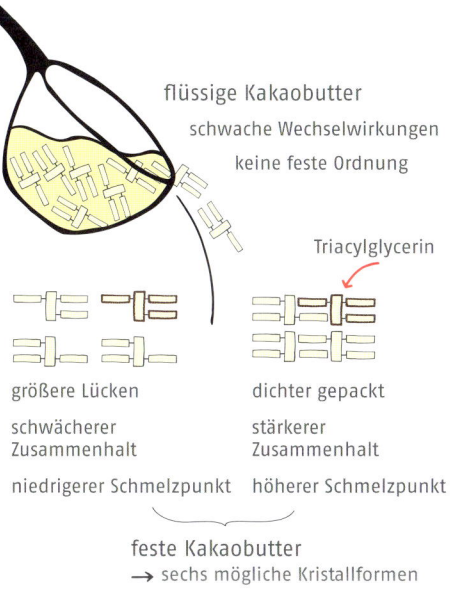

flüssige Kakaobutter
schwache Wechselwirkungen
keine feste Ordnung

Triacylglycerin

größere Lücken dichter gepackt

schwächerer stärkerer
Zusammenhalt Zusammenhalt

niedrigerer Schmelzpunkt höherer Schmelzpunkt

feste Kakaobutter
→ sechs mögliche Kristallformen

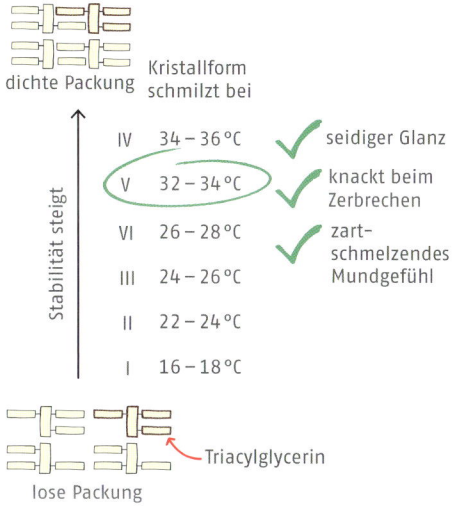

dichte Packung

Kristallform
schmelzt bei

Stabilität steigt

IV	34 – 36 °C	seidiger Glanz
V	32 – 34 °C	knackt beim Zerbrechen
VI	26 – 28 °C	zartschmelzendes Mundgefühl
III	24 – 26 °C	
II	22 – 24 °C	
I	16 – 18 °C	

Triacylglycerin

lose Packung

● Die Fettmoleküle in flüssiger Kakaobutter wechselwirken nur schwach miteinander. In fester Kakaobutter herrscht dagegen eine feste dreidimensionale Ordnung.

● Je dichter die Packung der Fettmoleküle, desto stärker der Zusammenhalt, desto höher die Schmelztemperatur der jeweiligen Kristallform.

fältig temperiert werden. Kühlt man geschmolzene Schokolade einfach ab, bilden sich vorwiegend Kristallkeime der instabileren Kristallformen I–IV. Die werden aber zum Teil bei Raumtemperatur gar nicht richtig fest und wandeln sich nach dem Aushärten mehr oder weniger schnell in die thermodynamisch stabilste Form der Kakaobutter um; in Kristallform VI.

Während dieses Vorgangs wird ein Teil der Kakaobutter an die Oberfläche gedrückt und bildet dort den als Fettblüte bekannten gräulichen Belag. Zudem schmilzt Kristallform VI erst bei 34–36 °C und somit zu spät, um ein zartschmelzendes Geschmackserlebnis hervorzurufen.[5] Die Geschwindigkeit, mit der Schokolade im Mund schmilzt, sich auf der Zunge verteilt und die Geschmacks- und Geruchsrezeptoren erreicht, hat nämlich einen größeren Einfluss auf das Genusserlebnis, als man denkt. Beim so einfachen wie genialen Verfahren des Temperierens von Schokolade macht man sich die unterschiedlichen Schmelzpunkte der Kakaobutter-Kristallformen zunutze: Man stellt durch einen Zyklus aus Schmelzen, Abkühlen und wiederholtem Schmelzen sicher, dass die Kakaobutter möglichst nur in der gewünschten Form V auskristallisiert. Eine genaue Anleitung dafür gibt es auf Seite 152 – 155.

Über den richtigen Genuss von Schokolade

Und da liegt er nun endlich vor uns: ein Riegel Schokolade. Ihn jetzt einfach gedankenlos auszuwickeln, in den Mund zu schieben, zu kauen und herunterzuschlucken, kommt nach all dem, was wir über dieses komplexe Wunderwerk erfahren haben, nicht in Frage. Aus diesem Grund möchte ich an dieser Stelle in meinen Worten wiedergeben, was K. R. von der Freien schon 2005 in seinem Artikel „Von Vollmilch bis Bitter, edelste Polymorphie" so treffend über den richtigen Genuss von Schokolade formuliert hat.[7]

von Natur und Mensch in perfekter Zusammenarbeit geschaffene Meisterwerk nicht durch ein schnödes „Mund auf – Schokolade rein – Mund zu" zu Knabberzeug herabstufen, das wir eigentlich nur essen, weil wir gerade nichts Besseres zu tun haben. Nein, wir möchten diese Schokolade mit allen Sinnen wahrnehmen und dabei an die vielen Arbeitsschritte und helfenden Hände denken, die den bevorstehenden Genuss überhaupt erst ermöglicht haben.

Endlich ist es so weit: Wir legen uns ein kleines Stückchen auf die Zunge. Wir schließen genussvoll die Augen und ignorieren, dass man mit geschlossenen Augen nicht lesen kann. Sofort spüren wir, wie die Schokolade sanft zu zerlaufen beginnt, und denken erneut an das molekulare Gerüst der Kakaobutter in Kristallform V, das bereits von unserer Körpertemperatur zum Schmelzen gebracht wird. Wir drücken den Leckerbissen vorsichtig an unseren Gaumen, bewegen ihn andächtig im Mund hin und her und spüren – nichts. Nicht ein Körnchen Kakao, nicht ein Kriställchen Zucker, das groß genug wäre, dass unser Tastsinn es wahrnehmen könnte. Alles, was wir spüren, ist wohlschmeckende Cremigkeit und wie fein abgestimmte Aromen sich langsam in unserem Mund ausbreiten. Die flüchtigen unter ihnen werden von unserer Körpertemperatur zum Verdampfen gebracht und machen sich auf den Weg in die Nasenhöhlen. Dort warten bereits unzählige Rezeptoren darauf, sie aufzunehmen und den Genuss noch weiter zu steigern.

Wieder bewegen wir die Zunge hin und her – doch nein, die Schicht aus geschmolzener Schokolade lässt sich zum Glück nicht so einfach wegwaschen. Der unpolare Charakter der Kakaobutter sorgt dafür, dass die angenehme, leicht bittere Süße noch ein Weilchen in unserem Mund haften bleibt. Und erst jetzt, wo wir dieses Stückchen Schokolade angemessen genossen haben, öffnen wir unsere Augen, nicken anerkennend und freuen uns schon auf den Rest der Tafel.

Zunächst sollten wir uns einen gemütlichen Platz suchen, die möglichst zimmerwarme Schokolade langsam auspacken und einen Moment aufmerksam betrachten. Die seidig-matt glänzende Oberfläche und das sanfte Knacken, mit dem sie zwischen unseren behutsamen Fingern zerbricht, zeugen von sorgfältig in Kristallform V ausgehärteter Kakaobutter. Schon jetzt steigt uns der typisch schokoladige Duft in die Nase und erzählt von 600 verschiedenen Aromastoffen, entstanden in einer komplexen Kaskade chemischer Reaktionen.

Vorfreude erfüllt uns und der Wunsch, uns gleich den ganzen Riegel auf einmal in den Mund zu schieben, wird fast übermächtig. Doch wir lassen uns Zeit. Wir wollen dieses

Schokolade

mind. 35 % Gesamtkakaomasse
davon mind. 18 % Kakaobutter
davon mind. 14 %
fettfreie Kakaotrockenmasse
max. 5 % kakaobutterfremde Fette

weiße Schokolade

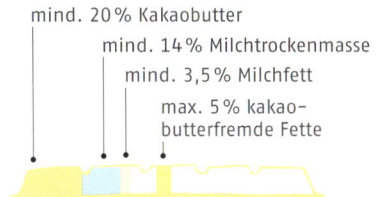

mind. 20 % Kakaobutter
mind. 14 % Milchtrockenmasse
mind. 3,5 % Milchfett
max. 5 % kakao-
butterfremde Fette

● Die Mindest-
anforderungen
an verschiedene
Schokoladen-
sorten laut der
Kakaoverord-
nung aus dem
Jahr 2003

Milchschokolade

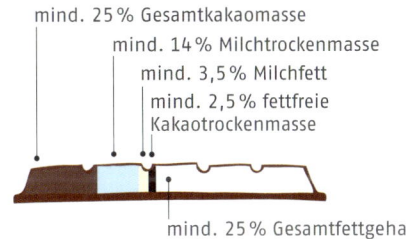

mind. 25 % Gesamtkakaomasse
mind. 14 % Milchtrockenmasse
mind. 3,5 % Milchfett
mind. 2,5 % fettfreie
Kakaotrockenmasse

mind. 25 % Gesamtfettgehalt

dunkle Kuvertüre

mind. 35 % Gesamtkakaomasse
davon mind. 31 % Kakaobutter
mind. 2,5 % fettfreie Kakaotrockenmasse
max. 5 % kakao-
butterfremde Fette

Blockschokolade

Hinter der Bezeichnung Blockschokolade verbirgt sich meist Schokolade mit geringerer (geschmacklicher) Qualität, weshalb sie sich eher zum Backen oder Kochen eignet. Die Mindestanforderungen an die Zusammensetzung entsprechen denen von normaler Schokolade.

kakaohaltige Fettglasur

Kakaohaltige Fettglasur darf nicht als Schokolade bezeichnet werden, da sie wenig oder gar keine Kakaobutter, sondern stattdessen andere, meist viel günstigere Pflanzenfette enthält. Sie fällt nicht unter die Kakaoverordnung, ihre Zusammensetzung wird also auch nicht durch sie reguliert.

Schokolade ist nicht gleich Schokolade

Nicht alles, was Kakao enthält und in Tafelform gegossen werden kann, darf sich auch Schokolade nennen. Welche Sorte mindestens wie viel von welcher Zutat enthalten oder wie genau das jeweilige Produkt deklariert werden muss, wird durch die Kakaoverordnung aus dem Jahr 2003 festgelegt. So muss beispielsweise der Gehalt an Gesamtkakaomasse – also der Masse aus Kakao *und* Kakaobutter, die durch das Mahlen von Kakaobohnen gewonnen wird – auf jeder Schokolade mit „Kakao … % mindestens" angegeben werden. Daher heißt „Kakao 98 % mindestens" auf einer Bitterschokolade nicht, dass sie zu 98 % aus reinem Kakaopulver besteht, sondern dass sie außer der Kakaomasse (also der Kakaotrockenmasse **und** der Kakaobutter) nur 2 % andere Zutaten wie Zucker enthält. Ab welchem Kakaogehalt eine Schokolade eine Bitterschokolade ist, ist dagegen nicht festgelegt. Etwas skurril: Die Mindestanforderung an die Zusammensetzung von Milchschokolade und Milchschokoladen*streusel* unterscheiden sich.

Kühlschrank ja oder nein?

Bei der Frage, ob Schokolade bei Raumtemperatur, aus dem Kühlschrank oder gar aus dem Gefrierschrank am besten schmeckt, scheiden sich die Geister. Da sich über Geschmack aber bekanntlich (nicht) streiten lässt, hier einfach die schnöde wissenschaftliche Sicht auf die Dinge. Schokolade hält sich bei dunklen, trockenen und möglichst konstanten 15–18 °C am besten. Was gegen den Kühlschrank spricht: Ganz abgesehen davon, dass der hohe Fettanteil der Schokolade die in diesem Kontext wohl eher unbeliebten Gorgonzola- und Wurstaromen bereitwillig aufnimmt, kondensiert Luftfeuchtigkeit im Kühlschrank nicht nur an dessen Rückwand, sondern auch an den darin liegenden Lebensmitteln.

Neben Kakao enthält Schokolade meist große Mengen fein in Kakaobutter verteilten Zuckers, der sich wegen seines polaren Charakters sehr gut in Wasser, nicht aber in Fett löst. Kondensiert Feuchtigkeit an der Oberfläche kalter Schokolade, so löst sich ein Teil des Zuckers im Wasser und kristallisiert während des Trocknens in Form einer hellen Schicht aus, statt sich von allein wieder im Fett zu verteilen. So eine Schokolade ist natürlich noch essbar, sieht aber nicht sehr schön aus. Übrigens hilft bei dieser sogenannten Zuckerblüte auch kein Einschmelzen und Temperieren, da sich der herausgelöste Zucker nicht einfach wieder im Fett verteilen lässt. Bei der Herstellung von Schokolade gelingt dies nämlich nur durch stundenlanges Walzen und Conchieren.

Wenn Schokolade also zum Beispiel wegen einer sommerlichen Hitzewelle oder einer besonders empfindlichen Füllung in den Kühlschrank muss, dann in einer möglichst luft- und wasserdichten Verpackung. Diese sollte erst geöffnet werden, wenn sich die Schokolade wieder auf die optimale Genusstemperatur von knapp 20 °C erwärmt hat.

Schokolade ist ein Kombinationstalent

Cornflakes, Nüsse, süße und salzige Kekse, Erdnussbutter, Eierlikör, Kaffee, Minze, Marzipan und sogar Lakritz; es gibt wirklich kaum etwas Essbares, das nicht schon einmal mit Schokolade überzogen worden wäre. Und das wirklich Bemerkenswerte daran: Meist schmeckt es sogar. Doch wie kommt es eigentlich, dass die so geschmacksintensive Schokolade ein solches Kombinationstalent ist?

Ein Grund hierfür könnte sein, dass sich das so einzigartig anmutende Schokoladenaroma aus unglaublichen 600 Geschmacks- und Duftstoffen zusammensetzt. Und da ist von ranzig, blumig, rauchig und schweißig über fleischartig bis hin zu erdig so ziemlich alles mit dabei.[8] Fügt man zu diesem komplexen Aromencocktail weitere Komponenten hinzu, ist die Wahrscheinlichkeit für Überschneidungen relativ groß. Sich ähnelnde oder gleiche Geschmacksnoten werden betont und die Zutaten harmonieren miteinander. Neben diesem sogenannten Food Pairing, das übrigens eine Wissenschaft für sich ist, existiert auch noch das sogenannte Food Completing. Dabei geht es nicht um Harmonie, sondern vielmehr um Gegensätze. Denn werden andersartige, sich jedoch ergänzende Aromen miteinander kombiniert, kann das unseren Geschmacks- und Geruchsrezeptoren einen besonders interessanten

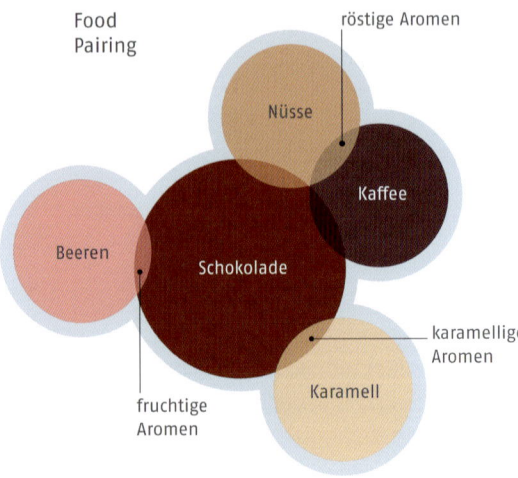

Food Pairing

röstige Aromen

Nüsse

Kaffee

Beeren

Schokolade

karamellige Aromen

Karamell

fruchtige Aromen

● Das Prinzip des sogenannten Food Pairings: Zutaten, deren Schlüsselaromen sich ähneln, harmonieren meist sehr gut miteinander.

Reiz bieten. Dadurch ergibt sich für Kakao und Schokolade eine unglaubliche Vielfalt möglicher Kombinationen mit anderen Leckereien.

Schokolade liebt salzige Erdnussbutter

Einmal abgesehen davon, dass die in Schokolade sowie in Erdnüssen vorhandenen röstigen Aromen sehr gut miteinander harmonieren und Erdnussbutter durch den hohen Fettgehalt ein sehr guter Geschmacksträger ist, gibt es noch einen weiteren Grund, warum leicht salzige Erdnussbutter und Schokolade ein so außerordentlich leckeres Paar abgeben. So weiß man, dass ein salziger Geschmack einen bitteren förmlich maskieren kann. Eine leicht salzige Komponente sorgt in Schokolade also nicht nur für einen zusätzlichen interessanten Geschmack, sondern auch dafür, dass normalerweise von bitteren Nuancen verdeckte Aromen stärker hervortreten können.

Fettblüte trotz richtiger Lagerung?

Auch auf der Oberfläche von fachgerecht gelagerter Schokolade kann sich mit der Zeit ein gräulich-weißer Belag breitmachen. Genau wie bei falsch temperierter Schokolade handelt es sich dabei jedoch keinesfalls um Schimmel, sondern lediglich um die allseits ungeliebte Fettblüte.

Wie schon auf Seite 146 f. beschrieben, ist der Sinn und Zweck der Temperierung von Schokolade, die Kakaobutter ausschließlich in Kristallform V aushärten zu lassen. Nur sie verleiht Schokolade einen schönen Glanz und sorgt für ein zartschmelzendes Mundgefühl, ist aber leider nicht die thermodynamisch stabilste Kristallform von Kakaobutter. In einem je nach Schokolade und Lagerungsbedingungen mehr oder weniger schnellen Prozess kristallisiert die Kakaobutter daher um, bis sie ihre stabilste Kristallform VI eingenommen hat. In dieser sind die Fettmoleküle jedoch dichter gepackt, so dass sich die Schokolade während des Um-

● Erinnert an Schimmel, ist aber völlig harmlos: die Fettblüte. Sie entsteht, wenn bereits ausgehärtete Kakaobutter ihre Kristallstruktur ändert.

anzusehen ist, bleibt sie nach wie vor essbar und kann durch Einschmelzen und erneutes Temperieren wieder in eine zartschmelzende Schönheit verwandelt werden.

Die Kunst des Schokoladeschmelzens

Egal ob man ihr nur eine neue Form geben, sie selber herstellen, mit zusätzlichen Leckereien veredeln oder einfach nur einen Kuchen damit überziehen möchte, am Schmelzen von Schokolade führt kein Weg vorbei. Doch so einfach, wie sich das anhört, ist es leider nicht ganz. Denn möchte man statt eines gräulichen Klumpens oder einer gar nicht erst richtig aushärtenden Masse zartschmelzende Schokolade mit seidig matter Oberfläche herstellen, gibt es ein paar Dinge zu beachten.

kristallisierens buchstäblich zusammenzieht. Überschüssige Kakaobutter wird an die Oberfläche gedrückt und bildet dort den als Fettblüte bekannten gräulichen Belag. Obwohl eine solche Schokolade nicht mehr besonders schön

Schmelzen nur mit Wasserbad

Wird Schokolade beim Schmelzen zu heiß, verwandelt sich die eben noch so wunderbar geschmeidige Creme in einen unansehnlichen Haufen klumpiger Stückchen. Um direkte Hitze zu vermeiden, schmilzt man die grob zerhackte Schokolade daher am besten mit Hilfe eines Wasserbades. Die genaue Temperatur des Wassers hängt dabei von der Schokoladensorte ab.

● Das Prinzip des Temperierens: Durch einen Zyklus aus Schmelzen, Abkühlen und erneutem Schmelzen wird sichergestellt, dass die Kakaobutter in Kristallform V aushärtet.

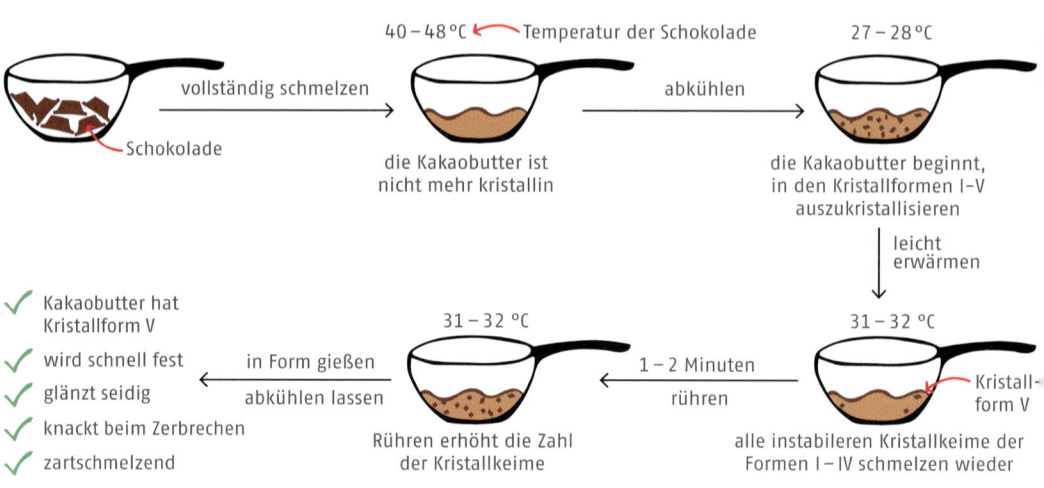

40 – 48 °C ← Temperatur der Schokolade   27 – 28 °C

vollständig schmelzen   abkühlen

Schokolade

die Kakaobutter ist nicht mehr kristallin

die Kakaobutter beginnt, in den Kristallformen I–V auszukristallisieren

leicht erwärmen

✓ Kakaobutter hat Kristallform V
✓ wird schnell fest   31 – 32 °C   31 – 32 °C
✓ glänzt seidig   in Form gießen   1 – 2 Minuten   Kristall-form V
✓ knackt beim Zerbrechen   abkühlen lassen   rühren
✓ zartschmelzend

Rühren erhöht die Zahl der Kristallkeime

alle instabilen Kristallkeime der Formen I – IV schmelzen wieder

Für ein Wasserbad benötigt man einen etwa zu zwei Dritteln mit maximal 60 °C warmem Wasser gefüllten Topf sowie eine kleine Metallschüssel (zum Beispiel eine Schmelzschale), die man in das Wasser hineinhängen kann. Die Schüssel sollte weder den Boden des Topfes berühren noch sollte die Gefahr bestehen, dass Wasser hineinschwappt.

Achtung, Wasser!
Unschwer zu erahnen: Beim Wasserbad ist Wasser mit im Spiel. Feuchtigkeit ist jedoch einer der größten Feinde eines geschmeidigen Schokoladenprodukts. Schon ein Tröpfchen genügt, und eine cremige Schokoladenschmelze wird, genau wie bei zu starker Hitze, augenblicklich zähflüssig und klumpig. Ein Grund dafür: Der in der Schokolade enthaltene Zucker löst sich in Wasser, nicht aber in Fett. In Schokolade ist Zucker daher nur fein im Fett verteilt und nicht darin gelöst. Gelangt Feuchtigkeit in die Schmelze, verlassen viele Zuckermoleküle die Fettphase, lösen sich im Wasser und Klümpchen bilden sich. Um den Schaden halbwegs wiedergutzumachen, muss man übrigens etwa dreimal so viel Fett wie Feuchtigkeit zur Schokolade geben![1]

Aus diesem Grund gilt es unbedingt zu vermeiden, dass Wasser vom Wasserbad in die Schokolade schwappt, und man sollte Löffel, Thermometer und andere Geräte immer gut abtrocknen, bevor sie mit der Schokolade in Kontakt kommen. Ist es bei aller Vorsicht aber doch einmal passiert, ist das noch lange kein Grund, sich auf den Weg zum Mülleimer zu machen. Oft kann man zumindest dem Großteil der wertvollen Schokolade retten (siehe Seite 155) oder zumindest noch zum Backen benutzen.

Richtig temperieren
Damit geschmolzene Schokolade nach dem Aushärten eine seidig-glatte Oberfläche bekommt, bei Raumtemperatur fest ist und bei

Temperatur des Wasserbades

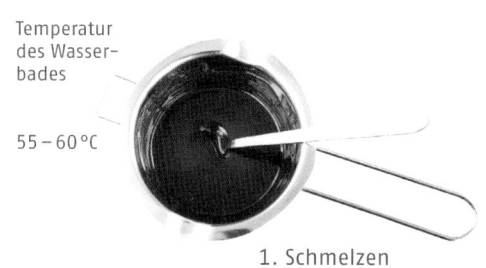

55 – 60 °C

1. Schmelzen
alle Sorten 40 – 48 °C

18 – 23 °C

2. Abkühlen
weiß   24 – 25 °C
Milch   25 – 26 °C
Dunkel   26 – 27 °C

32 – 35 °C

3. Leicht erwärmen
weiß   28 – 29 °C
Milch   29 – 30 °C
dunkel   31 – 32 °C

● Wegen des unterschiedlichen Kakaobuttergehalts muss Schokolade je nach Sorte unterschiedlich temperiert werden.

Körpertemperatur zart schmilzt, muss sie temperiert werden. Durch einen Zyklus aus Schmelzen, Abkühlen und erneutem Erwärmen stellt man dabei sicher, dass die Kakaobutter möglichst in nur einer einzigen der sechs möglichen Kristallformen aushärtet, und zwar in Kristallform V. Die genaue Abfolge der Temperaturen hängt dabei von der Zusammensetzung ab. Jede Schokolade verhält sich also ein bisschen anders. Ganz allgemein vertragen dunkle Sorten jedoch etwas höhere Temperaturen als helle. Je nach Küchenausstattung und Erfahrung gibt es außerdem unterschiedliche Methoden.

ohne Bad weiterrühren. Nun in einem zweiten, mit kaltem Leitungswasser gefüllten Wasserbad abkühlen, bis die Schokolade merklich dickflüssiger wird, sich aber gerade noch rühren lässt. Etwa zwei Drittel des warmen Bades ausleeren und mit dem Wasser des kalten Bades wieder auffüllen. Das Wasser sollte sich am Finger ganz leicht kühl anfühlen. Jetzt kommt der entscheidende Schritt: Die Schokolade in diesem maximal 35 °C warmen Wasserbad gerade so weit erwärmen, dass sie sich wieder glatt rühren lässt. Sofort aus dem Bad nehmen, 1 – 2 Minuten weiterrühren und in die gewünschte Form gießen. Der Knackpunkt: Wird die Schokolade im letzten Schritt zu warm, war die Mühe umsonst und die Schokolade muss noch einmal temperiert werden. Hat alles geklappt, härtet sie nach dem Gießen innerhalb weniger Minuten aus und hat eine seidig glänzende Oberfläche.

1. Mit Thermometer

Hat man ein Küchenthermometer zur Hand, so wird die Schokolade zuerst grob zerkleinert und dann über einem Wasserbad unter ständigem Rühren gemäß der Tabelle auf Seite 153 erst geschmolzen, dann abgekühlt und schließlich wieder leicht erwärmt. Nach Erreichen der jeweiligen Temperatur wird 1–2 Minuten ohne Wasserbad weitergerührt. Außerdem sollte man unbedingt darauf achten, dass das Thermometer nach dem Bestimmen der Wassertemperatur gut abtrocknet wird, bevor es wieder mit der Schokolade in Berührung kommt.

2. Ohne Thermometer, dafür mit Gefühl

Um Schokolade ohne die Hilfe eines Thermometers zu temperieren, muss man ihre Konsistenz permanent im Auge behalten. Während des gesamten Temperierens wird außerdem ständig gerührt.

Die Schokolade zuerst grob hacken und in einem mit heißem Leitungswasser (in den meisten Haushalten etwa 60 °C) gefüllten Wasserbad komplett schmelzen, dann 1–2 Minuten

3. Tabliermethode

Bei dieser Methode wird zunächst die gesamte benötigte Schokolade grob gehackt und über einem ca. 60 °C warmen Wasserbad auf etwa 40 – 50 °C erwärmt. Nun wird etwa ein Drittel der geschmolzenen Schokolade auf einer Arbeitsplatte (am besten aus Marmor) ausgestrichen und mit einer Edelstahlpalette so lange hin und her bewegt, bis sie anfängt auszuhärten. Die abgekühlte Schokolade wird nun wieder unter die geschmolzene gerührt. Dadurch soll sich diese optimalerweise genau so weit abkühlen, dass die Kakaobutterkristalle der unerwünschten Formen I – IV zwar schmelzen, die der Form V aber bestehen bleiben.

4. Impfmethode

Hierbei wird geschmolzene Schokolade mit einem kleinen Teil (etwa ein Fünftel der gesamten Schokoladenmasse) klein gehackter Schokolade gemischt. Der Gedanke dabei: Der Kakaobutterteil der klein gehackten Schokolade enthält Kristallkeime der gewünschten Form

V, welche beim Aushärten als Impfkristalle dienen. Dabei ist sehr wichtig, dass die geschmolzene Schokolade nicht zu warm ist. Ansonsten schmelzen auch die gewünschten Impfkristalle und man hat am Ende nichts gewonnen.

Hilfe! Meine Schokolade ist zu dickflüssig!

Ist geschmolzene Schokolade für die gewünschte Verwendung zu dickflüssig, so kann man sie durch die Zugabe von etwas Kakaobutter dünnflüssiger machen. Mit der Zugabe von anderen Pflanzenölen sollte man dagegen vorsichtig sein. Nimmt man zu viel, kann es passieren, dass die Schokolade am Ende nicht wieder richtig aushärtet.

Hilfe! Mir ist Wasser in meine Schokoladenschmelze getropft!

Für diesen Fall der Fälle habe ich persönlich immer etwas Kakaobutter im Haus. Diese in kleine Stückchen hacken, nach und nach zur warmen klumpigen Schokolade geben und das Ganze ein paar Minuten lang rühren. Die nun größtenteils wieder flüssige Schokolade mit einem Sieb von den Klümpchen trennen und wie gewohnt temperieren.

Wie funktioniert backfeste Schokolade?

Schokolade gibt es in allen erdenklichen Varianten. Als Riegel, in Form von Osterhase oder Weihnachtsmann, als flüssige Soße, Ummantelung von Plätzchen oder auch als grobe Schokobrocken in amerikanischen Cookies.

Doch wie ist das eigentlich möglich? Feste formstabile Schokostückchen in gebackenen Keksen? Immerhin ist doch einer der größten Nachteile von Schokolade, dass sie nicht nur im Mund, sondern eben auch in den Händen, auf dem Sofa oder auf der Lieblingshose sehr leicht schmilzt. In vielen Keksen werden jedoch große Schokoladenstücke einfach mitgebacken und überstehen sogar Temperaturen von um

Bei den nächsten selbstgebackenen Cookies mit großen Schokoladenbrocken unbedingt einmal darauf achten: Die Stückchen sind nach dem Backen sehr wohl weich und härten selbst nach dem Erkalten der Kekse nur sehr langsam wieder aus. Letzteres liegt daran, dass die Schokolade nach der Schmelze nicht wieder sorgfältig temperiert wurde (siehe Seite 146 f.).

die 180 °C, ohne dabei ihre Form zu verändern. Was steckt hinter dieser backfesten Schokolade? Chemische Zusätze? Andere Tricks der Lebensmittelindustrie?

Tatsächlich ist die Antwort ziemlich simpel. Wie leicht eine Schokolade schmilzt und welche Konsistenz sie im geschmolzenen Zustand hat, hängt stark von ihrer Verarbeitung und Zusammensetzung ab. Nehmen wir zum Beispiel Zartbitterschokolade. Die gängigen Sorten, die wir pur am liebsten genießen und die zart und aromatisch auf unserer Zunge zergehen, bestehen häufig zu etwa 40–50 % aus

backfeste Schokolade …

… hat einen Kakaobuttergehalt von unter 30 %

→ ist in geschmolzener Form sehr zähflüssig

→ verläuft beim Backen kaum

gängige Schokoladensorten …

… haben einen Kakaobuttergehalt von 40–50 %

→ sind in geschmolzener Form flüssig

Kakaobutter. Je mehr Kakaobutter eine Schokolade enthält, desto dünnflüssiger ist sie in geschmolzenem Zustand. Noch dazu wird Schokolade, die zum direkten Verzehr gedacht ist, oft stundenlang gewalzt, conchiert und perfekt temperiert. Das Resultat ist eine aromatische Schokolade, die schon knapp unterhalb unserer Körpertemperatur schmilzt und damit auf unserer Zunge zu einer geschmeidigen Masse zerläuft.

Backfeste Zartbitterschokolade hingegen wird in der Regel weniger hingebungsvoll verarbeitet

und enthält noch dazu mit unter 30 % deutlich weniger Kakaobutter. Damit ist sie selbst in geschmolzenem Zustand eine ziemlich zähflüssige Angelegenheit.

Und hier liegt schon die Lösung: Auch backfeste Schokolade schmilzt im Ofen. Sie bleibt dabei aufgrund ihrer Zusammensetzung aber so zähflüssig, dass sie ohne äußere Krafteinwirkung ihre Form kaum verändert. Noch dazu schützt der umgebende feuchte Teig viele der innenliegenden Schokobrocken vor der großen Hitze des Ofens.

Kleines Experiment

Polymorphie zum Anfassen

Ich gebe zu, das Kristallisationsverhalten von Kakaobutter ist schon etwas abstrakt. Mit einem kleinen Experiment kann man den faszinierenden Einfluss der Kakaobutter auf unsere Schokolade jedoch sichtbar, anfassbar und sogar „erschmeckbar" machen.

Benötigt werden:

▸ etwa 50 g dunkle Blockschokolade (48 % Kakao mindestens)
▸ eine Schmelzschale und drei dazu passende kleine Töpfe oder Schüsseln als Wasserbäder
▸ ein Küchenthermometer
▸ ein Bogen Backpapier

1. Ein warmes (ca. 60 °C), ein lauwarmes (ca. 35 °C) und ein kühles (ca. 20 °C) Wasserbad vorbereiten.
2. Die Schokolade grob hacken und über dem warmen Wasserbad schmelzen. Dabei stetig rühren, bis die Schokolade eine Temperatur von 45–50 °C erreicht hat. Gegebenenfalls heißes Wasser nachfüllen, keinesfalls aber auf dem Herd zu heiß werden lassen. Die Schmelzschale aus dem Wasserbad nehmen und **Probe Nr. 1** nehmen. Dafür einfach etwas Schokolade auf ein Stück Backpapier streichen und Nummer sowie Uhrzeit notieren.
3. Die Schmelze über dem kühlen Wasserbad unter ständigem Rühren auf 25–27 °C abkühlen. Die genaue Temperatur variiert je nach Zusammensetzung der Schokolade, die Masse sollte jedoch merklich dickflüssiger werden und sich gerade noch verrühren lassen.
4. Die Schokolade nun zuerst über dem lauwarmen, später über dem warmen Bad schrittweise wieder erwärmen und dabei **alle paar Grad Proben nehmen.** Zum Beispiel: **Probe Nr. 2:** Die Schokolade lässt sich gerade so wieder rühren (26–28 °C). **Probe Nr. 3:** Die Schokolade lässt sich wieder angenehm verrühren (29–31 °C). **Probe Nr. 4:** Die Schokolade ist wieder sehr dünnflüssig (34–38 °C).

Schon nach wenigen Minuten werden die Unterschiede zwischen den einzelnen Proben sichtbar und man kann wunderbar vergleichen, welch großen Einfluss ein paar Grad Celsius auf Textur, Aussehen und Mundgefühl von Schokolade haben.

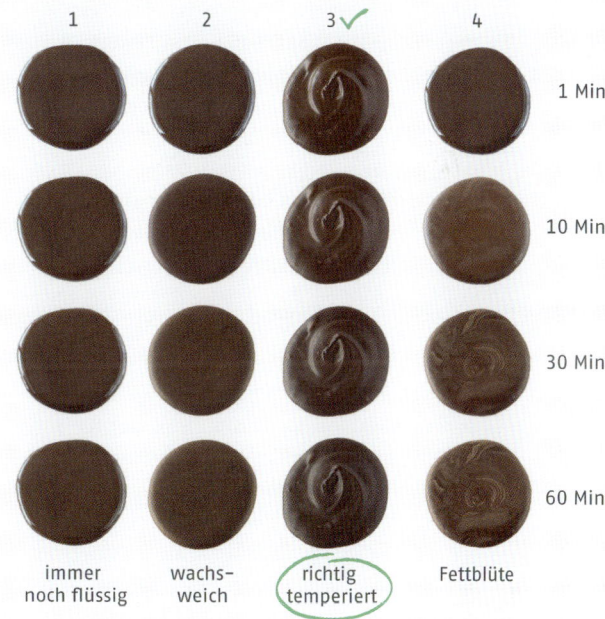

Denkanstoß ···

Schokolade, Verpackung und Umwelt

Laut der Internationalen Kakao-Organisation ICCO werden jedes Jahr über 7 Millionen Tonnen Schokoladenprodukte verzehrt, Tendenz steigend. Beim Genuss von Schokolade muss uns jedoch bewusst sein, dass für die Kultivierung von Kakaobäumen in tropischen Regionen große Flächen gerodet werden und die Rohstoffe auf dem Weg in die Schokoladenfabriken dieser Welt meist Tausende Kilometer zurücklegen müssen. Zudem werden Schokoladenprodukte wegen ihrer Empfindlichkeit gegenüber Feuchtigkeit sowie ihrer Neigung, fremde Gerüche anzunehmen, in umweltschädliche Alufolie oder in Plastik verpackt.

Schokolade und Kinderarbeit

Dies ist das wohl traurigste Kapitel in der Erfolgsgeschichte der Schokolade. Als um die Jahrtausendwende bekannt wurde, dass vor allem in Westafrika Millionen von Kindern zwischen 5 und 16 Jahren auf Kakaoplantagen für wenig oder gar kein Geld schuften mussten, ging ein Aufschrei durch die Medien. Gesetze wurden verabschiedet, Vereinbarungen unterzeichnet und Kampagnen gestartet, alles mit dem Ziel, die inakzeptable Ausbeutung von Kindern einzudämmen. Trotz dieser Bemühungen zeigte eine Studie der Tulane University aus dem Jahr 2015, dass im Zeitraum 2013/14 in Ghana und der Elfenbeinküste zusammen noch immer etwa 2,26 Millionen Kinder im Alter von 5 – 17 Jahren in der Kakaoproduktion arbeiteten – 440 000 *mehr* Kinder als noch fünf Jahre davor.[9]

Die Gründe für Kinderarbeit sind vielschichtig: Politische Instabilität, Armut, schlechter Zugang zu Bildung und mehr. Doch was können wir Konsumenten tun? Schokolade einfach zu boykottieren würde den Kakaobauern ihr Einkommen und somit ihre Lebensgrundlage nehmen und ihre Situation häufig noch verschlechtern. Viel wichtiger ist es, sich zu informieren, Schokolade bewusst zu kaufen und der Industrie zu zeigen, dass einem dieses Thema nicht egal ist. Dabei helfen zum Beispiel Kampagnen wie „Make Chocolate Fair", die bei großen Schokoladenherstellern nachgehakt, die Antworten veröffentlicht, diskutiert und bewertet haben. Zwar ist für eine Verbesserung der Lage unter anderem essenziell, dass die Schokoladenindustrie den Kakaobauern existenzsichernde Preise zahlt, doch wir Konsumenten sind diejenigen, die die Schokolade letztlich kaufen.

Schokolade und Zertifikate

In einem Dschungel aus Schokoladenprodukten sollen uns verschiedenste Siegel und Zertifikate den Weg zu fairen, biologischen und nachhaltigen Leckereien und somit zu einem Genuss frei von jeglichen Gewissensbissen weisen. Leider hat die steigende Nachfrage nach ethisch korrekten Lebensmitteln zu einer Flut von Zertifikaten und vermeintlichen Gütesiegeln geführt, was den Durchblick eher erschwert als erleichtert. So sind Fair-Handels-Siegel nicht gesetzlich reguliert, Standards werden von den jeweiligen Dachorganisationen selbst festgelegt und deren Einhaltung nicht transparent oder unabhängig kontrolliert. Ebenso wenig weiß der Verbraucher, wie groß der prozentuale Anteil an „fairen" Erzeugnissen am Endprodukt überhaupt ist und ob der für Fairness aufgeschlagene Preis wirklich beim Erzeuger ankommt und hilft. Auch wenn die Siegel ganz klar in die richtige Richtung gehen, Verbraucher sensibilisieren und möglicherweise die Lage vieler Bauern verbessern – wir Konsumenten werden letztlich nicht von unserer Pflicht befreit, uns über das, was wir kaufen, selbst zu informieren. Nicht zertifizierte Produkte sind beispielsweise nicht immer gleich „unfair". Nachhaken, nachfragen und über das Thema reden lohnt sich. Ausführliche Literatur zum Thema Nachhaltigkeit bietet zum Beispiel das Kakaobarometer (cocoabarometer.org).

Ist Schokolade gut für die Zähne?

Jain. Der Auslöser dieses Wunschdenkens war eine Studie des schwedischen Arztes B. Gustafsson aus dem Jahr 1953. Dieser stellte erstaunt fest, dass Milchschokolade zwar Karies auslöste, aber weniger, als man aufgrund des hohen Zuckergehalts zunächst angenommen hatte.[10] Und tatsächlich ist man sich heute weitgehend einig, dass die im Kakao enthaltenen Tannine sowie das koffeinähnliche Theobromin unter anderem antibakteriell und daher antikariogen wirken, und dass Letzteres sogar Zahnschmelz remineralisieren kann.[11,12] Der Haken dabei: Anstatt ungesüßten Kakao zu löffeln, genießen wir sein Aroma viel lieber in Form von Schokolade. Eine Tafel Milchschokolade besteht etwa zur Hälfte aus Zucker und der ist alles, nur nicht zahnfreundlich. Fazit: Wenn schon Zucker, dann in Form von Schokolade. Und je dunkler die Schokolade, desto mehr Kakao, desto weniger Zucker, desto besser für die Zähne. Dennoch gilt natürlich: In Maßen genießen und auf eine ausreichende Mundhygiene achten!

Macht Schokolade glücklich?

Das kommt ganz darauf an, wie man Glück definiert. Wenn wir Schokolade lieben, uns mit ihrem Genuss belohnen und sie uns dabei ein breites Lächeln aufs Gesicht zaubert, ja, dann macht Schokolade definitiv glücklich.

Auch sind die in großen Mengen enthaltenen Energielieferanten Zucker und Fett als Stimmungsheber nicht zu unterschätzen. Die psychoaktiven Bestandteile des Kakaos wie Tryptophan, die Vorstufe des „Glückshormons" Serotonin oder das der Droge Amphetamin ähnliche Phentylethylamin sind in Schokolade jedoch zu niedrig konzentriert, um glücklich oder gar abhängig zu machen.[2,13]

Wie gesund ist Schokolade?

Bei diesem Thema scheiden sich nach wie vor die Geister. Wurde Schokolade früher wegen der vielen Kalorien verteufelt und ihr Genuss vor allem mit Akne, Karies, Fettleibigkeit, Diabetes und Herz-Kreislauf-Krankheiten in Verbindung gebracht, so wird sie heute wegen wertvoller Mineralstoffe, Antioxidantien und vermeintlich glücklich machender Substanzen in den Himmel gelobt. Gerne würde ich an dieser Stelle eine kurze und knappe Erklärung darüber abgeben, ob und wenn ja wie gesund Schokolade nun wirklich ist. Leider musste ich jedoch vor der wahnsinnigen Fülle teilweise widersprüchlicher Studien zu diesem Thema kapitulieren. Nicht zuletzt, weil mich bei der Recherche so manches Mal das Gefühl beschlich, dass über dieses Thema vor allem das berichtet wird, was die Öffentlichkeit gerne hören möchte. Und, dass viele Studien nicht ganz frei von Interessenkonflikten mit der Schokoladenindustrie zu sein scheinen.

Fest zu stehen scheint jedoch: Selbst wenn Schokolade gesundheitsfördernde Inhaltsstoffe enthält, sollte sie schon allein wegen des meist sehr hohen Zucker- und Kaloriengehalts immer nur in Maßen und als Teil einer ausgewogenen und vielseitigen Ernährung genossen werden.

Zahlen und Fakten

- Eine Kakaoblüte braucht **5–6 Monate** bis zur Samenreife.[1]

- Für eine 100-g-Tafel Schokolade werden **30–50 Kakaobohnen** benötigt.[7]

- **1987/88** war Schokolade in den USA die Hauptquelle von durch die Nahrung aufgenommenem Kupfer.[14]

- **0,02–0,03 mm** kleine Kakao- oder Zuckerpartikel kann unsere Zunge nicht mehr einzeln wahrnehmen.[1]

- Bis zum Jahr **1847** war Kakaobutter ein Abfallprodukt bei der Herstellung von Kakaopulver.[1]

- **1727** gab Nicholas Sanders erstmals Milch zu einem Schokoladengetränk.[15]

- **51 %** der weltweit im Zeitraum 2011 bis 2016 hergestellten Schokolade war Milchschokolade.[16]

- **18 %** der weltweit im Zeitraum 2011 bis 2016 hergestellten Schokolade war weiße Schokolade.[16]

- Nur **4 %** der weltweit produzierten Schokolade wird in Afrika verzehrt, also auf dem Kontinent, auf dem der meiste Kakao produziert wird. Stand: 2013/2014.[17]

- Laut Kakaoverordnung darf Schokolade maximal **5 %** Fett enthalten, das keine Kakaobutter ist.[18]

- Im Wirtschaftsjahr **2015/2016** wurden in Europa **1 585 000 Tonnen** Kakao verarbeitet.[19]

- Von Berlin bis zur Elfenbeinküste, dem größten Produzenten von Kakaobohnen, sind es über **5000 km** Luftlinie.

- Im Wirtschaftsjahr 2016/2017 wurden in Afrika **3 565 000 Tonnen** Kakaobohnen geerntet. Aus Amerika kamen im gleichen Zeitraum 757 000 Tonnen, aus Asien und Ozeanien 379 000 Tonnen Kakaobohnen.[20]

- 100 g Kakaopulver enthalten **10,5 mg** Eisen. Die gleiche Menge frischer Spinat enthält 3–4 mg.[2]

- Kakaobutter kann in **6 verschiedenen** Kristallformen aushärten.[5]

- **1828** ließen sich die Niederländer Casparus und Coenraad Van Houten eine hydraulische Presse für Kakaomasse patentieren. Sie ermöglichte die Entfettung von Kakaopulver.[1]

- **32–34 °C** ist der Schmelzbereich von Kakaobutter in Kristallform V.[5] Kakaobutter wurde daher früher als Ummantelung von Zäpfchen eingesetzt, die sich bei Körpertemperatur auflösten.

- Kakao besitzt etwa **600** verschiedene Aromastoffe, von denen jedoch kein einziger ausschließlich in Schokolade vorkommt.[1]

Tierisches Allroundtalent Gelatine

Was fällt Ihnen spontan zu dem Begriff Gelatine ein? Durchsichtige Blättchen, Gummibärchen und Kühlschranktorten? Stimmt soweit! Das vielseitige Biopolymer kann jedoch noch viel mehr als zahlreichen Süßigkeiten, Desserts oder deftigen Gerichten Form und Stabilität zu verleihen. So umhüllt Gelatine zum Beispiel auch zahlreiche Medikamente in Form harter oder weicher Kapseln, bildet die Grundlage für Blutplasma-Ersatzstoffe, ist Bestandteil der Beschichtung von Fotopapier oder wird noch immer zur Klärung mancher Fruchtsäfte eingesetzt. Darüber hinaus wurde Durchschreibpapier, wie es heutzutage vor allem für Quittungen oder Formulare verwendet wird, in den 1960er Jahren durch winzig kleine Mikrokapseln aus Gelatine und Gummi arabicum (ein Gummiharz, das aus dem Saft bestimmter Pflanzen gewonnen wird) revolutioniert. Auf der Rückseite von speziellem Papier aufgebracht und mit einer bestimmten Flüssigkeit gefüllt, lösten diese kleinen Kügelchen Kohlepapier und damit ungeliebte schwarze Fingerspitzen ab. Der Clou, damals ebenso wie heute: Erst wenn die Kapseln durch die Spitze eines Stiftes zum Platzen gebracht werden, wird die Farbe und somit die Schrift sichtbar. Gelatine ist also ein wahres Allroundtalent. Doch was ist sie eigentlich genau?

Proteine so stark wie Stacheldraht

Um das herauszufinden, werfen wir zunächst einen Blick auf unseren eigenen Körper. Unsere Sehnen, Knorpel, Knochen und unser Bindegewebe verdanken ihre Festigkeit einem ganz besonderen Protein – dem Kollagen. Nicht zu

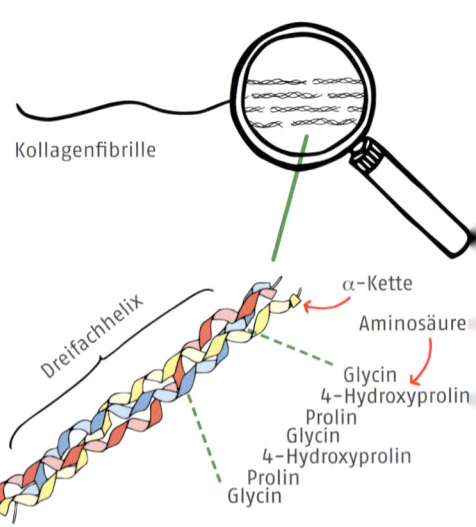

Kollagenfibrille

Dreifachhelix

α-Kette

Aminosäure

Glycin
4-Hydroxyprolin
Prolin
Glycin
4-Hydroxyprolin
Prolin
Glycin

● Die Struktur des Proteins Kollagen, des Hauptbestandteils von Gelatine. Mehrere Hundert Aminosäuren bilden eine α-Kette, drei dieser α-Ketten bilden eine Dreifachhelix und unzählige dieser Dreifachhelices wiederum bilden Fibrillen. Diese lagern sich schließlich zu enorm zugfesten Kollagenfasern zusammen.

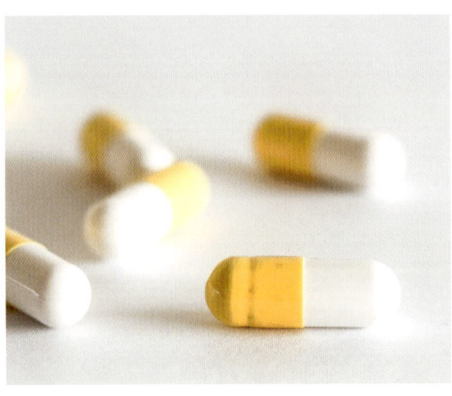

● Gelatine ist nicht nur in Gummibärchen, sondern unter anderem auch in den Kapseln vieler Medikamente enthalten.

verwechseln übrigens mit den Faserproteinen unserer Fingernägel und Haare, bei denen es sich um die sogenannten Keratine handelt. Also schnell zurück zum Kollagen. Das ist nämlich nicht nur das häufigste Protein unseres Körpers, es hat auch eine einzigartige Struktur: Etwa 1000 in einer ganz bestimmten Reihenfolge angeordnete Aminosäuren (häufig Glycin-Prolin-Hydroxyprolin) bilden eine sogenannte α-Kette.[1] Drei dieser α-Ketten lagern sich zu einer dicht verdrillten Dreifachhelix (Tropokollagen) zusammen, und unzählige dieser

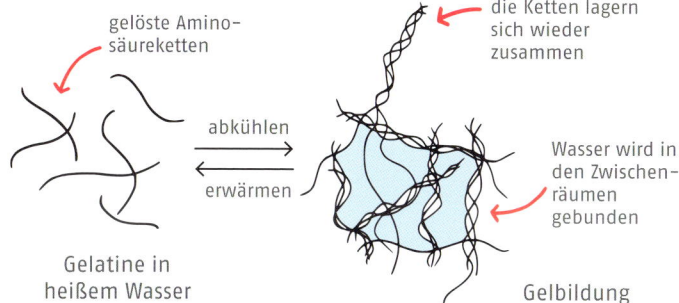

gelöste Amino-
säureketten

abkühlen →
← erwärmen

Gelatine in
heißem Wasser

die Ketten lagern
sich wieder
zusammen

Wasser wird in
den Zwischen-
räumen
gebunden

Gelbildung

● Kühlt man eine warme
Gelatinelösung ab, so
lagern sich die enthalte-
nen Proteinfragmente
zusammen und schließen
die umgebende Flüssig-
keit in ein dreidimensio-
nales Netz ein. Es ent-
steht ein Gel.

Dreifachhelices wiederum bilden quervernetzte Fibrillen und Fasern. Und die halten so einiges aus; ihre Zugfestigkeit ist sogar höher als die eines Stacheldrahtes gleichen Durchmessers!

Wie wichtig Kollagen für unser Leben ist, zeigen, neben der Tatsache, dass es ca. 30 % der Gesamtmasse aller Proteine unseres Körpers ausmacht, die vererbbare Glasknochenkrankheit und die Vitamin-C-Mangelerkrankung Skorbut. Bei beiden haben kleinste Fehler im Aufbau des Kollagens katastrophale Folgen wie brüchige Knochen, Zahnfleischbluten, Zahnausfall oder Muskelschwund.

Kollagen wird zu Gelatine

Was das Ganze nun mit Gelatine zu tun hat? Die ist im Grunde nichts anderes als das oben beschriebene Kollagen, das durch verschiedene industrielle Verfahren aus den Häuten, Sehnen oder Knochen von Tieren gewonnen wird. Dabei werden sowohl die Fibrillen als auch die Dreifachhelices durch den Einsatz von Enzymen, Säuren oder Laugen mehr oder weniger vollständig aufgespalten (hydrolysiert). Das Resultat sind kleine, in warmem Wasser lösliche Fragmente des Proteinpolymers. Wird eine warme Gelatinelösung abgekühlt, lagern sich die Aminosäureketten wieder zusammen und bilden ein dreidimensionales Netzwerk, in dem eine flüssige Komponente wie Wasser, Milch, Sahne oder Quark eingeschlossen werden kann. Es entsteht ein Gel.

Zwischen den einzelnen Aminosäureketten wirken im Gel übrigens eher schwache Kräfte wie Wasserstoffbrückenbindungen. Diese Tatsache sorgt dafür, dass das Gelieren von Gelatine umkehrbar ist: Eine leichte Temperaturerhöhung genügt und das Gel schmilzt wieder. Das ist übrigens auch der Grund, warum Gummibärchen so herrlich auf der Zunge zergehen; bereits unsere Körpertemperatur lässt die Gelatine in den Bärchen schmelzen. Aber Achtung, erhitzt man Gelatine zu stark, zerfällt sie und verliert ihre gelbildenden Eigenschaften.

Apropos Eigenschaften. Welche sind es denn nun, die Gelatine auszeichnen und sie so unglaublich vielseitig einsetzbar machen? Da wäre zum einen natürlich die gerade beschriebene Umkehrbarkeit des Gelierens. Den einzigartig niedrigen Schmelzpunkt und das damit zusammenhängende zartschmelzende Mundgefühl habe ich oben schon erwähnt. Darüber hinaus wäre da noch die Gelstärke, die je nach Anwendung maßgeschneidert werden kann. Zudem hat Gelatine einen sehr geringen Eigengeschmack, ist fast farblos, einfach anzuwenden, benötigt zur erfolgreichen Gelbildung keine Zusatzstoffe wie Salz, Zucker oder Säure und ist – ganz wichtig! – ziemlich preiswert.

Das Kurzwort „Gel" leitet sich von dem Wort „Gelatine" ab. Das wiederum wurde im 19. Jahrhundert eingedeutscht aus neulateinisch *gelatina* (von lat. *gelatus*, „gefroren, erstarrt"). All dem liegt das lateinische Wort *gelu* („Frost, Kälte, Eis") zugrunde.

Vegan, halal und koscher: Agar–Agar

Wer Panna Cotta, Götterspeise, Frischkäsetorten und Co. vegetarisch, halal oder koscher zubereiten möchte, der muss auf tierisches Geliermittel verzichten und sich auf die Suche nach einer Alternative begeben. Zum Glück reicht heutzutage schon ein Blick in die Regale vieler Supermärkte, um eine pflanzliche Variante zu finden, die es durchaus mit der altbewährten Gelatine aufnehmen kann: Agar-Agar, oder kurz einfach Agar genannt.

Gefrorener Himmel aus Japan

Als Entdecker dieses gelbildenden Extraktes aus Rotalgen im Jahr 1658 gilt der Japaner Tarazaemon Minoya.[4] Die japanische Bezeichnung *Kanten*, die übersetzt so viel bedeutet wie „gefrorener Himmel", stammt aus der gleichen Zeit und bezieht sich auf das damalige Verfahren, mit dem Agar-Agar aus verschiedenen Rotalgenarten isoliert wurde.

Für diesen Prozess waren frostige Nächte nämlich unabdingbar. Die Algen wurden zunächst gewaschen, zerkleinert und anschließend gekocht. Dadurch ging das in den Zellwänden der Pflanzen enthaltene Agar-Agar in Lösung, konnte durch Filtration von Algenteilen getrennt werden und gelierte beim Abkühlen wieder. Mehrmals wiederholtes Einfrieren und Auftauen entwässerte und reinigte das Geliermittel, das schlussendlich im getrockneten Zustand gelagert werden konnte. Erst 1859, fast 200 Jahre später, gelangte dieses Wissen schließlich auch zu uns in den Westen. So viel

Die Gelstärke von Gelatine wird in Bloom angegeben. Dieser Wert entspricht der Masse in Gramm, die benötigt wird, um die Oberfläche eines exakt 6,67-prozentigen Gels durch einen Stempel mit einem Durchmesser von 13 mm um 4 mm niederzudrücken. Das dafür verwendete Gel muss vorher für 17 Stunden bei 10 °C gelagert werden. Oscar T. Bloom ließ sich dieses Prozedere im Jahr 1925 patentieren und die dafür verwendete Apparatur hört auf den schönen Namen Bloomgelometer.

Aber auch das Allestalent Gelatine hat Nachteile: Sogar für manch eingefleischten Fleischesser ist der Gedanke an ausgekochte Schlachtabfälle nicht gerade appetitlich. Da muss ich von Vegetariern oder Veganern gar nicht erst anfangen. Ganz zu schweigen von den Menschen, die aus religiösen Gründen auf Lebensmittel verzichten, die nicht halal oder koscher zubereitet worden sind. Auch das Auftreten der Tierseuche „Rinderwahn" sorgte für verstärktes Interesse an einem pflanzlichen Ersatz für Gelatine. Immerhin wird diese zu einem Teil (im Jahr 2008 waren es knapp 30 %) aus Rinderteilen hergestellt. Nach einer Meldung der European Food Safety Authority (EFSA) aus dem Jahr 2006 ist das von Gelatine ausgehende Gesundheitsrisiko zwar sehr gering, es liegt jedoch nicht bei null.[3] Aber: Die Messlatte für pflanzliche Ersatzstoffe liegt hoch. Bisher gibt es kein anderes Geliermittel, das Gelatine in allen Anwendungsbereichen ersetzen kann.

• Das Geliermittel Agar-Agar wird aus verschiedenen Rotalgenarten gewonnen und ist damit eine pflanzliche Alternative zu Gelatine.

Rotalge

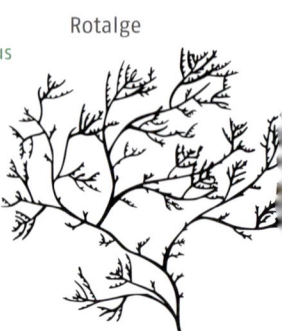

zur Geschichte des pflanzlichen Gelierwunders. Schauen wir uns als Nächstes an, was Agar-Agar eigentlich ist.

Ein Gel aus Vielfachzuckern

Im Gegensatz zu Gelatine, einem Eiweiß, ist Agar-Agar ein komplex zusammengesetztes Polysaccharid (Vielfachzucker), das als Energiespeicher in den Zellwänden vieler Rotalgenarten vorkommt. Die genaue Zusammensetzung wird von vielen verschiedenen Faktoren wie der Algenart, der Verfügbarkeit von Nährstoffen und der Jahreszeit beeinflusst. Ganz allgemein jedoch bilden die Polysaccharide **Agarose** und **Agaropektin** die wesentlichen Bestandteile von Agar-Agar, wobei ausschließlich Ersteres für die Gelbildung verantwortlich ist.[5]

Agarose

Dieser Vielfachzucker besteht aus unzähligen miteinander verknüpften Agarobiose-Einheiten und ist, wie oben schon gesagt, ganz allein für die Gelierfähigkeit von Agar-Agar verantwortlich. Agarobiose ist ein Disaccharid (Zweifachzucker) aus Galaktose und Anhydrogalaktose.

Galaktose — Anhydrogalaktose

Agarobiose

Agarose

● Agarose, der gelbildende Anteil von Agar-Agar besteht aus unzähligen miteinander verknüpften Einheiten des Zweifachzuckers Agarobiose, der sich wiederum aus Galaktose und Anhydrogalaktose zusammensetzt.

Aus Agar-Agar isolierte Agarose wird aufgrund der guten Gelierfähigkeit in vielen Bereichen wie zum Beispiel in der Biotechnologie eingesetzt.

Agaropektin

Das Polysaccharid Agaropektin besteht, genau wie Agarose, aus verknüpften Galaktose- und Anhydrogalaktoseeinheiten. Erstere besitzen jedoch verschiedene Seitenketten wie Sulfat oder Pyruvat.[4] Für isolierte Agarobiose gibt es im Gegensatz zur Agarose keine sonstige Verwendung.

Galaktose mit veränderter Seitenkette

Anhydro-galaktose

Beispiele für Agaropektin

● Neben Agarose enthält Agar-Agar auch Agaropektin. Dessen Aufbau ähnelt dem der Agarose, die enthaltene Galaktose besitzt aber verschiedene zusätzliche Seitenketten.

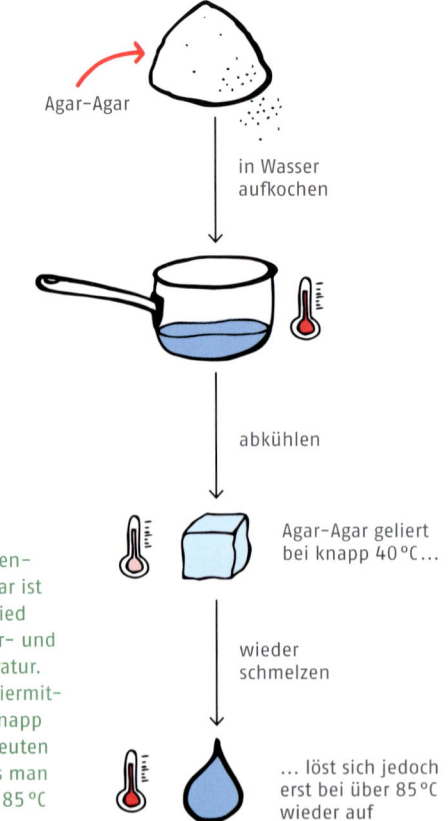

Agar-Agar

in Wasser
aufkochen

abkühlen

Agar-Agar geliert
bei knapp 40 °C …

wieder
schmelzen

… löst sich jedoch
erst bei über 85 °C
wieder auf

● Eine besondere Eigen-
schaft von Agar-Agar ist
der große Unterschied
zwischen der Gelier- und
der Schmelztemperatur.
Das pflanzliche Geliermittel wird zwar bei knapp
40 °C fest, zum erneuten
Einschmelzen muss man
es jedoch auf über 85 °C
erhitzen.

Aufkochen, abkühlen, fertig

Um aus Milch, Sahne und Co. ein vegetarisches formstabiles Dessert zu zaubern, heißt es zunächst einmal kochen, kochen, kochen. Das meist in Pulverform erhältliche Agar-Agar ist nämlich nur in über 90 °C heißem Wasser löslich, geliert dafür aber schon bei Temperaturen von knapp unter 40 °C. Praktisch, denn so muss man nicht stundenlang oder sogar über Nacht auf den leckeren Nachtisch warten.

Für die Gelierung von Agar-Agar ist, wie weiter oben schon erwähnt, allein der Agaroseanteil verantwortlich. Agarose bildet ein dreidimensionales Netzwerk aus aufgewundenen

Strängen, die allein durch Wasserstoffbrückenbindungen zusammengehalten werden. Der Gelierprozess ist, zumindest bei neutralem pH-Wert, durch eine Erhöhung der Temperatur umkehrbar. Besonders interessant ist dabei der Unterschied zwischen der Gelbildungs- und der Schmelztemperatur: Während Agar-Agar bei knapp 40 °C fest wird, schmilzt es erst bei 85 – 95 °C wieder.[6] Verblüffend, oder? Diese sogenannte Gelhysterese ist mit etwa 50 °C größer als die aller anderen bekannten Geliermittel und findet zum Beispiel bei der Herstellung des japanischen Desserts *Mitsumame* Anwendung. Dieser Nachtisch besteht aus kleinen süßen Würfeln aus Agar-Agar, die mit Sirup zu Obstsalat gegessen und unter anderem in Dosen verkauft werden. Durch die Gelhysterese ist es möglich, die Dosen bei hohen Temperaturen zu sterilisieren, ohne dass die Agar-Würfel darin schmelzen.

Gelatine mag zwar ein Allroundtalent sein, Agar-Agar kann ihr jedoch in vielen Bereichen durchaus das Wasser reichen: Es ist ebenfalls preiswert, fast geschmacksneutral, benötigt für die vollkommen umkehrbare Gelbildung keinerlei Zusätze wie Salz, Zucker oder dergleichen und geliert schon ab einer so geringen Konzentration wie 1 %.[6] Im Gegensatz zu Gelatine ist es rein pflanzlichen Ursprungs und eignet sich daher auch für Menschen, die sich vegan, vegetarisch, koscher oder halal ernähren möchten.

So weit, so gut. Ein paar Kleinigkeiten muss man für den erfolgreichen Einsatz von Agar-Agar jedoch beachten: Die Gelbildung ist nur in einem pH-Bereich von 4,5 – 9,0 konstant. Bei besonders sauren Zubereitungen, zum Beispiel Zitronentörtchen, muss für die gleiche Gelstärke mehr Agar-Agar zugegeben werden. Gele aus Agar-Agar sind trüb, lassen sich aber durch Zugabe von Zucker aufklaren.[7] Aus diesem Grund wird dem im Handel erhältlichen vegetarischen Geliermittel häufig eine kleine Menge Zucker wie Maltodextrin zugesetzt.

Derjenige, bei dem normalerweise schon beim Lesen des Begriffes „Vielfachzucker" das eigene Gewicht in die Höhe schnellt, kann aufatmen. Agar-Agar besitzt keinen physiologischen Brennwert, da die darin enthaltenen Zucker von uns nicht verstoffwechselt werden können.

Übrigens: Der Großteil der jährlichen Gesamtproduktion von Agar-Agar gelangt via Schmelzkäse, Joghurt, Süßigkeiten, Marmeladen etc. in unsere Mägen. Das Geliermittel spielt jedoch auch im Bereich der Biotechnologie eine wichtige Rolle. Zum Beispiel dienen sterile in Petrischalen gegossene Gele aus Agar-Agar und speziellen Nährstoffen der Kultivierung verschiedener Mikroorganismen. Zudem werden Gele aus Agarose, dem gelbildenden Bestandteil von Agar-Agar, dafür verwendet, RNA- oder DNA-Stränge ihrer Größe nach aufzutrennen (Agarose-Gelelektrophorese).

Pflanzliche Geliermittel, die Zweite: Pektine

Jeder, der zu Hause schon einmal frische Früchte zu Marmelade eingekocht und sich dabei die Zutatenliste des verwendeten Gelierzuckers genauer angeschaut hat, wird einem weiteren wichtigen, rein pflanzlichen Geliermittel bewusst begegnet sein: dem Pektin. Oder besser gesagt, den Pektinen. Denn bei diesen handelt es sich nicht um ein, sondern gleich um eine ganze Klasse pflanzlicher Geliermittel, die ihren Hauptbestandteil – die von dem Zucker Galaktose abgeleitete Galakturonsäure – gemeinsam haben. Doch bevor wir uns anschauen, was Pektine eigentlich sind, soll es darum gehen, wo sie überhaupt vorkommen. Nicht nur Marmeladenfans oder Gummibärchenliebhaber begegnen diesen gelbildenden Substanzen regelmäßig. Die Blätter, Stängel oder Früchte fast aller Landpflanzen wie Birne, Stachelbeere oder Quitte enthalten Pektine und dürften damit – wenn auch unbewusst – bei den meisten Menschen regelmäßig auf der Speisekarte stehen.

● Pektine sind Polysaccharide, bestehen also aus zahlreichen miteinander verknüpften Zuckereinheiten. Das Besondere: Jede Galaktoseeinheit trägt eine Säurefunktion, weshalb Pektine trotz ihrer enormen Größe relativ gut wasserlöslich sind.

Unser Körper kann die langen Zuckerketten der Pektine ebenso wenig verstoffwechseln wie die von Agar-Agar. Aus diesem Grund gehören diese pflanzlichen Geliermittel trotz unzähliger Zuckerbausteine zu den Ballaststoffen.

Industriell werden Pektine vor allem aus den Schalen von Zitrusfrüchten oder den beim Pressen von Äpfeln zurückbleibenden Pflanzenteilen gewonnen. Die Funktionen der Pektine in Pflanzen und Früchten ähneln im Grunde der von Kollagen. Dieses menschliche wie tierische Protein, das, wie am Anfang dieses Kapitels beschrieben, die Grundlage für die Herstellung der Gelatine darstellt, sorgt für die Festigkeit von Bindegewebe, Knorpel oder Knochen. Bei den Pektinen handelt es sich zwar nicht um Eiweiße, sondern um Kohlenhydrate, sie sind aber ebenfalls für Stabilität und Struktur verantwortlich – nur eben als Bestandteil pflanzlicher Zellwände. Zudem sind sie ein Grund dafür, dass zum Beispiel Obst mit zunehmender Reife immer weicher wird: Die strukturgebenden Zuckerketten werden im Lauf der Zeit nämlich durch bestimmte Enzyme in immer kleinere Fragmente zerlegt. Ein Apfel, der im Frühsommer noch steinhart war, wird im Lauf des Jahres immer weicher – und schließlich matschig.

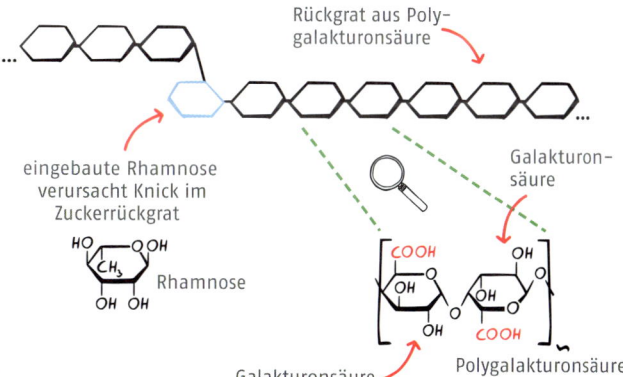

Rückgrat aus Polygalakturonsäure

eingebaute Rhamnose verursacht Knick im Zuckerrückgrat

Rhamnose

Galakturonsäure

Galakturonsäure

Polygalakturonsäure

Der genaue Aufbau von Pektinen ist komplex und ihre Zusammensetzung als isoliertes Geliermittel hängt stark von der Art und Weise der Gewinnung, der pflanzlichen Quelle, dem Klima und anderen Umständen ab. Der Hauptbestandteil aller Pektine ist aber, wie oben schon erwähnt, Galakturonsäure. Dabei handelt es sich um den Zucker Galaktose (der unter anderem Bestandteil des Milchzuckers Laktose ist), der an einer bestimmten Stelle eine Säurefunktion trägt. Und die hat letztlich einen entscheidenden Einfluss auf das Geliermittel. Doch dazu später mehr.

In Pektinen sind zahlreiche Galakturonsäurebausteine zu langen linearen Ketten verknüpft, die regelmäßig durch den Einbau eines bestimmten Zuckers, der Rhamnose, unterbrochen und dadurch mehrfach geknickt werden. Dieses Rückgrat aus miteinander verknüpften Zuckern kann zudem noch mehr oder weniger lange Seitenketten aus verschiedenen anderen Zuckerarten tragen. Pektine werden aufgrund dieses Aufbaus in verschiedene Klassen mit unterschiedlichem Gelierverhalten eingeteilt.

Kein Gel ohne Säure und Zucker

Viel interessanter ist jedoch, was nötig ist, um Pektine auch tatsächlich zum Gelieren zu bringen. Im Gegensatz zu Agar-Agar ist es nämlich nicht einfach damit getan, die pflanzlichen Vielfachzucker in einer Flüssigkeit aufzukochen und wieder abkühlen zu lassen. An dieser Stelle kommen nun die oben bereits kurz erwähnten Säuregruppen ins Spiel. Denn ohne die wären derart lange Zuckerketten, wie sie in Pektinen vorkommen, überhaupt nicht wasserlöslich. Da die Säuregruppen der Galakturonsäuremoleküle in Wasser ihr Proton an die umgebende Flüssigkeit abgeben, erhalten die riesigen Zuckerpolymere eine gleichmäßig auf ihrer Oberfläche verteilte negative Ladung. Und die sorgt wiederum dafür, dass sich Pektine erstaunlich gut in warmem Wasser lösen. Vielleicht sogar ein bisschen *zu* gut.

Um ein Gel zu bilden, müssen sich die Zuckerketten eigentlich zusammenlagern und dabei ein dreidimensionales Netzwerk aufspannen, in das Wasser, Milch, Saft und Co. eingebunden werden können. Aufgrund der negativen Ladungen stoßen sich die einzelnen Polymere allerdings ab. Doch das ist noch nicht alles. Zusätzlich bilden sich um die geladenen Ketten Schichten aus geordneten Wassermolekülen; sogenannte Hydrathüllen. Und die schirmen die einzelnen Pektinketten zusätzlich voneinander ab. Wie finden diese nun wieder den Weg zueinander?

Praktischerweise lässt sich dieses Problem mit Hilfe zweier natürlicher und schmackhafter Zutaten überwinden: mit Zucker und Säure. Während der Zucker durch seine wasserbindenden Eigenschaften den Pektinketten ihre schützende Wasserhülle streitig macht und sie damit einander näherbringt, neutralisiert Säure

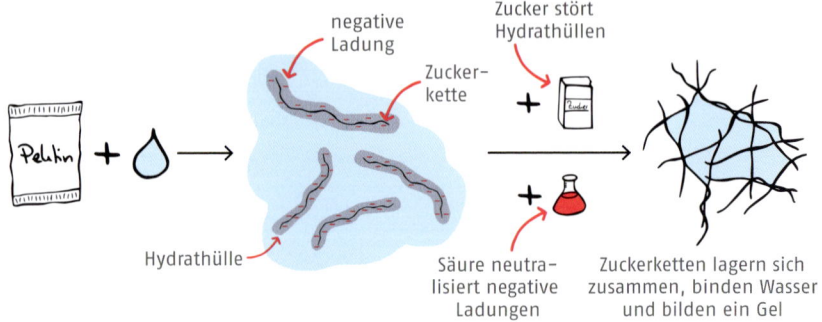

● Ohne Zusätze können Pektine nicht gelieren, denn in Wasser werden die einzelnen Zuckerketten durch deren negative Oberflächenladung und Hydrathüllen voneinander abgeschirmt. Mit der Hilfe von Zucker und Säure können sich die Pektinstränge jedoch annähern, miteinander vernetzen und dadurch ein Gel bilden.

negative Ladung

Zucker-kette

Zucker stört Hydrathüllen

Hydrathülle

Säure neutralisiert negative Ladungen

Zuckerketten lagern sich zusammen, binden Wasser und bilden ein Gel

ihre negative Oberflächenladung. Dadurch verschwindet nicht nur die Ursache für die elektrostatische Abstoßung. Gleichzeitig wird auch die Löslichkeit der nun mehr oder weniger ungeladenen Makromoleküle herabgesetzt. Einer erfolgreichen Gelbildung steht nun nichts mehr im Weg.

Kein Wunder also, dass für naturgemäß süß-säuerliche Gele wie Gummibärchen oder Marmeladen häufig das Geliermittel Pektin eingesetzt wird. Zudem wird klar, warum Gelierzucker immer auch Zitronensäure enthält: um einen ausreichend niedrigen pH-Wert für das Gelieren zu gewährleisten.

Kleines Experiment

Das verschwundene Gummibärchen

Gelatine besteht vorwiegend aus dem Protein Kollagen und wird aus Tierhäuten und –knochen gewonnen. Bei pflanzlichen Geliermitteln wie Pektin sind dagegen lange Zuckerketten an der Gelbildung beteiligt. Welchen Einfluss diese Unterschiede auf die Eigenschaften der jeweiligen Gele haben, macht das folgende Experiment am Beispiel verschiedener Gummibärchen deutlich.

Benötigt werden:

▶ ein Gummibärchen aus dem Geliermittel Gelatine
▶ ein Gummibärchen aus dem Geliermittel Pektin

Achtung: Pektin ist in vielen, jedoch nicht in allen vegetarischen Gummibärchen enthalten. Daher unbedingt einen Blick auf die Zutatenliste werfen. Mit Fruchtgummis aus modifizierter Stärke funktioniert dieser Versuch nicht.

Das folgende Experiment ist denkbar einfach. Je eines der beiden Gummibärchen wird am Abend in ein mit kaltem Wasser gefülltes Glas gelegt. Am nächsten Morgen muss nur noch das Ergebnis bestaunt werden: Während sich das pektinhaltige Gummibärchen einfach aufgelöst hat und nur noch kleine Stückchen des Trennmittels (meist Bienen– oder Carnaubawachs) im Wasser zurückbleiben, hat sich das gelatinehaltige Gummibärchen in ein wahres Riesenbärchen verwandelt.

Der Grund: Pektin ist wegen seines molekularen Aufbaus wasserlöslich (siehe Seite 168). Gelatine hingegen kann zwar große Mengen Wasser aufnehmen und in Form eines Gels binden, in kaltem Wasser ist das Netz aus langen Proteinketten aber nicht löslich. Unsere Körpertemperatur von um die 37 °C reicht dagegen sehr wohl aus, um Gelatine zum Schmelzen zu bringen. Deshalb zergehen Fruchtgummis aus diesem Geliermittel auch so wunderbar auf der Zunge.

● Während ein Gummibärchen aus Gelatine in kaltem Wasser aufquillt (rechts), löst sich die pektinhaltige Variante einfach auf (links).

Zahlen und Fakten

- Im Jahr 2008 wurden über **45 %** der weltweit produzierten Gelatine aus der Haut von Schweinen und knapp **30 %** aus der von Rindern hergestellt.[2]

- Im Jahr 2015 wurden weltweit mehr als **410 000 Tonnen** Gelatine produziert. Tendenz steigend.[8]

- Etwa **29 %** der weltweit produzierten Gelatine wurden im Jahr 2015 in der Nahrungsmittel- und Getränkeindustrie verwendet.[8] Der Rest kam im Pharmazie- und Fotografiebereich sowie für Körperpflegeprodukte zum Einsatz.

- Bei der Verwendung von Agar-Agar machte die Nahrungsmittel- und Getränkeindustrie mit über **84 %** der weltweit produzierten Menge den größten Anteil aus (Stand: 2016).[12]

- Europa ist der größte Markt für Gelatine. Im Jahr 2015 wurden hier mehr als **40 %** des weltweiten Umsatzes erzielt.[8]

- Die Einwohner Westeuropas verbrauchten im Jahr 2015 über **3000 Tonnen** Agar-Agar und sind damit die größten Konsumenten des pflanzlichen Geliermittels weltweit.[12]

- Eine Gelatinekonzentration von nur **1,0 %** reicht aus, um ein Gel zu bilden.[9]

- Bereits vor rund **8000** Jahren produzierten Bewohner des jetzigen Mittleren Ostens gelatineähnlichen Leim aus Tierhäuten.[10]

- Erst im Jahr **1860** gelangte das Wissen über das pflanzliche Geliermittel Agar-Agar nach Europa – mehr als 200 Jahre nachdem es in Japan bekannt worden war.[5]

- Eine Kollagen-Dreifachhelix hat einen Durchmesser von etwa **0,000 001 5 mm**.[11]

Literatur

Weiterführende Literatur

Barclay, A. et al. (2014) The Ultimate Guide to Sugar and Sweeteners. The Experiment, New York.

Beckett, S. T. (Hrsg.) (2009) Industrial Chocolate Manufacture and Use. Wiley-Blackwell, Hoboken, USA.

Jackson, E. B. (1995) Sugar Confectionery Manufacture. Springer, USA.

Knight, I. (Hrsg.) (1999) Chocolate & Cocoa: Health and Nutrition. Wiley-Blackwell, Hoboken, USA.

McGee, H. (2013) On Food and Cooking: Das Standardwerk der Küchenwissenschaft. Matthaes Verlag, Stuttgart.

McGee, H. (2013) Teig und Teigmassen aus Getreide: Brot, Kuchen, Gebäck und Nudeln. In: On Food and Cooking: Das Standardwerk der Küchenwissenschaft. Matthaes Verlag, Stuttgart.

McGee, H. (2013) Eier. In: On Food and Cooking: Das Standardwerk der Küchenwissenschaft. Matthaes Verlag, Stuttgart.

McGee, H. (2013) Die vier wichtigsten Moleküle in Lebensmitteln. In: On Food and Cooking: Das Standardwerk der Küchenwissenschaft. Matthaes Verlag, Stuttgart.

McGee, H. (2013) Garmethoden und Kochutensilien. In: On Food and Cooking: Das Standardwerk der Küchenwissenschaft. Matthaes Verlag, Stuttgart.

McGee, H. (2013) Zucker, Schokolade und Süßwaren. In: On Food and Cooking: Das Standardwerk der Küchenwissenschaft. Matthaes Verlag, Stuttgart.

McGee, H. (2013) Milch und Milchprodukte. In: On Food and Cooking: Das Standardwerk der Küchenwissenschaft. Matthaes Verlag, Stuttgart.

McGee, H. (2013) Zucker, Schokolade und Süßwaren. In: On Food and Cooking: Das Standardwerk der Küchenwissenschaft. Matthaes Verlag, Stuttgart.

Nelson, D. L., Cox, M. M. (2013) Lehninger Biochemie. Springer Verlag, Berlin, Heidelberg.

Noleppa, S., Matti, C. (2016) Auf der Ölspur – Berechnungen zu einer palmölfreien Welt. WWF Deutschland, Berlin.

von Der Freien, K. R. (2005) Von Vollmilch bis bitter, edelste Polymorphie. *Chemie in unserer Zeit* 39, 416 – 428.

Quellen

Mehl

[1] Goesaert, H. et al. (2005) Wheat flour constituents: how they impact bread quality, and how to impact their functionality. *Trends Food Sci. Technol.* 16, 12 – 30.

[2] Shewry, P. (2010) Principles of Cereal Science and Technology. *J. Cereal Sci.* 51, 415.

[3] Khatkar, B. S. et al. (1995) The dynamic rheological properties of glutens and gluten subfractions from wheats of good and poor bread making quality. *J. Cereal Sci.* 22, 29 – 44.

[4] Lamacchia, C. et al. (2014) Cereal-based gluten-free food: How to reconcile nutritional and technological properties of wheat proteins with safety for celiac disease patients. *Nutrients* 6, 575 – 590.

[5] Wieser, H. (2007) Chemistry of gluten proteins. *Food Microbiol.* 24, 115 – 119.

[6] Barak, S. et al. (2013) Relationship of gliadin and glutenin proteins with dough rheology, flour pasting and bread making performance of wheat varieties. *LWT – Food Sci. Technol.* 51, 211 – 217.

[7] Khatkar, B. S. et al. (2013) Effects of gliadin addition on the rheological, microscopic and thermal characteristics of wheat gluten. *Int. J. Biol. Macromol.* 53, 38 – 41.

[8] Tuhumury, H. C. D. et al. (2014) The effect of sodium chloride on gluten network formation and rheology. *J. Cereal Sci.* 60, 229 – 237.

[9] Jobling, S. (2004) Improving starch for food

and industrial applications. *Curr. Opin. Plant Biol.* 7, 210 – 218.

10 Ai, Y., Jane, J. L. (2015) Gelatinization and rheological properties of starch. *Starch/Stärke* 67, 213 – 224.

11 Arendt, E. K. et al. (2007) Impact of sourdough on the texture of bread. *Food Microbiol.* 24, 165 – 174.

12 Fadda, C. et al. (2014) Bread staling: Updating the view. *Compr. Rev. Food Sci. Food Saf.* 13, 473 – 492.

13 Gray, J. A., Bemiller, J. N. (2003) Bread Staling: Molecular Basis and Control. *Compr. Rev. Food Sci. Food Saf.* 2, 1 – 21.

14 Aguirre, J. F. et al. (2011) Effect of storage temperature on starch retrogradation of bread staling. *Starch/Stärke* 63, 587 – 593.

15 Rempe, C. (2010) backwaren aktuell: Das Kreuz mit der Gentechnik-Kennzeichnung. Wissensforum Backwaren e.V., Bonn.

16 Lebwohl, B. et al. (2017) Long term gluten consumption in adults without celiac disease and risk of coronary heart disease: prospective cohort study. *BMJ* 357, j1892.

17 Aune, D. et al. (2016) Whole grain consumption and risk of cardiovascular disease, cancer, and all cause and cause specific mortality: systematic review and dose-response meta-analysis of prospective studies. *BMJ* 353, i2716.

18 Statistisches Bundesamt Deutschland: Anbaufläche ausgewählter Anbaukulturen im Zeitvergleich. Verfügbar unter: https://www. destatis.de/DE/ZahlenFakten/Wirtschafts bereiche/LandForstwirtschaftFischerei/Feld fruechteGruenland/Tabellen/Feldfruechte Zeitreihe.html/. (Letzter Zugriff: 13. Februar 2018)

19 Statistisches Bundesamt Deutschland: Erntemengen ausgewählter Anbaukulturen im Zeitvergleich. Verfügbar unter: https://www. destatis.de/DE/ZahlenFakten/Wirtschafts bereiche/LandForstwirtschaftFischerei/Feld fruechteGruenland/Tabellen/Feldfruechte Zeitreihe.html/. (Letzter Zugriff: 13. Februar 2018)

20 BLE; BMEL (2017), zit. nach Statista (2018): Pro-Kopf-Konsum von Getreide in Deutschland in den Jahren 1950/51 bis 2015/16. Verfügbar unter: https://de.statista.com/ statistik/daten/studie/175412/umfrage/ pro-kopf-verbrauch-von-getreideerzeugnis sen-mehlwert-in-deutschland-seit-1935/. (Letzter Zugriff: 13. Februar 2018)

21 IGC (2017), zit. nach Statista (2018): Konsum von Getreide weltweit nach Verwendungsbereichen in den Jahren 2013/2014 bis 2017/ 2018. Verfügbar unter: https://de.statista.com/ statistik/daten/studie/456458/umfrage/kon sum-von-getreide-weltweit-nach-verwen dungsbereichen/. (Letzter Zugriff: 13. Februar 2018)

22 The Bread and Flour Regulations (1998). UK SI 1998/41 as amended by SI 2008.

23 Lindeboom, N. et al. (2004) Analytical, Biochemical and Physicochemical Aspects of Starch Granule Size, with Emphasis on Small Granule Starches: A Review. *Starch/Stärke* 56, 89 – 99.

24 Christenhusz, M. J. M., Byng, J. W. (2016) The number of known plants species in the world and its annual increase. *Phytotaxa* 261, 201 – 217.

Backtriebmittel

1 Compagno C. et al. (2014) Yeast Biodiversity. In: Molecular Mechanisms in Yeast Carbon Metabolism. Springer, Heidelberg, Berlin.

2 Rezaei, M. N. et al. (2016) The impact of yeast fermentation on dough matrix properties. *J. Sci. Food Agric.* 96, 3741 – 3748.

3 Gänzle, M. G. (2014) Enzymatic and bacterial conversions during sourdough fermentation. *Food Microbiol.* 37, 2 – 10.

4 Arendt, E. K. et al. (2007) Impact of sourdough on the texture of bread. *Food Microbiol.* 24, 165–174.

5 Zhao, C. J. et al. (2016) Formation of taste-

active amino acids, amino acid derivatives and peptides in food fermentations – A review. *Food Res. Int.* 89, 39 – 47.

[6] Leenhardt, F. et al. (2005) Moderate decrease of pH by sourdough fermentation is sufficient to reduce phytate content of whole wheat flour through endogenous phytase activity. *J. Agric. Food Chem.* 53, 98 – 102.

[7] Wood, E. M. (1995) Wild Sourdough Fermentations. *Lab. Med.* 26, 729 – 732.

[8] Cappelle S. et al. (2013) History and Social Aspects of Sourdough. In: Handbook on Sourdough Biotechnology. Springer, Boston, USA.

[9] Chambers, P. J., Pretorius, I. S. (2010) Fermenting knowledge: the history of winemaking, science and yeast research. *EMBO Rep.* 11, 914 – 920.

[10] Brandt, M. J. (2007) Sourdough products for convenient use in baking. *Food Microbiol.* 24, 161 – 164.

[11] Goffeau, A. et al. (1996) Life with 6000 Genes. *Science* 274, 546 – 567.

[12] Ali, A. et al. (2012) Yeast, its types and role in fermentation during bread making process – A Review. *Pakistan J. Food Sci.* 22, 171 – 179.

Eier

[1] BLE (2017), zit. nach Statista (2018): Pro-Kopf-Konsum von Eiern in Deutschland in den Jahren 2006 bis 2016. Verfügbar unter: https://de.statista.com/statistik/daten/studie/208591/umfrage/eier-nahrungsverbrauch-pro-kopf-seit-2004/. (Letzter Zugriff: 13. Februar 2018)

[2] Raikos, V. et al. (2007) Rheology and texture of hen's egg protein heat-set gels as affected by pH and the addition of sugar and/or salt. *Food Hydrocoll.* 21, 237 – 244.

[3] Mierczynska-Vasilev, A., Smith, P. A. (2015) Current state of knowledge and challenges in wine clarification. *Aust. J. Grape Wine Res.* 21, 615 – 626.

[4] Durchführungsverordnung (EU) Nr. 579/2012 der Komission vom 29. Juni 2012 zur Änderung der Verordnung (EG) Nr. 607/2009 mit Durchführungsbestimmungen zur Verordnung (EG) Nr. 479/2008 des Rates hinsichtlich der geschützten Ursprungsbezeichnungen und geografischen Angaben, der traditionellen Begriffe sowie der Kennzeichnung und Aufmachung bestimmter Weinbauerzeugnisse, ABl. L 171 vom 30.06.2012, S. 4 – 7.

[5] Elmadfa I. et al. (2016/17) Die große GU Nährwert-Kalorien-Tabelle. Gräfe und Unzer Verlag, München.

[6] Michael, M. et al. (2004) Auslaufnutzung. In: Evaluierung alternativer Haltungsformen für Legehennen, Schriftenreihe der Thüringer Landesanstalt für Landwirtschaft, Heft 9/2014.

[7] Deerberg, F., Heß, J. (2017) Öko-Legehennen: Ressourceneffizienz und Umweltschutz versus Auslaufmanagement und Flächenbemessung. In: *Wissenschaftstagung Ökologischer Landbau* 424 – 425.

[8] Mlíkovsky, J. (2003) Eggs of extinct aepyornithids (Aves: Aepyornithidae) of Madagascar: size and taxonomic identity. *Sylvia* 39, 133 – 138.

[9] BLE (2017), zit. nach Statista (2018): Konsum von Eiern in Deutschland in den Jahren 2004 bis 2016. Verfügbar unter: https://de.statista.com/statistik/daten/studie/180342/umfrage/eier-nahrungsverbrauch-in-deutschland-seit-2004/. (Letzter Zugriff: 13. Februar 2018)

[10] McGee, H. (2004) On Food and Cooking: the Science and Lore of the Kitchen. Scribner, New York.

[11] FAO (2016), zit. nach Statista (2018): Global egg production from 1990 to 2014. Verfügbar unter: https://www.statista.com/statistics/263972/egg-production-worldwide-since-1990/. (Letzter Zugriff: 13. Februar 2018)

[12] Bach A. et al. (2011) Quarks & Caspers – Was Sie schon immer über Eier wissen wollten. Sendung vom 19. April 2011. WDR, Köln. Verfügbar unter: https://www.wdr.de/tv/applications/fernsehen/wissen/quarks/pdf/Q_Ei_2.pdf. (Letzter Zugriff: 13. Februar 2018)

[13] Berichterstattung des SWR: Bio-Eier aus Massenhaltung? Wie die EU-Ökoverordnung ausgehöhlt wird. Verfügbar unter: https://www.swr.de/report/bio-eier-aus-massenhaltung-wie-die-eu-oekoverordnung-ausgehoehlt-wird/-/id=233454/did=19863718/nid=233454/75w3hm/index.html. (Letzter Zugriff: 19. Februar 2018)

[14] Statistisches Bundesamt Deutschland (2018) Knapp 12 Milliarden Eier in Deutschland im Jahr 2016 produziert. Verfügbar unter: https://www.destatis.de/DE/ZahlenFakten/Wirtschaftsbereiche/LandForstwirtschaftFischerei/TiereundtierischeerzeugungAktuellGefluegel.html/. (Letzter Zugriff: 14. Februar 2018)

Fett

[1] Chowdhury, R. et al. (2014) Association of dietary, circulating, and supplement fatty acids with coronary risk 160, 398–406.

[2] Brooker, B. E. (1996) The role of fat in the stabilisation of fat cells in bread dough. *J. Cereal Sci.* 24, 187–198.

[3] Pimpin, L. et al. (2016) Is butter back? A systematic review and meta-analysis of butter consumption and risk of cardiovascular disease, diabetes, and total mortality. *PLoS One* 11, 1–18.

[4] Kwak, H. S. et al. (2013) Butter, Ghee, and Cream Products. In: Milk and Dairy Products in Human Nutrition: Production, Composition and Health. John Wiley & Sons, Ltd., Hoboken, USA.

[5] Mallia, S. et al. (2008) Aroma-active compounds of butter: A review. *Eur. Food Res. Technol.* 226, 315–325.

[6] Gander, K.-F. (1970) 100 Jahre Margarine – vom Ersatzprodukt zum Grundnahrungsmittel. *Fette – Seifen – Anstrichmittel* 72, 97–103.

[7] Taylor, P. G. et al. (2014) Palm oil wastewater methane emissions and bioenergy potential. *Nat. Clim. Chang.* 4, 151–152.

[8] Noleppa, S., Matti, C. (2016) Auf der Ölspur – Berechnungen zu einer palmölfreieren Welt. WWF Deutschland, Berlin.

[9] McGee, H. (2004) On Food and Cooking: the Science and Lore of the Kitchen. Scribner, New York.

[10] Michalski, M.-C. et al. (2003) The size of native milk fat globules affects physico-chemical and sensory properties of Camembert cheese. *Lait* 83, 131–143.

[11] Lluch, M. Á. et al. (2003) Lipids in Food Structures. In: Chemical and Functional Properties of Food Lipids. CRC Press LLC, Florida, USA.

[12] BMEL (2017), zit. nach Statista (2018): Pro-Kopf-Konsum von Margarine in Deutschland in den Jahren 1970 bis 2015. Verfügbar unter: https://de.statista.com/statistik/daten/studie/318341/umfrage/pro-kopf-konsum-von-margarine-in-deutschland/. (Letzter Zugriff: 13. Februar 2018)

[13] BLE (2017), zit. nach Statista (2018): Pro-Kopf-Konsum von Butter in Deutschland in den Jahren 1999 bis 2016. Verfügbar unter: https://de.statista.com/statistik/daten/studie/5597/umfrage/pro-kopf-verbrauch-von-butter-in-deutschland/. (Letzter Zugriff: 13. Februar 2018)

[14] Statistisches Bundesamt Deutschland (2017), zit. nach Statistia (2018): Produktionsmenge von Margarine in Deutschland in den Jahren 2004 bis 2016. Verfügbar unter: https://de.statista.com/statistik/daten/studie/153501/umfrage/produktionsmenge-von-margarine-in-deutschland/. (Letzter Zugriff: 13. Februar 2018)

[15] USDA Foreign Agricultural Service (2017), zit. nach Statista (2018): Produktion von Palmöl weltweit in den Jahren 2002/03 bis 2017/18. Verfügbar unter: https://de.statista.com/statistik/daten/studie/443045/umfrage/produktion-von-palmoel-weltweit/. (Letzter Zugriff: 13. Februar 2018)

[16] USDA Foreign Agricultural Service (2016), zit. nach Statista (2018): Produktion von Sonnenblumenöl weltweit in den Jahren 2003/04 bis 2016/17. Verfügbar unter: https://de.statista.com/statistik/daten/studie/443352/umfrage/

produktion-von-sonnenblumenoel-weltweit/. (Letzter Zugriff: 13. Februar 2018)

Zucker

[1] Chambers, E. S. et al. (2009) Carbohydrate sensing in the human mouth: effects on exercise performance and brain activity. *J. Physiol.* 587, 1779 – 1794.

[2] Pareyt, B. et al. (2009) Sugar-snap cookie dough setting: The impact of sucrose on gluten functionality. *J. Agric. Food Chem.* 57, 7814 – 7818.

[3] Gray, J. A., Bemiller, J. N. (2003) Bread Staling: Molecular Basis and Control. *Compr. Rev. Food Sci. Food Saf.* 2, 1 – 21.

[4] Ai, Y., Jane, J. L. (2015) Gelatinization and rheological properties of starch. *Starch/Stärke* 67, 213 – 224.

[5] Rippe, J. M. (2014) Sucrose, HFCS, and Fructose: History, Manufacture, Composition, Applications, and Production. In: Fructose, High Fructose Corn Syrup, Sucrose and Health. Humana Press, New York, USA.

[6] Bray, G. A. et al. (2004) Consumption of high-fructose corn syrup in beverages may play a role in the epidemic of obesity. *Am. J. Clin. Nutr.* 79, 537 – 43.

[7] Sclafani, A. (2007) Sweet taste signaling in the gut. *Proc. Natl. Acad. Sci.* 104, 14887 – 88.

[8] Drewnowski, A. et al. (2012) Sweetness and Food Preference. *J. Nutr.* 7, 1142 – 48.

[9] Jiang, P. et al. (2012) Major taste loss in carnivorous mammals. *Proc. Natl. Acad. Sci.* 109, 4956 – 4961.

[10] Ventura, A. K., Mennella, J. A. (2011) Innate and learned preferences for sweet taste during childhood. *Curr. Opin. Clin. Nutr. Metab. Care* 14, 379 – 384.

[11] Pepino, M. Y., Mennella, J. A. (2005) Sucrose-induced analgesia is related to sweet preferences in children but not adults. *Pain* 119, 210 – 218.

[12] Mennella, J. A. et al. (2011) Evaluation of the monell forced-choice, paired-comparison tracking procedure for determining sweet taste preferences across the lifespan. *Chem. Senses* 36, 345 – 355.

[13] Statistisches Bundesamt Deutschland (2017), zit. nach Statista (2018): Pro-Kopf-Konsum von Zucker in Deutschland in den Jahren 1950/ 51 bis 2014/15. Verfügbar unter: https://de. statista.com/statistik/daten/studie/175483/ umfrage/pro-kopf-verbrauch-von-zucker-in-deutschland/. (Letzter Zugriff: 14. Februar 2018)

[14] BMEL; Statistisches Bundesamt Deutschland (2017), zit. nach Statista (2018): Pro-Kopf-Konsum von Honig in Deutschland in den Jahren 1950/51 bis 2014/15. Verfügbar unter: https://de.statista.com/statistik/daten/studie/ 176725/umfrage/pro-kopf-verbrauch-von-honig-in-deutschland-seit-1935/. (Letzter Zugriff: 14. Februar 2018)

[15] Eteraf-Oskouei, T., Najafi, M. (2013) Traditional and modern uses of natural honey in human diseases: A review. *Iran. J. Basic Med. Sci.* 16, 731 – 742.

[16] Nordzucker (2017), zit. nach Statista (2018): Produktion von Zucker weltweit in den Jahren 2010/2011 bis 2016/2017. Verfügbar unter: https://de.statista.com/statistik/ daten/studie/189389/umfrage/zuckererzeugung-weltweit/. (Letzter Zugriff: 14. Februar 2018)

[17] Lebensmittelzeitung (2015), zit. nach Statista (2018): Zuckerproduktion der führenden Zuckerhersteller weltweit in den Jahren 2013/14 und 2014/15. Verfügbar unter: https://de.statista.com/statistik/daten/studie/303893/um frage/zuckerproduktion-der-fuehrenden-zuckerhersteller-weltweit/. (Letzter Zugriff: 14. Februar 2018)

[18] Wirtschaftliche Vereinigung Zucker – Verein der Zuckerindustrie (2018): Entwicklung der Weltzuckererzeugung insgesamt im Vergleich zur Rohr- und Rübenzuckererzeugung. Verfügbar unter: http://www.zuckerverbaende.de/zuckermarkt/zahlen-und-fakten/weltzucker

markt/erzeugung-verbrauch.html. (Letzter Zugriff: 14. Februar 2018)

[19] Peters, A. et al. (2004) Review – The selfish brain: Competition for energy resources. *Neurosci. Biobehav. Rev.* 28, 143 – 180.

[20] Golon, A., Kuhnert, N. (2012) Unraveling the chemical composition of caramel. *J. Agric. Food Chem.* 60, 3266 – 74.

[21] Wasserman, D. H. (2009) Four grams of glucose. *Am. J. Physiol. Endocrinol. Metab.* 296, E11-21.

Milchprodukte

[1] Itan, Y. et al. (2010) A worldwide correlation of lactase persistence phenotype and genotypes. *BMC Evol. Biol.* 10, 36.

[2] Spiro, A., Buttriss, J. L. (2014) Vitamin D: An overview of vitamin D status and intake in Europe. *Nutr. Bull.* 39, 322 – 350.

[3] Silanikove, N. et al. (2015) The interrelationships between lactose intolerance and the modern dairy industry: Global perspectives in evolutional and historical backgrounds. *Nutrients* 7, 7312 – 7331.

[4] De Vrese, M. et al. (2001) Probiotics-compensation for lactase insufficiency. *Am. J. Clin. Nutr.* 73, 421S – 429S.

[5] Statistik und Berichte des BMEL – Milch und Milcherzeugnisse (2018) Verfügbar unter: https://www.bmel-statistik.de/ernaehrung-fischerei/versorgungsbilanzen/milch-und-milcherzeugnisse/. (Letzter Zugriff: 13. Februar 2018)

[6] Lopez, C. et al. (2011) Fat globules selected from whole milk according to their size: Different compositions and structure of the biomembrane, revealing sphingomyelin-rich domains. *Food Chem.* 125, 355 – 368.

[7] Argov, N. et al. (2013) Milk Fat Globule structure & function; nanosciece comes to milk production. *Trends Food Sci Technol.* 19, 1 – 13.

[8] Hettinga, K. et al. (2011) The host defense proteome of human and bovine milk. *PLoS One* 6, 2 – 9.

[9] McMahon D. J., Oommen B. S. (2013) Casein Micelle Structure, Functions, and Interactions. In: Advanced Dairy Chemistry. Springer, Boston, USA.

[10] Holt, C. et al. (2013) Invited review: Caseins and the casein micelle: Their biological functions, structures, and behavior in foods. *J. Dairy Sci.* 96, 6127 – 6146.

[11] Ye, A. et al. (2017) Effect of homogenization and heat treatment on the behavior of protein and fat globules during gastric digestion of milk. *J. Dairy Sci.* 100, 36 – 47.

[12] Deegan, L. H. et al. (2006) Bacteriocins: Biological tools for bio-preservation and shelf-life extension. *Int. Dairy J.* 16, 1058 – 1071.

[13] Shiby, V. K., Mishra, H. N. (2013) Fermented milks and milk products as functional foods – a review. *Crit. Rev. Food Sci. Nutr.* 53, 482 – 96.

[14] Salque, M. et al. (2013) Earliest evidence for cheese making in the sixth millennium BC in northern Europe. *Nature* 493, 522 – 525.

[15] Evans, A. A. et al. (2017) Wrinkling of milk skin is mediated by evaporation. *Soft Matter* 13, 1056 – 1062.

[16] Huppertz, T. (2010) Foaming properties of milk: A review of the influence of composition and processing. *Int. J. Dairy Technol.* 63, 477 – 488.

[17] Kamath, S. et al. (2008) The influence of temperature on the foaming of milk. *Int. Dairy J.* 18, 994 – 1002.

[18] Hotchkiss, J. H. (2001) Lambasting Louis: Lessons from Pasteurization. *Natl. Agric. Biotechnol. Rep.* 13.

[19] Lorenzen, P. C. et al. (2011) A survey of the quality of extended shelf life (ESL) milk in relation to HTST and UHT milk. *Int. J. Dairy Technol.* 64, 166 – 178.

[20] Kaufmann, V. et al. (2010) Verfahren zur Verlängerung der Haltbarkeit von Konsummilch und ihre stofflichen Veränderungen: ESL-Milch. *J. für Verbraucherschutz und Leb.* 5, 59 – 64.

[21] BLE (2017), zit. nach Statista (2018): Milch-

leistung je Kuh in Deutschland in den Jahren 1900 bis 2016. Verfügbar unter: https://de.statista.com/statistik/daten/studie/153061/umfrage/durchschnittlicher-milchertrag-je-kuh-in-deutschland-seit-2000/. (Letzter Zugriff: 13. Februar 2018)

[22] Belitz, H.-D. et al. (2001) Lehrbuch der Lebensmittelchemie, Springer, Berlin, Heidelberg.

[23] McGee, H. (2004) On Food and Cooking: the Science and Lore of the Kitchen. Scribner, New York, USA.

Schokolade

[1] Beckett, S. T. (Hrsg.) (2009) Industrial Chocolate Manufacture and Use. Wiley-Blackwell, Hoboken, USA.

[2] Knight, I. (Hrsg.) (1999) Chocolate & Cocoa: Health and Nutrition. Wiley-Blackwell, Hoboken, USA.

[3] Frauendorfer, F., Schieberle, P. (2006) Identification of the key aroma compounds in cocoa powder based on molecular sensory correlations. J. Agric. Food Chem. 54, 5521 – 5529.

[4] Niediek, E. A. (1981) Untersuchungen zum Einfluss der Aromasorption von Zuckern auf die Geschmacksqualität von Schokolade. Zucker und Süßwarenwirtschaft 34, 44 – 57.

[5] Beckett, S. T. (2008) Crystallising the Fat in Chocolate. In: The Science of Chocolate. Royal Society of Chemistry, London, UK.

[6] Wille, R. L., Lutton, E. S. (1966) Polymorphism of cocoa butter. J. Am. Oil Chem. Soc. 43, 491 – 496.

[7] von Der Freien, K. R. (2005) Von Vollmilch bis Bitter, edelste Polymorphie. Chemie in unserer Zeit 39, 416 – 428.

[8] Frauendorfer, F., Schieberle, P. (2008) Changes in key aroma compounds of Criollo cocoa beans during roasting. J. Agric. Food Chem. 56, 10244 – 10251.

[9] Bertrand, W., de Buhr, E. (2015) Survey Research on Child Labour in West African Cocoa Growing Areas – Final Report Payson Centre for International Development, Tulane University, Louisiana, USA.

[10] Gustafsson, B. E. et al. (1953) The Effect of Different Levels of Carbohydrate Intake on Caries Activity in 436 Individuals Observed for Five Years. Acta Odontol. Scand. 11, 232 – 364.

[11] Amaechi, B. T. et al. (2013) Remineralization of artificial enamel lesions by theobromine. Caries Res. 47, 399 – 405.

[12] Amaechi, B. T. et al. (2014) Effect of theobromine-containing toothpaste on dentin tubule occlusion in situ. Clin. Oral Investig. 19, 109 – 116.

[13] Parker, G. et al. (2006) Mood state effects of chocolate. J. Affect. Disord. 92, 149 – 159.

[14] Joo, S. J., Betts, N. M. (1996) Copper intakes and consumption patterns of chocolate foods as sources of copper for individuals in the 1987 – 88 nationwide food consumption survey. Nutr. Res. 16, 41 – 52.

[15] Cook, L. R. (1984) Chocolate production and use. Harcourt Brace Jovanovich, San Diego, USA.

[16] Afoakwa, E. O. (2016) Chocolate Science and Technology. Wiley-Blackwell, Hoboken, USA

[17] Pipitone, L. (2015) Challenges and Opportunities of the Global Cocoa and Chocolate Sector & Position of the Russian Market. International Cocoa Organization (ICCO), Moskau.

[18] KakaoV 2003 – Verordnung über Kakao- und Schokoladenerzeugnisse (Kakaoverordnung).

[19] ICCO (2016), zit. nach Statista: Verarbeitung von Kakaobohnen weltweit nach Regionen in den Jahren 2005/06 bis 2015/16. Verfügbar unter: https://de.statista.com/statistik/daten/studie/167003/umfrage/weltweite-verarbeitung-von-kakaobohnen-nach-regionen-seit-2005-06/. (Letzter Zugriff: 14. Februar 2018)

[20] ICCO (2017), zit. nach Statista: Erntemenge von Kakaobohnen weltweit nach Regionen in den Jahren 2003/04 bis 2016/17. Verfügbar unter: https://de.statista.com/statistik/daten/studie/6102/umfrage/entwicklung-der-ertrags

mengen-von-kakaobohnen-seit-2003/. (Letzter Zugriff: 14. Februar 2018)

Geliermittel

[1] Nelson, D. L., Cox, M. M. (2013) Lehninger Biochemie. Springer-Verlag Berlin Heidelberg.

[2] Karim, A. A., Bhat, R. (2008) Gelatin alternatives for the food industry: recent developments, challenges and prospects. *Trends Food Sci. Technol.* 19, 644 – 656.

[3] Anon. (2006) Quantitative assessment of the human and animal BSE risk posed by gelatine with respect to residual BSE risk. *EFSA J.* 312, 1 – 29.

[4] Armisén, R., Galatas, F. (2009) Agar. In: Handbook of Hydrocolloids. Woodhead Publishing Limited, Cambridge, UK.

[5] Armisén, R. (1997) Agar. In: Thickening and Gelling Agents for Food. Springer-Science + Business Media, B.V.

[6] Matsuhashi, T. (2013) Agar. In: Polysaccharides: Structural Diversity and Functional Versatility. Marcel Dekker, New York, USA.

[7] Kuhnert, P. (2014) Lexikon Lebensmittelzusatzstoffe: Zusatzstoffe, Enzyme, technische Hilfsstoffe, Nahrungsergänzungsstoffe. B. Behr's Verlag, Hamburg.

[8] Grand View Research (Hrsg.) (2016) Market research report: Gelatin market analysis by raw material (pig skin, bovine hides, cattle bones), by function (stabilizer, thickener, gelling agent), by application [food & beverage (confectionery, dairy products, meat & poultry products, desserts, beverage), nutraceuticals, pharmaceuticals, photography, personal care] and segment forecasts to 2024 (online). Verfügbar unter: https://www.grandviewresearch.com/industry-analysis/gelatin-market-analysis/. (Letzter Zugriff: 14. Februar 2018).

[9] Mariod, A. A., Adam, H. F. (2013) Review: Gelatin, source, extraction and industrial applications. *Acta Sci. Pol. Technol. Aliment.* 12, 135 – 147.

[10] Schrieber, R., Gareis, H. (2007) Gelatin Handbook – Theory and Industrial Practice. *Gelatine Handb.* 1 – 44.

[11] Viguet-Carrin, S. et al. (2006) The role of collagen in bone strength. *Osteoporos. Int.* 17, 319 – 336.

[12] Future Market Insights (Hrsg.) (2016) Agar Market: Shifting Consumer Preference Towards Natural Ingredient & Gelatin-Free Products is Topping the Market Growth: Global Industry Analysis and Opportunity Assessment, 2016–2026 (online). Verfügbar unter: https://www.futuremarketinsights.com/reports/agar-market. (Letzter Zugriff: 15. Februar 2018)

Register